ESTHER KAMATARI

Prinzessin der Waisen

Buch

Als sie 13 Jahre alt ist, muss Esther Kamatari, die Nichte des letzten Königs von Burundi, miterleben, wie ihr Vater grausam ermordet wird. Prinzessin Esther spürt, dass nun nichts mehr so sein wird, wie es einmal war. Vorbei ist die Zeit der prunkvollen Feste, in der die Kinder gespannt dem Ruf der Trommeln lauschen, die das Jagdglück der Väter verkünden; die Zeit, in der die Ältesten gut und gerecht die Geschicke des Landes leiten. Deshalb entschließt sie sich nach dem Ende der Schulzeit, nach Frankreich auszuwandern. Ein Friseur entdeckt sie, und schon bald sind die namhaftesten Modeschöpfer von ihrer hoch gewachsenen, grazilen Gestalt und ihrer stolzen Ausstrahlung hingerissen. Esther Kamatari wird der erste afrikanische Star auf den Pariser Laufstegen. Rauschende Feste, Nächte in Clubs wie dem legendären Studio 54 in New York, aufregende Reisen und berühmte Freunde wie Paco Rabanne und Andy Warhol prägen jene glamourösen Jahre fernab von Afrika.

Dann kommt das Jahr 1981: Esther erleidet einen schweren Motorradunfall, ist monatelang arbeitsunfähig. Einziger Lichtblick in dieser schweren Zeit ist der Mann, der sie am Unfallort geborgen hat: der Rettungssanitäter und angehende Arzt Gilles. Esther und Gilles verlieben sich und fliegen zusammen nach Afrika. Hier spürt Esther Kamatari, dass die Distanz, die sie ihrer Heimat gegenüber empfunden hat, verflogen ist. Als 1993 der Bürgerkrieg ausbricht, in dem sich Hutu und Tutsi abschlachten und Hunger, Elend und Krankheiten die Bevölkerung dahinraffen, ist es dem ehemaligen Top-Model schlagartig klar: Sie muss sich für die Ärmsten der Armen, die Waisenkinder in Burundi einsetzen ...

Autorin

Esther Kamatari, geboren und aufgewachsen in Burundi, ist die Nichte des letzten burundischen Königs Mwambutsa (1915–1966). Nach der Ermordung ihres Vaters und dem Sturz der Monarchie in ihrem Heimatland floh die Prinzessin nach Frankreich, wo sie zu einem der begehrtesten Mannequins wurde. In den 90er Jahren begann sie ein Kinderhilfswerk für Waisen in ihrer Heimat aufzubauen: »Un enfant par *rugo*«. Sie lebt mit ihrem Mann und ihren drei Kindern in Paris.

ESTHER KAMATARI

Prinzessin der Waisen

Aus dem Französischen von
Anja Lazarowicz

BLANVALET

Die französische Originalausgabe erschien 2001
unter dem Titel »La Princesse des rugo«
bei Bayard Éditions, Paris.

Umwelthinweis:
Alle bedruckten Materialien dieses Taschenbuches
sind chlorfrei und umweltschonend.

Blanvalet Taschenbücher erscheinen
im Goldmann Verlag, einem Unternehmen
der Verlagsgruppe Random House GmbH.

1. Auflage
Deutsche Erstausgabe September 2003

Umschlaggestaltung: Design Team München
Umschlagfoto: Olivier Ravoire
Satz: deutsch-türkischer fotosatz, Berlin
Druck: Elsnerdruck, Berlin
Verlagsnummer: 35912
Redaktion: Ilse Wagner
LW · Herstellung: Heidrun Nawrot
Made in Germany
ISBN 3-442-35912-0

www.blanvalet-verlag.de

Inhalt

Grüne Hügel 11
Bühnenzauber 93
Die Lager – eine grausame Wahrheit 155
Burundi: Daten, Fakten, Zahlen 237

BURUNDI

Kivu-See
INSEL IDJWI
KIGALI
RUANDA
Kagera
Gikongoro
Ngara
Ruvubu
Butare
KIRUNDO
Kanyaru
TANSANIA
MUYINGA
CIBITOKE
NGOZI
Nationalpark von Kibira
KAYANZA
KARUZI
BUBANZA
Bukeye
Mbouyé
Nationalpark von Ruvubu
Kihanga
CANKUZO
MURAMVYA
Ruvubu
Kibimba
Ruwiti
BUJUMBURA
Kiganda
Uvira
Fota
RUYIGI
GITEGA
Lumpungu
MWARO
Kibumbu
Kibando
RUTANA
Muragarazi
BURURI
Tanganjika-See
MAKAMBA
AFRIKA
Nyanza-See
TANSANIA
BURUNDI
DEMOKRAT. REPUBLIK KONGO (EHEM. ZAÏRE)
N
0
30 km

Gewidmet
meinem Vater, Prinz Ignace Kamatari,
meiner Mutter, Prinzessin Agrippine, die von allen *Mama Fota* genannt wurde,
meinen Schwestern Baudouine und Fabiola,
meinen Brüdern Alexis, Comon, Pascal, Louis und Godefroid,
meiner Schwägerin Carinie Nimubona,
meinem Mann Gilles und meinen Kindern Frédérique, Jade und Arthur,
allen, die mir in der Modewelt geholfen und mir gezeigt haben, was Schönheit ist,
allen, die meinen Kampf unterstützen, mit dem ich erreichen will, »dass nicht die Kinder für den Wahnsinn der Erwachsenen bezahlen müssen«.

Gegen elf Uhr hörte der Regen so plötzlich auf, wie er begonnen hatte. Die Wolken verzogen sich und hinterließen einen strahlend blauen Himmel. Das Leben auf den Hügeln nahm wieder seinen gemächlichen Lauf – die Kühe grasten friedlich am Rande der Maisfelder, und die Kinder tobten und spielten in den Wasserpfützen und bewarfen sich mit orangebraunem Schlamm.

Kurz vor Mittag platzte dann ein erster Trommelwirbel wie ein Donnerschlag in diese friedliche Ruhe. Gleich darauf ertönte der Nächste, gefolgt von vielen weiteren. Ihr Ruf schallte von Hügel zu Hügel, glitt mühelos über die noch regennassen Blätter von Bananenstauden, Flammenbäumen und Bougainvilleen, erreichte die Kolokasien-, Avocado- und Bohnenplantagen und tauchte alles in seinen wilden Rhythmus, der die Hüttenwände der kralartigen »rugo« *in der gesamten Provinz Muramvya erzittern ließ. Überall unterbrachen die Menschen ihre Feldarbeit und blickten aufmerksam und fragend in den Himmel. Die Trommeln brachten alles andere zum Schweigen, mit der ihnen eigenen Dynamik verkündeten sie eine Nachricht, die jeder zu entziffern versuchte. Mit Sicherheit handelte es sich dabei um ein Ereignis ersten Ranges; außerdem konnte man am schnellen Rhythmus der Trommeln erkennen, dass es eine glückliche Botschaft sein musste. Todesfalle oder Unglück werden in einem anderen Rhythmus übermittelt. Ganz ohne Zweifel überbrachten die königlichen Trommler der Bevölkerung des Landes eine gute Nachricht. Die Kinder ließen sich von der Freude anstecken, die sie plötzlich überall um sich herum spürten, und begannen, erst einmal zu lachen und zu tanzen. Die Bauern kamen in kleinen Gruppen zusammen und diskutierten heftig, man stellte Vermutungen an, beratschlagte und versuchte das Trommeln zu deuten: Könnte es sein ... ist es möglich ... oder aber ... Hatte man nicht vor kurzem gehört, dass Prinzessin Agrippine schwanger war? Sollte das etwa bereits ihre Entbindung sein?*

Wenig später wurde die Nachricht bestätigt: Prinz Ignace Kamatari, Bruder von König Mwambutsa IV., und Prinzessin Agrippine verkündeten dem ganzen Land die Geburt ihrer Tochter, Esther. Das Baby war nicht besonders schwer, es wog nur knapp zwei Kilo. Aber die Geburt war ohne Probleme verlaufen, was man der guten Versorgung durch die Missionsschwestern von Kibimba zu verdanken hatte, deren Krankenhaus der einzige Ort war, dem der besorgte Prinz Kamatari seine geliebte Frau hatte anvertrauen wollen: Der Gesundheitszustand der Prinzessin war nämlich Besorgnis erregend gewesen. Sie kämpfte gemeinsam mit ihren Vertrauten gegen eine Vergiftung, die vermutlich kriminelle Hintergründe hatte. Für Agrippine waren die ersten Geburtswehen extrem heftig und verdächtig schmerzhaft gewesen. Aber alles war gut gegangen: Mutter und Kind waren wohlauf.

Wir schreiben den 30. November 1951 – in einem in seiner Tradition verwurzelten, friedlichen Burundi, das von Landwirtschaft und Viehzucht geprägt ist. Einem Burundi, das Gott in der Farbe der Hoffnung geschaffen hat, denn dort sagt man: »Als Gott Burundi erschuf, nahm er eine Tube Grün und amüsierte sich damit!«

Grüne Hügel

Mein Vater, ein Hüne von Mann, bei dem man sich geborgen fühlte und den so schnell nichts aus der Fassung bringen konnte, war ein frommer Mensch, der seinen Glauben gern beim Gesang der Psalmen im Gottesdienst kundtat. Mit seiner kraftvollen Stimme bewegte er die Gläubigen immer wieder zutiefst. Er wählte für mich den Vornamen Esther – nach der siegreichen biblischen Königin, die ihr Volk vor der Vernichtung durch die Perser gerettet hat –, ein Name, an dem man schwer zu tragen hat und der von den großen Hoffnungen zeugt, die mein Vater für seine Kinder hegte. Ich wurde zwei Jahre nach meinem Bruder Pascal geboren. Mit meiner Geburt hatten meine Eltern ihren Auftrag erfüllt: Sie hatten dem Land einen Knaben und ein Mädchen geschenkt. Die Krawalle im Palast, die Intrigen und die Machtkämpfe am Hof sollten damit endlich beendet sein, und meine Mutter sollte nicht mehr um ihr Leben fürchten müssen. Die Vergiftung und die Krankheit meiner Mutter, die meine Geburt verfrüht ausgelöst hatten, bildeten den Schlusspunkt einer schwierigen Zeit, so hoffte man jedenfalls.

Eine wilde Romanze

Prinz Kamatari hatte nämlich bereits in jungen Jahren eine Prinzessin geheiratet, mit der er zwei Kinder bekam. Doch dann begegnete er eines Tages, als er in seinem Land unterwegs war, meiner Mutter. Sie war in ihrer Sänfte und mit großem Hofstaat auf dem Weg zur Missionsstation in Kibumbu, um sich dort behandeln zu lassen, und ihr Anblick traf meinen Vater wie ein Blitz aus heiterem Himmel. Er wusste sofort, dass er sich hoffnungslos verliebt hatte. Agrippine entstammte ebenfalls einer vornehmen Familie aus einer Provinz im Norden des Landes. Dazu muss man wissen, dass in Burundi die Königinnen abwechselnd aus zwei Familien gewählt wurden, um Probleme der Blutsverwandtschaft zu vermeiden; meine Mutter war Spross einer dieser beiden Familien und konnte sich deshalb berechtigte Hoffnungen auf die Vermählung mit einem Mitglied der königlichen Familie machen. Und für meinen Vater hätte die Verbindung mit ihr in keiner Weise eine Mesalliance bedeutet.

Die gesamte Umgebung meines Vaters war nun mobilisiert, um ihn in seiner zunächst heimlichen Liebe zu unterstützen. Die belgische Verwaltung wollte nichts von dieser zweiten Prinzessin wissen. Prinz Kamatari, der die erste Frau offiziell geheiratet hatte, durfte ihrer Ansicht nach keine Konkubine haben. Man gab ihm zu verstehen, dass es sich nicht schicke, eine zweite Prinzessin am Hof einzuführen, und dass die Behörden alles daran setzen würden, dies zu verhindern, dass sie diese Prinzessin, wenn nötig, sogar verhaften würden. Meine Mutter war also gezwungen, unterzutauchen und sich ständig zu verkleiden, was ihr nur mit Hilfe der Bevölkerung und der Freunde meines Vaters gelang. Damit begann ein endloses Versteckspiel. Immerhin ist es den Belgiern nie gelungen, Agrippine zu finden, obwohl sie bei ihrer Suche von verschiedenen Gruppierungen am Hof unterstützt wurden – denselben, die vermutlich an der Vergiftung meiner Mutter beteiligt gewesen waren, die zu meiner verfrühten Geburt geführt hatte. Die Palastwachen, der Ältestenrat, alle waren in das Geheimnis eingeweiht und unterstützten die Treffen. Für das Liebespaar wurden heimlich Feste organisiert, bei denen der Wein in Strömen floss und die Getreuen gemeinsam mit dem Paar feierten.

Meine Mutter hielt sich versteckt, bis mein Bruder Pascal geboren wurde. Die Geburt eines Sohnes bedeutete für sie den Sieg in diesem Machtkampf, weil sie dadurch offiziell den Status einer Prinzessin erlangte. Der König erhielt die gute Nachricht von der Geburt seines Sohnes, und zum Klang der Trommeln wurde viele Tage lang gefeiert. Dieses Freudenfest war auch als deutliche Herausforderung an die Belgier zu verstehen. Der verliebte Prinz konnte einen Sohn vorweisen, einen Erben – die Belgier hatten in dieser Angelegenheit nichts zu melden, denn was diese Dinge betraf, erkannte man ihre Autorität nicht an.

Die erste Gattin des Prinzen starb kurz nach der Geburt von Pascal, weshalb mein Vater meine Mutter dann offiziell heiraten konnte. Schließlich war alles in Ordnung, es herrschten wieder Sitte und Anstand. Bei meiner Geburt wurde die Position meiner Mutter – der Ehefrau des Prinzen und der Mutter ihrer Kinder – von keinem mehr ernsthaft in Frage gestellt, wenn auch einige Gruppierungen, die der Familie feindlich gesonnen waren, noch immer nicht aufgegeben hatten.

Die beiden ersten Kinder meines Vaters sind bei uns zu Hause aufgewachsen, haben aber nie wirklich an unserem

Leben teilgenommen, weil sie viel älter waren als wir. An seine behinderte Tochter, die zurückgezogen lebte, kann ich mich kaum erinnern, weil sie starb, als ich noch ein kleines Kind war. Mit seinem Sohn Comon, der in London lebt, verstehe ich mich sehr gut.

Um das Bild zu komplettieren, aber auch zu verkomplizieren, muss ich erwähnen, dass meine Mutter ebenfalls verheiratet war, als sie meinem Vater auf dem Weg nach Kibumbu begegnete. Sie war die Gattin des Prinzen Nimubona, einem Stammesfürsten aus dem Norden des Landes, von dem sie zwei Söhne bekam. Mein Vater hatte meine Mutter also mit dem Einverständnis des Ältestenrates unseres Königreiches einem anderen Stammesfürsten weggenommen! Meine beiden Halbbrüder wuchsen mit uns anderen Kindern auf, leben aber heute nicht mehr.

Nach Pascal und mir kamen zwei kleine Brüder, Louis und Godefroid, und zwei kleine Schwestern, Baudouine und Fabiola. Meinem Vater und meiner Mutter wurden also sechs gemeinsame Kinder geboren.

Sicher könnte man vermuten, dass diese romantische Liaison nur eine jugendliche Verliebtheit gewesen ist. Das stimmt aber nicht: Mein Vater war ein Mann im besten Alter, der seinen fünfunddreißigsten Geburtstag bereits hinter sich hatte, als sie sich kennen lernten. Meine Mutter muss damals zwischen fünfundzwanzig und fünfunddreißig Jahren alt gewesen sein. Ich habe ihr Geburtsdatum nie erfahren, vermutlich kannte sie es selbst nicht: Das Standesamtswesen fand erst sehr spät, nämlich mit der Kolonisierung, den Weg in unser Land. Aber was spielte das schon für eine Rolle? Als meine Mutter meinem Vater begegnete, war sie ganz offensichtlich eine reife Frau, doch das störte weder ihn noch sie selbst.

Alte Sitten und Gebräuche

Die Polygamie galt in Burundi offiziell als Vorrecht des Königs. Der König hatte überall im Land Ehefrauen. Die Königin residierte am königlichen Hof und schenkte dem Königreich seine rechtmäßigen Erben. Die anderen Frauen waren so etwas wie Unterköniginnen und sehr nützlich zur dezentralen Überwachung des Reichs. Der König gab ihnen allen das gleiche Erbteil an Kühen und Bediensteten, damit zwischen ihnen keine Eifersucht aufkommen konnte. Als die Belgier das Sagen hatten, wurde dieses System verboten, funktionierte aber trotzdem heimlich ausgezeichnet weiter – Frauen sind gute Verwalterinnen. Mein Onkel, König Mwambutsa IV., hatte mit Sicherheit überall im Land verteilt mehrere Ehefrauen. Eine Frau in jedem Bezirk – hätten die Könige ihr Reich anders besser kontrollieren können? Die Unterköniginnen waren einfach nur Hüterinnen ihres Territoriums und konnten keinen Anspruch auf besondere Behandlung in der dynastischen Erbfolge erheben. Ihre Söhne wurden allerdings immer wieder auf wichtige Posten berufen, wenn sie tüchtig waren. Der Rest der Bevölkerung lebte in Monogamie, Polygamie wurde aber geduldet.

Zudem hatte der König von Burundi als Einziger das Recht, sich das Leben zu nehmen. Der Ältestenrat wählte sofort nach der Thronbesteigung einen Nachfolger, der nicht unbedingt der älteste Sohn des Königs sein musste. Der Kronprinz wuchs dann fern vom Hof in der Gesellschaft junger Männer auf und musste seinem Vater regelmäßig einen Korb voll Hirse, mit seinem Fußabdruck darin, schicken. Wenn der Fuß des Sohnes großer als der des Vaters geworden war, musste dieser die Macht abgeben. Der König trank dann vergifteten Met, und der Nachfolger zog mit seiner gesamten Gefolgschaft, die ihn bis zum Ende seiner Herrschaft begleiten sollte, ins königliche Palais ein. Grundsätzlich ist es in Burundi nicht erlaubt, sich das Leben zu nehmen, aber der König muss unter allen Umständen die Möglichkeit haben, die Macht an seinen Nachfolger weiterzugeben: Wenn er zum Beispiel so schwer verletzt war, dass keine Hoffnung auf Genesung bestand, tötete er sich, um seinem Sohn Platz zu machen und damit um jeden Preis ein Machtvakuum zu verhindern.

Regionaler Stammesfürst und graue Eminenz: Ein leibhaftiger Mythos

Mein Vater war also Prinz Ignace Kamatari, Bruder von König Mwambutsa IV. und dessen engster Vertrauter. Außerdem war er auch noch Oberhaupt einer Region des Landes, die Nord-Mugamba heißt. Einen Teil des Jahres verbrachten wir in Fota, der Hauptstadt dieser Region. Diese durch und durch ländliche Gegend ist noch heute sehr zersiedelt: Zahllose *rugo* sind über die Hänge der Hügel verstreut – der *rugo* ist das kralartige Zuhause und der Mittelpunkt der Großfamilie, und ringsum von dem Grund und Boden umgeben, den sie bewirtschaftet. In Burundi gibt es keine Dörfer wie in Europa oder Westafrika, sondern eine weiträumige Gliederung in viele kleine Parzellen, die die endlose Weite der grünen Hügel mit Leben erfüllen. Mein Vater hatte 1940 in Fota eine große Villa für uns bauen lassen, und im Jahr darauf, gleich neben dem Haus, ein Gerichtsgebäude. Dass die Villa heute noch steht, ist dem energischen Einsatz meiner jüngeren Schwester Fabiola zu verdanken. Das Gerichtsgebäude haben die Machthaber nach den Ereignissen von 1993 abreißen lassen, angeblich, weil sie die Ziegel brauchten, die inzwischen einen im Lauf der Jahre immer kleiner werdenden Steinhaufen bilden... Als Oberhaupt war mein Vater zugleich oberster Richter, eine Art Salomon für die Bauern aus seiner Region, und in dieser Funktion hatte er auch den Vorsitz in diesem Gericht inne. Unterstützt vom Ältestenrat, der ihm die Akten vorlegte und ihn beriet, traf mein Vater in letzter Instanz die Entscheidungen.

Hielt mein Vater sich nicht in Fota auf, dann war er entweder in Bujumbura in unserem grünen Haus oder bei seinem Bruder im königlichen Palais, oder aber er reiste durchs Land, um die Stimmung der Bevölkerung einzufangen. Er war sehr eigenwillig und voller Respekt für seinen königlichen Bruder, sein Status als Prinz räumte ihm aber auch große Freiheiten ein, die er in jeder Hinsicht weidlich ausnützte. Freiheiten, die sich der König selbst nicht herausnehmen konnte. Eben noch grüßte mein Vater den König in der Öffentlichkeit ehrerbietig, um ihm dann im Palast, hinter verschlossenen Türen, seine Ideen oder auch eine andere Meinung darzulegen, ohne dabei ein Blatt vor den Mund zu nehmen. Das Tandem funktionierte prächtig: Der König war begeistert, dass sein Bruder und ungestümer Berater seine notwendigen und modernen Ideen durchsetzte – wenn auch manchmal auf unorthodoxe Weise. Und der Einfluss und die eigenwillige Persönlichkeit des Prinzen steigerten wiederum die Autorität des Königs.

Mein Vater lehnte das Prinzip der Besetzung des Landes durch Weiße, durch die Belgier, voller Abscheu ab. Die Belgier waren ebenso allgegenwärtig wie einfallslos. Ohne die französischen Kolonialherren loben zu wollen, muss man ihnen doch mehr Aufgeklärtheit zugestehen als den Belgiern, denen es nie gelungen ist, eine afrikanische Elite zu bilden, und die alle Menschen, die ihrer Verwaltung anvertraut waren, immer nur als Subalterne behandelt haben. Die einzige Ausnahme, die sie in Belgisch Kongo geschaffen haben – und die heute einigermaßen lächerlich wirkt –, war der sogenannte Status »entwickelt«, den (eine Hand voll) Schwarzer erhielt, die ihnen für einen sozialen Aufstieg würdig erschienen.

An eine Begebenheit, die den Charakter und die Überzeugungen meines Vaters demonstriert, erinnern sich die Einwohner von Bujumbura noch heute. In der Hauptstadt gab es ein großes Hotel, das Hôtel Paguidas, das von einem Griechen geführt wurde (vor der Unabhängigkeit lebten viele Griechen in Burundi, dieses Seefahrervolk fühlte sich an den Ufern des Tanganjika-Sees sehr wohl). In diesem Hotel war der Zutritt für Schwarze verboten, eine klassische Situation im damaligen Kolonial-Afrika. Lediglich der König und sein Bruder Prinz Kamatari durften dieses Haus aufsuchen und sich an einen Tisch mit den Weißen setzen. Eines Tages beschloss mein Vater, dass er diese Trennung nicht länger dulden wolle, und lud alle Passanten, die gerade vorbeikamen, ein, mit ihm in das Hotel zu gehen – Bauern, Händler, Bettler: »Kommt schon, geht hinein!« Dieser ziemlich verängstigten kleinen Schar befahl er dann, sich an der Bar bedienen zu lassen. Die kongolesischen Ober, die sich zunächst sträubten, mussten schließlich nachgeben und die Bestellungen dieser doch sehr ungewohnten Kundschaft aufnehmen. Wer hätte es gewagt, sich meinem Vater zu widersetzen? Nun thronte er inmitten seiner Landsleute. Sie aßen und tranken gemeinsam und erzählten sich Geschichten. Mein Vater triumphierte: Er erhob sich gegen soziale Ungerechtigkeit und

Rassismus, indem er einige schöne Stunden mit seinen Landsleuten verbrachte und den Belgiern damit auch noch gehörig eins auswischte. Schließlich ließ er die Rechnung kommen, unterschrieb sie und erklärte dem verblüfften Hotelpersonal: »Schicken Sie das den Belgiern!« Danach gingen alle friedlich nach Hause. Es ist nicht übertrieben, dass die belgischen Machthaber aus Angst vor diesem Prinzen zitterten, der zwei Meter fünfzehn war und kein Blatt vor den Mund nahm. Die Affäre im Hotel Paguidas hat in allen gesellschaftlichen Kreisen von Bujumbura jahrelang für Gesprächsstoff gesorgt.

Mein Vater ist auch heute noch eine Legende in Burundi. Die jungen Leute kennen ihn nicht mehr, aber sie haben gehört, wie seine körperliche Stärke und seine Integrität gerühmt wurden; mein Vater ist zu einem Sinnbild geworden. Er verabscheute jede Art von Ungerechtigkeit, vergötterte Kinder und hatte großen Respekt vor alten Menschen, die er immer grüßte und denen er stets half. Papa Kamatari schätzte Disziplin, und die damaligen Militärs mochten ihn, weil er für sie Kraft und Strenge verkörperte. Er hatte eine ausgesprochene Vorliebe für Ordnung und Übersichtlichkeit: Die Ackerfurchen hatten gerade zu sein! In Zorn geriet er eigentlich nur, wenn er sich über die Weißen erregte, denen dann auch seine Attacken galten. Spricht heute auf den Hügeln jemand von Prinz Kamatari, dann heißt es: »Ja ja, das war der, der die Weißen nicht leiden konnte!« Der Weiße war für ihn Symbol für Ungerechtigkeit und Machtmissbrauch. Dabei muss man allerdings bedenken, dass wahrscheinlich nicht die besten Kolonialverwalter in dieses kleine Land im Herzen von Afrika geschickt wurden. Mein Vater hatte eine Ausbildung zum König genossen und er trug es nicht, mit Personen verhandeln zu müssen, die ihm nicht ebenbürtig waren. Er hielt die Maßnahmen der Belgier aus regional-ökonomischen Gründen für ungeeignet. »Lasst die Finger von meiner Provinz«, war die unmissverständliche Botschaft an sie, wenn es um seinen Einflussbereich ging. Experimente mit dem Anlegen von Baumschulen in Isabu, seinem Distrikt, zu genehmigen, aber die örtliche Bevölkerung zu zwingen, neue Pflanzen anzubauen, ohne ihr zu erklären, warum – das kommt nicht in Frage. Kaffee anzubauen, weil die Weißen ihn trinken, die Einwohner von Burundi aber nicht – nein, oder höchstens, wenn man die Bevölkerung befragt, nachdem man ihr erläutert hat, inwiefern sie davon profitieren könne. Er predigte Demokratie und respektierte stets die Meinung des Ältestenrates, ohne den nichts entschieden werden durfte, weil er die Bevölkerung repräsentierte.

Mein Vater war zwar bereit, mit dem Gouverneur, dem Stellvertreter des belgischen Königs, zu verhandeln, blieb aber immer darauf bedacht, sich nicht übervorteilen zu lassen. Wenn der Gouverneur Reformen durchsetzen oder Maßnahmen durchführen wollte, die sein Bruder und er ablehnten, kam es sehr häufig vor, dass der König und mein Vater auf einmal nichts mehr verstanden, Ausflüchte machten und passiven Widerstand leisteten. Sie verlangten Dolmetscher für Französisch und Suaheli, das damals unter belgischer Herrschaft im Bereich der Großen Seen die Amtssprache war, so wie es heute vielerorts auf der Erde Englisch ist. Natürlich entging ihnen kein einziges Wort, aber sie taten so, als würden sie die Dolmetscher testen, verlangten, dass sie ausgewechselt wurden. Das war einerseits ein Mittel, um Zeit zu gewinnen, aber auch eine Methode, um ihrer Sprache, dem *Kirundi*, und ihrem Land zu mehr Respekt zu verhelfen. Mein Vater hat den Weißen immer viel Ärger gemacht, die Burundi zu seinem Missfallen und im Interesse ihres eigenen

Landes regierten. Der König zeigte sich diplomatischer als der Prinz, der sich die Freiheit nahm, nach seinen Gefühlen und Ideen zu handeln – das Austeilen von Faustschlägen eingeschlossen. Die kleinen Belgier waren diesem Koloss nicht gewachsen!

Eines Tages besuchte mein Vater inkognito eine Bar in Bujumbura. Er unternahm häufig Kontrollgänge aller Art, um sich umzuhören und zu informieren, und zwar immer da, wo man nicht mit ihm rechnete. Jeder, außer den neu angekommenen Weißen, kannte ihn. Kurz nach meinem Vater kam ein Burunder und wurde von einem Weißen beleidigt, der ihn kein Bier bestellen lassen wollte. Mein Vater wurde fuchsteufelswild, packte den Weißen samt seinem Sessel und warf ihn hinaus auf den Platz (der später »Unabhängigkeitsplatz« genannt wurde). Ein Weißer in einem schweren Sessel aus den Fünfzigern wird von einem schwarzen Koloss vor die Tür gesetzt: Was für eine Schande! Mein Vater beruhigte sich wieder, kam in die Bar zurück und verlangte, dass sein Landsmann bedient wurde. Natürlich wurde heftig protestiert, aber schließlich bekam der Mann sein Bier, ging dann später zurück in sein Viertel und erzählte die Geschichte jedem, der sie hören wollte, und bald kannte jeder die Neuigkeit.

Mir wurde erzählt, dass Kamatari schon als er noch jünger war, in den vierziger Jahren, von dem Wunsch nach Gerechtigkeit beseelt war und ihn bereits damals lautstark artikulierte. Der *muhashi*, ein belgischer Beamter, verteilte seine Strafmandate oft mit Brachialgewalt. Als er eines Tages mit seinem Motorrad unterwegs war, streifte er einen Fußgänger, und der stürzte in den Straßengraben. Zufällig kam mein Vater kurze Zeit später in diese Gegend und erfuhr durch einen Zeugen von dem Unfall. Es fiel ihm nicht weiter schwer, den *muhashi* ausfindig zu machen und zu einem Kaffee einzuladen, den die Weißen so gerne trinken. Sie unterhielten sich eine Weile, dann bot mein Vater diesem Herrn eine Spritztour mit dem Motorrad an. Eine Fahrt auf dem Motorrad des Prinzen – so ein Angebot schlug man nicht aus. Das Auto war damals noch nicht richtig bis Burundi vorgedrungen, im ganzen Land gab es fünf Motorräder, und die Straßen waren in einem bedauerlichen Zustand. Die beiden Männer starteten in Fota, fuhren über Mwaro bis nach Bujumbura und auf dem anderen Weg wieder zurück. Mein Vater versuchte mit dem größten Vergnügen, durch alle Schlaglöcher und durch jede Pfütze zu fahren. Sein Sozius auf dem Rücksitz litt Höllenqualen. Schließlich fuhr mein Vater mit dem *muhashi* zu der Stelle, wo dieser sein Opfer angefahren hatte, stieß ihn um und beförderte ihn in den Straßengraben, den der unglückliche Fußgänger inzwischen verlassen hatte. Die Belgier wurden bei Mwambutsa IV. vorstellig, um sich offiziell über diesen Vorfall zu beschweren, der aber nichts davon hören wollte. Er hatte die gesamte Bevölkerung hinter sich und wusste, wie populär mein Vater war. Anstatt ihn für seine Zornausbrüche und seine Rachefeldzüge zu tadeln, nickte er ihm verständnisvoll zu. Der Form halber machte der König meinem Vater gelegentlich in der Öffentlichkeit Vorhaltungen, aber er war in Wirklichkeit begeistert darüber, dass mein Vater wagte, was er sich nicht erlauben konnte.

Papa Kamatari verhielt sich aber immer sehr respektvoll gegenüber Mwambutsa. Einmal begaben sich Mwambutsa, der Prinz, die Stammesfürsten und der ganze Hofstaat zu einem offiziellen Besuch ins benachbarte Ruanda, wo sie sich mit König Mutara Rudahigwa trafen. Die ruandische Delegation hat damals berichtet, dass mein Vater vor lauter Respekt vor seinem Bruder beinahe auf den Zehenspitzen neben ihm ging. Daran erinnern sich alle. In Gegenwart des Königs hätte sich mein Vater niemals einen seiner Ausbrüche erlaubt.

Tagaus, tagein Gelächter

Als Inhaber von Führerschein Nummer 12 war Prinz Kamatari in einem wunderbaren himmelblauen Mercedes unterwegs, unverwechselbar und im ganzen Land berühmt, weil er sich von den wenigen anderen Autos unterschied, die damals auf Burundis Straßen fuhren und ausnahmslos schwarz waren. Abgesehen von den belgischen Beamten, waren eigentlich nur der König, der Prinz und einige Missionare motorisiert. Sogar der Pfarrer besaß nur ein Motorrad. Eines Tages waren wir Kinder alle mit Papa in seinem Auto unterwegs, als er einem kleinen grünen *Volkswagen* begegnete, dem ersten in Burundi. Da er ihn sehr niedlich fand, hielt mein Vater an und schlug dem Besitzer einen Tausch vor: seinen himmelblauen Mercedes gegen den netten grünen Käfer. Der Besitzer war mit Sicherheit begeistert über diese glückliche Fügung, hätte es aber auch nicht gewagt, sich dem Enthusiasmus des Prinzen zu widersetzen. Der Tausch wurde beschlossen. Wir zwängten uns alle in das neue Auto, und mein riesengroßer Vater versuchte, sich irgendwie klein zu machen, und klemmte sich hinter das Lenkrad. So fuhren wir nach Hause. Meine Mutter schaute uns verblüfft zu, wie wir einer nach dem anderen aus dem Volkswagen kletterten. Mein Vater hat dieses Auto nicht lange behalten und bald seinem ursprünglichen Besitzer zurückgegeben. Er bekam dafür eine viertürige Limousine, die seinem Rang, seiner Größe und der Anzahl seiner Familienmitglieder besser entsprach.

Meine Kindheit wurde von einer Unzahl dieser heiteren Anekdoten beglückt, die gekennzeichnet waren von der Fantasie, dem glanzvollen Auftreten und der Aura des Prinzen. Wir Kinder waren von ihm fasziniert. Wenn er sich frei- nehmen konnte, war er ganz für uns da, und wir erlebten magische Momente. Ich höre noch unser Gelächter, wenn ich mich an unsere »Schaukelstunden« erinnere. Papa streckte seine Arme waagrecht aus, mein kleiner Bruder Louis und ich kletterten jeder auf einen seiner Arme, jemand schubste uns an, und dann schaukelten wir vergnügt. Manche hielten ihn für den stärksten Mann von Burundi und ich war insgeheim davon fest überzeugt. Er war außerdem auch ein ausgezeichneter Musiker und spielte Orgel, Zither und Akkordeon. Wenn er in der Kirche auf Lateinisch sang, wie manchmal auch zu Hause bei Festen oder am Abend, versetzte seine weit tragende Stimme die Gläubigen in einen Taumel aus Freude und Frömmigkeit. Er konnte auch sehr gut zeichnen, und ich war immer wieder verblüfft, wenn ich sah, wie er mit wenigen schnellen und anschaulichen Strichen Vögel oder andere Tiere für uns zeichnete.

Bei den Schwestern

Meine Kindheit habe ich in Fota und Bujumbura verbracht. Mit fünf Jahren kam ich zu den belgischen Missionsschwestern in Kiganda, das nicht weit weg von Fota liegt. In ihrer Schule unterrichteten die Schwestern die Bauernkinder aus der ganzen Umgebung und auch von weiter her. Mädchen genossen ein wirkliches Privileg, wenn sie zur Schule gehen durften. Für ihre Familien bedeutete das aber ein großes Opfer. Nicht nur, weil sie Schuluniform, Bücher, Hefte, Stifte und Schulgeld bezahlen mussten, das allerdings nicht teuer war, sondern weil die Eltern auf die Mitarbeit und Hilfe ihrer Kinder verzichten mussten, die diese leisten würden, wenn sie zu Hause blieben. Ihren Kindern, und vor allem ihren Töchtern, den Schulbesuch zu erlauben, hieß, auf die Zukunft zu setzen und vorausschauend zu planen.

Die Schwestern trugen große, dreieckige Hauben und weite, weiße Gewänder, aus denen nur Gesicht und Hände herausschauten, und verbreiteten eine Atmosphäre von Gutmütigkeit. Obwohl sie sehr freundlich waren, fürchteten wir uns vor ihrer Schwesterntracht, dem Symbol für Autorität. Außerdem waren sie weiß … Ich durfte nur in den Ferien nach Hause, also dreimal im Jahr, was für mich nicht viel war. In diesem Internat war ich eine Schülerin von vielen. Allerdings stand ich unter besonderer Aufsicht, die aber so diskret war, dass ich als Kind dies gar nicht bemerkte. Trotzdem wurde ich sehr streng behandelt, da es um meine Sicherheit und die Vorbildlichkeit meines Benehmens ging. Nach dem Motto: »Sie soll sich wie die anderen verhalten, aber für alle ein Beispiel sein.« Zu Anfang genoss ich aber doch eine Sonderregelung für kleine Prinzessinnen: Beim Unterricht und in der Freizeit war ich mit den anderen Internatsschülerinnen zusammen, aber ich aß und schlief bei den Nonnen. Die Schwestern wohnten in einem eigenen Gebäude, dessen Fenster auf den Internatshof hinausgingen. So konnte ich in Kontakt mit meinen Freundinnen bleiben und mit ihnen Essen tauschen. Ich hätte nämlich lieber ihr ganz normales Essen gehabt – Bohnen, Süßkartoffeln, Maniok und Tee zum Frühstück, und nicht die Suppe und das Fleisch, die mir die Schwestern servierten. Sonntags bekamen die Internatsschüler gekochten Reis mit orangefarbenem Palmöl, und ich hätte alles für diese Köstlichkeit gegeben! Also habe ich getauscht, so viel ich konnte, bis unser Tauschhandel entdeckt und meine Mutter verständigt wurde. Sie verstand, dass ich lieber so wie meine Freundinnen leben wollte, und entschied, dass ich bei ihnen wohnen solle: Schluss mit den getrennten Bereichen, Schluss mit den Privilegien.

Dadurch wurde das Verhältnis zu meinen Kameradinnen vertrauter. Wir schliefen in riesigen Schlafsälen, in denen etwa hundertfünfzig Betten ordentlich in Reih und Glied standen. Auf den Betten lagen so etwas wie Strohsäcke, die aber mit Maisblättern gefüllt waren. Nach den Ferien wurden wir immer aufgefordert, die großen Bezüge aus blauem Stoff mit frischen Blättern zu füllen. Morgens mussten wir sie kräftig schütteln, damit unsere Matratzen immer tadellos dick und rund aussahen. Der Unterschied zwischen den anderen Schülerinnen und mir war durch meinen Umzug zu ihnen nicht aufgehoben – alle wussten es. Für meine Kameradinnen war ich die Prinzessin, das ist klar, aber was macht einen zu einem besseren Menschen: spezielles Essen oder aber ein Verhalten, in dem sich das Wesen widerspiegelt?

Nach und nach begann ich dann unbewusst, die Verantwortung meiner Familie auch zu akzeptieren. Irgendwie spürte ich vage, dass über mich und mein Verhalten Botschaften von Familie zu Familie und von Eltern zu Kindern gesandt wurden. Für meine Eltern war ich ein Bindeglied im sozialen Gefüge, ein weiterer Kontakt zwischen den Prinzen und der Bevölkerung. Als gute, aber – wahrscheinlich als Reaktion auf unsere strenge Erziehung – lebhafte und undisziplinierte Schülerin hatte ich die Rolle der Rädelsführerin und wurde ständig bestraft. Ich musste teuer bezahlen: Vorbild, immer nur Vorbild sein! Ich glaube aber, dass ich das damals ganz normal fand. Ich weiß noch, dass man einmal meine ständige Schwätzerei zum Verstummen brachte, indem ich lange Stunden im Schulhof knien musste, der wohlgemerkt von allen Klassenzimmern einsehbar war – und zwar mit ausgestreckten Armen und zwei Wörterbüchern in jeder Hand. Die Botschaft war unmissverständlich: Wir schonen auch die Tochter des Prinzen nicht!

Außer den Schularbeiten gab man uns kleine Aufgaben in Haus und Garten, um die Schwestern zu entlasten, die wirklich von früh bis spät auf den Beinen waren. Die einen halfen auf den Feldern oder im Garten, die anderen putzten in der Küche Gemüse oder fegten die Klassenzimmer. Wurde ich doch bevorzugt oder einfach nur verhätschelt? Wie auch immer, stets fielen mir die angenehmsten Arbeiten zu: zum Beispiel das Büro der Schwester Oberin zu fegen, das nicht besonders staubig war, oder im Garten vor dem Schwesternhaus zu helfen. Meine Schwestern und ich haben uns später alle mehr als einmal in unserem Leben dazu beglückwünscht, dass wir als kleine Kinder den richtigen Umgang mit Bügeleisen und Hacke erlernt hatten.

Sonntags ging es weniger streng zu, und der Stundenplan war etwas gnädiger: Wir durften eine Stunde später aufstehen, also um sechs Uhr anstatt um fünf Uhr! Nach diesem »späten« Wecken standen besonders gründliche Morgentoilette, Gebet und Hausarbeiten auf dem Programm. Das Hochamt um zehn Uhr kam uns allen endlos vor; tatsächlich dauerte es beinahe zwei Stunden und wurde in der Missionskirche gelesen. In perfekter Ordnung machten wir uns auf den Weg dorthin, vierhundert Mädchen in Reih und Glied, beaufsichtigt von zwei oder drei Schwestern. Wir verließen den Internatsbereich, kamen an der Grundschule vorbei und gelangten durch eine Zedernallee, der Grenze zwischen der Knabenschule und unserer Schule, zur großen Kirche von Kiganda. Auf dem Weg unternahmen aber einige Mädchen, darunter auch ich, mit Unterstützung der anderen durch ein Loch im Zaun kleine Abstecher in den Obstgarten der Nonnen, um dort Früchte zu stibitzen. Eilig reihten wir uns dann wieder ein und versteckten das Obst unter unseren langen grauen Uniformröcken. Und nach der Messe ließen wir es uns schmecken. Die Schwestern können eigentlich nie viele Erdbeeren geerntet haben, denn das war unser Lieblingsobst! Ich bin mir sicher, dass sie über unsere Manöver bestens Bescheid wussten. Vielleicht sahen sie darin aber auch eine Möglichkeit, die Früchte der Erde zu verteilen, in Burundi eine äußerst wichtige Aufgabe, wie das Fest *umuganuro* zeigt.

Als Prinzessinnen und Prinzen durften meine Geschwister und ich bei großen offiziellen Festen immer in der ersten Reihe sitzen, vor allem auch beim Fest *umuganuro*, das früher den landwirtschaftlichen Kalender regelte. An diesem Tag gestattete der König seinem Volk, die Saat auszubringen, und segnete das Saatgut. Zu dieser Zeit war ganz Burundi auf den Beinen, um das Fest am Hofe mitzufeiern, alle Trommler des Landes zogen trommelnd durch die Dörfer und über die Hügel und versammelten sich schließlich zu Tausenden in Muranwya, der alten Hauptstadt des Königreichs. Das Fest *umuganuro* war dazu bestimmt, den Besitz neu zu verteilen. Der König sorgt sich als Herrscher und Besitzer des Landes um die armen und unglücklichen Menschen und bemüht sich, die Ungleichheit zu mildern, indem er Güter verteilt, die aus seinem Besitz stammen, um so wieder eine gerechte Ausgangsbasis zu schaffen. Der Ältestenrat sagte dem König, welche Leute verdienstvoll und bedürftig waren, danach verteilte der König dann Kühe und Schafe. Er handelte als Stellvertreter von *imana*, dem Gott der Burundis, oder übernahm vielmehr die Vermittlerrolle zwischen Gott und dem Volk. Den Belgiern missfiel dieses Fest, das dem König ihrer Meinung nach viel zu viel Macht zusprach und außerdem der Christianisierung des Landes zuwiderlief, die sie eifrig betrieben. Nach und nach raubten sie dem Fest seinen Sinn, entehrten und verboten es schließlich. Die Letzten dieser Feierlichkeiten, die ich als Kind erlebt habe, waren eigentlich nur noch Formalien, für mich behielten sie dennoch ihre faszinierende Magie.

Diese Riten stammten aus einer anderen Zeit, und manches davon mag heute barbarisch wirken, denn bei diesen Massenveranstaltungen wurden einige Menschen vom Vieh zu Tode getrampelt. Für dieses Opfer erhielten die Familien der Toten Hunderte von Kühen. Damals maß man den Rang einer Familie an der Größe ihrer Herden. Mit dem Verschwinden der alten Gebräuche ging aber leider auch etwas von Burundis Wesen verloren. Die symbolische Umverteilung der Güter und das Bild von einem ganzen Volk, das sich gemeinsam daran macht, die Saat auszubringen, hatte eine starke und verbindende Wirkung. Damals war keine Rede von Hutu oder Tutsi. Das Volk war eins.

Eine kleine Prinzessin ist weit weg von zu Hause

Nach der Sonntagsmesse kehrten wir ins Internat zurück und aßen zu Mittag, dann kam der lang ersehnte Augenblick: Die Türen wurden geöffnet, und die Familien der Internatsschüler kamen zu Besuch. Mich besuchte niemand: Meine Eltern waren viel zu beschäftigt, und Fota war zu weit weg. Traurig beobachtete ich die freudige Begrüßung meiner Freundinnen und ihrer Familien. Um nicht in Melancholie zu versinken, musste ich handeln. Alle, die ich kannte, die aus meiner Gegend kamen und wussten, wer ich war, nützte ich schamlos aus, bezog mich auf meinen Sonderstatus und befahl ihnen einen Besuch: »Nächsten Sonntag kommt ihr mich besuchen, mich.« Ich wollte nämlich auch hören, dass mein Name aufgerufen wurde, ich wollte auch ins Sprechzimmer gehen und Besuch empfangen! Um das Vergnügen vollkommen zu machen, ordnete ich an, dass man mir auch noch mein Lieblingsgetränk mitbrachte: Bananenwein. Man brachte ihn mir, wie es Brauch war, in einem bauchigen Tonkrug mit verziertem Hals, der wie mit Geschenkpapier in große Bananenblätter gewickelt war. Alle tranken mit Bambushalmen gleichzeitig aus dem Krug. Ich lud meine besten Freundinnen ein und zeigte ihnen, dass auch ich Geschenke bekam; mir war es egal, dass sie sozusagen beschlagnahmt worden waren! Die Freunde, die ich auf diese Weise sonntags um mich versammelte, waren entfernte Cousins oder auch irgendwelche Leute aus dem Stab meines Vaters, die nur zu gern die Tochter des Prinzen besuchen wollten. Als mein Vater von meinen Tricks Wind bekam (und bei uns auf den Hügeln spricht sich alles sehr schnell herum), machte er im Gegenzug meinen Besuchern Geschenke. Daraus wurde ein ständiges Geben und Nehmen und für mich nicht zuletzt auch eine Methode, mich zu sozialisieren und meine Rolle zu lernen. Wer weiß, vielleicht stammte der Bananenwein, den man mir brachte, von mir zu Hause!

Meine Familie habe ich damals nur in den Ferien gesehen, erhielt aber regelmäßig Nachricht von ihnen; vor allem durch meine Sonntagsgäste, aber auch durch eine Staubwolke auf der Straße. Mein Vater kam nämlich immer wieder in unsere

Gegend, und wir sahen seinen himmelblauen Mercedes. Er hielt zwar nie an, aber so wusste ich, dass es ihm gut ging. Als ich ihn einmal bat, wenigstens hin und wieder zu mir zu kommen, entgegnete er nur, ich sei ein Kind wie jedes andere auch, für das es keine privilegierten Besuchsregelungen gäbe.

Meine Kameradinnen bekamen Post, die zuerst von den Schwestern gelesen wurde. Nach der Sonntagsmesse rief eine Nonne die Mädchen namentlich auf und reichte ihnen ihre Briefe, während ich abseits blieb. Meine Familie ließ natürlich auch von sich hören, aber auf andere Weise, und deshalb war diese Briefverteilung für mich sehr unerfreulich. Zum Ausgleich unterhielt ich meinen Hofstaat, indem ich dem gesamten Schlafsaal alle Liebesromane vorlas oder erzählte, die ich in die Finger bekam.

Mit zehn Jahren riss ich einmal aus. Ich wollte zurück nach Fota, meine Mutter und meine Familie fehlten mir, ich hatte sie schon lange nicht mehr gesehen. Eines Tages verließ ich das Internat nach dem Unterricht um vier Uhr zusammen mit den Externen, die in ihre *rugo* zurückkehrten. Zu Fuß lief ich die elf Kilometer nach Fota. Zu Hause traf ich die vertrauten Hausangestellten, die schon meinen Vater und später auch uns erzogen hatten. Endlich war ich wieder bei meiner Familie, aber ich wagte nicht, meiner Mutter vor die Augen zu treten, die man bereits vor meiner Ankunft darüber informiert hatte, dass ich weggelaufen war. Ich richtete mich auf ein blaues Wunder ein. Ehe ich mich ins Haus traute, blieb ich lange draußen bei den Dienerinnen, die mir grüne Erbsen mit Sauce brachten: »Iß nur, wer weiß, was passiert«, rieten sie mir. Schließlich rang ich mich durch, meine Mutter zu begrüßen, die mir mit Eiseskälte begegnete, wie Justitia in Person vor mir thronte und auf Erklärungen wartete. Dabei hatte ich doch nur den einen Wunsch, sie zu umarmen! Ich versuchte ihr zu erklären, dass sie mir gefehlt hatte, dass ich unglücklich war. Darauf fragte sie mich nur kühl: »Wie viele seid ihr in der Schule?« – »Vierhundert«, schluchzte ich. »Sind die anderen auch nach Hause gelaufen, haben die anderen etwa keine Sehnsucht nach ihrer Mutter?« Sie schickte mich auf mein Zimmer, wo sie mich zur Strafe mit Eukalyptuszweigen schlug. Danach konnte ich einige Tage lang nicht sitzen und musste im Internat die Krankenstation aufsuchen und mir den Po mit Salbe einreiben lassen. Wenigstens hatte ich gut gegessen! Man muss sich das Chaos vorstellen, das ich im Internat ausgelöst hatte. Vorsichtshalber habe ich mich nie nach den Einzelheiten erkundigt. Für die Schwestern bedeutete es ein ernstes Vergehen, dass ihnen die Tochter des Prinzen abhanden gekommen war. Ganz Kiganda war mobilisiert worden, Bewohner, Priester und Hunde suchten auf den Feldern, an Flüssen und in Schluchten. Man befragte meine Freundinnen, die ich aber nicht in meine Fluchtpläne eingeweiht hatte. Man durchsuchte auch jede Ecke der Missionsstation, suchte im Schein von Fackeln auf den Feldern und stocherte im Wasser nach mir. Die Nonnen beteten die ganze Nacht hindurch. Natürlich hatten wir damals kein Telefon zu Hause, mit dem wir sie hätten verständigen können, dass ich gesund und munter war. Am nächsten Morgen brachte mich meine Mutter mit ihrem Peugeot 203 ins Internat zurück. Die Nachricht verbreitete sich wie ein Lauffeuer und eilte uns voraus: Esther sitzt auch im Auto. Große Erleichterung! Dann musste ich, in Begleitung meiner Mutter, auf den Knien um Verzeihung bitten, erst die Schwestern, die uns abgeholt hatten, dann jede Klasse in der Mädchenschule, jede Klasse in der Knabenschule und jede Klasse bei den Großen: »Ich habe mich schlecht benommen, ich bitte um Entschuldigung, ich werde es nicht wieder tun.«

Diese Strafe war die Idee meiner Mutter, die Schwestern hatten das nicht gewollt. Ganz Fota wusste bald, dass ich gehörig Abbitte geleistet und dass sich die Tochter des Prinzen vorbildlich demütig gezeigt hatte. Natürlich hatte ich nach dieser körperlichen und moralischen Züchtigung keine Lust mehr auf derartige Unternehmungen.

Diese Geschichte war eigentlich die größte Dummheit, die ich mir als Kind geleistet habe. Ich hatte eine ganze Missionsstation in Verzweiflung gestürzt und ein komplettes System in Frage gestellt. Wenn mir etwas zugestoßen wäre, wenn ich ertrunken oder verletzt worden wäre, wären Köpfe gerollt. So gab es nur Tadel für die betreffenden Lehrerinnen und Erzieherinnen, und die Sicherheitsvorkehrungen wurden verstärkt. Außerdem wurden die Kinder beim Verlassen der Schule am Nachmittag streng kontrolliert. Und dann wurde eilig die Tür geschlossen.

Nicht weit weg vom Internat gab es einen Mann, der kleine Brötchen verkaufte, die aneinander klebten, wenn sie aus dem Ofen kamen. Er lebt übrigens noch immer und heißt *Ntorisenge*, was so viel bedeutet wie: »Ich nehme einen Centime.« Tatsächlich verkaufte er seine Brötchen für einen Centime pro Stück. Wir dachten, er müsse sehr reich sein, mit all den Centimes! Diese Brötchen waren wirklich köstlich, und ich war sehr enttäuscht, dass ich mir keine kaufen konnte: Ich bekam nämlich kein Taschengeld. Für Alltägliches wurde im Internat gesorgt, nicht aber für Leckereien. Also lieh ich mir etwas Kleingeld oder nützte mein Ansehen bei Ntorisenge, damit er mir Kredit gab. Bald erzählte ich meinem Vater davon – nicht meiner Mutter, bei ihr hätte ich damit keinen Erfolg gehabt – und rühmte die Vorzüge des Brots und des Bäckers. Mein Vater suchte ihn auf, bezahlte meine Schulden und richtete mir einen Kredit ein. Wenn ich dann meine Freundinnen zum Brötchenkaufen begleitete, durfte ich mich immer ganz nach Belieben bedienen. Ich hielt mich nicht zurück, verteilte aber auch großzügig an die anderen. Schließlich bildete ich mir ja ein, das sei ein Geschenk des Bäckers, weil ich keine Ahnung hatte, dass der Handel bereits perfekt war.

Das Paradoxe an meiner Kindheit bestand darin, dass ich ständig bemüht war, mir einen Platz bei den anderen Kindern zu schaffen und mich nur durch meine Talente, mein Verhalten oder meinen Charakter hervorzutun, während mich aber immer wieder mein besonderer Status als Prinzessin einholte und ich viel Vergnügen an manchen Privilegien hatte, die damit verbunden waren. Politik hat für mich als Kind allerdings keine Rolle gespielt.

Wir mussten jeden Donnerstag zum Beichten gehen. Vor den Regeln der Schwestern gab es kein Entkommen. Doch wie sollte man jede Woche neue Sünden erfinden? Unser Beichtvater war sehr offen und über unsere sonntägliche Obst-Stibitzerei informiert. Er verstand, dass ein zehnjähriges Kind kaum viele Sünden zu beichten hatte, und meinte, wir sollten uns nicht das Hirn zermartern, um welche zu erfinden. Offiziell ging ich also zu ihm zur Beichte, in Wirklichkeit stöberte ich aber begeistert in seiner Bibliothek und las die Abenteuer von Bob Morane. Ich war zwar nicht besonders fromm, hielt aber immer peinlich die religiösen Verpflichtungen ein, die das Internat vorschrieb, und kam damit gut durch. Bei den österlichen Prozessionen oder im Marienmonat Mai war ich immer als Erste fertig angezogen. Ich war verrückt nach diesem religiösen Theater. Mehrere Male spielte ich die Jungfrau Maria, war auch einmal ein Engel und habe mit ernster Miene Blumen über die Gläubigen und auf den Boden gestreut. Natürlich würde ich es nie wagen, eine religiöse Prozession mit einer Modenschau zu vergleichen. Doch das lebhafte, extrovertierte kleine Mädchen und die auf Entdeckungen, Kontakte und Wirkung begierige erwachsene Frau begegnen sich bei diesen Umzügen wieder – egal, ob sie religiös oder weltlich sind.

Liberale Pädagogik

An die Jahre bei den Schwestern in Kiganda habe ich nur die besten Erinnerungen. Unterrichtssprache war Französisch. Einige Jahre später lernte ich in der Schule Stella Matutina ein bisschen Flämisch, das dort Pflicht war. Davon habe ich mir nur einen Satz gemerkt: »*Ik ben een jongen*«, das heißt »Ich bin ein Junge«. Zu Hause, im Alltag und sogar mit meinen Freundinnen an der Schule habe ich Kirundi gesprochen. Auch nach dreißig Jahren in Frankreich spreche ich diese Sprache immer noch fließend, wenn ich nach Burundi komme. Die Schwestern konnten auch ein bisschen Kirundi, aber wir bogen uns vor Lachen, wenn wir sie reden hörten, und machten uns über sie lustig, indem wir schamlos ihren Akzent nachahmten. Die Bauern konnten sich in der Kirche nicht immer beherrschen, prusteten in ihre Lendenschurze und lachten sich halb zu Tode. Wie in den meisten anderen Sprachen auch ändert sich nämlich die Bedeutung der Worte je nach Aussprache. Der Akzent des Pfarrers, der seine Predigt tapfer auf Kirundi vortrug, und das in einer lateinischen Messe, gab oft Anlass zu pikanten Interpretationen.

Im Internat habe ich, wie an jeder französischen Schule, Französisch, Erdkunde, Geschichte und Mathematik gelernt. Ich hatte keine Probleme in der Schule. Auf der höheren

Schule und dem Gymnasium war ich sehr gut in Französisch. Der Erdkunde-Unterricht ließ mich völlig kalt, machte mich kein bisschen neugierig auf die weite Welt: Die Länder, die dort vorgestellt wurden, waren viel zu unwirklich. Meine eigene Welt dagegen war so schön, dass ich keine Lust hatte, irgendetwas anderes kennen zu lernen.

Donnerstags hatten wir immer im Freien praktischen Unterricht in Feldarbeit. Die Klasse wurde in Gruppen aufgeteilt, denen jeweils ein eigenes Stück Land zur Bewirtschaftung zugeteilt war. Um der Erde Nährstoffe zuzuführen und das schönste Feld zu haben, brauchten wir Dünger. Also zogen meine Kameradinnen und ich mit Körben auf dem Kopf los zu den Wiesen, wo die Kühe weideten. Mit meinen bestellten Sonntagsgästen hatte ich verabredet, dass die Bauern ihren Mist für mich reservierten. In den *rugo* kursierte das Sprichwort: »Hebt euren Mist für die Tochter des Prinzen auf.« Vergnügt verließen wir das Internat, gingen an der riesengroßen Missionsstation von Kiganda vorbei, überquerten den Platz, auf dem die Prozessionen abgehalten wurden, und den Fußballplatz, der auch Zeremonienplatz war, und gingen über den ersten Hügel, bis wir endlich außer Sichtweite der Schwestern und Pfarrer waren. Am vereinbarten Treffpunkt bewirteten uns die Bauern mit Speisen und Getränken, und dann machten wir es uns den ganzen Nachmittag im Schatten von Eukalyptusbäumen bequem und erzählten uns Geschichten. Das war immer wie Picknick und bereitete uns auch deshalb besonders viel Vergnügen, weil wir wussten, dass die anderen Mädchen auf der Suche nach Mist über die Wiesen und Felder irrten. Wenn es Zeit wurde, zurückzugehen, trugen uns die Bauern die Körbe so weit, bis wir riskiert hätten, von den Schwestern entdeckt zu werden. Dann nahmen wir ihnen die Last ab … und bekamen für unser Gemüse die besten Noten in praktischer Feldarbeit. Draußen auf den Feldern atmeten wir den Hauch von Freiheit: Dort herrschte keine Disziplin, und wir konnten ohne Einschränkungen lachen und reden.

Ich hatte meine Lieblingsschwestern. Eine burundische Nonne, mit der ich vermutlich verwandt war und die mich ein wenig verhätschelte, aber so diskret, dass niemand eifersüchtig wurde. Und eine andere Nonne, eine Weiße, die den Spitznamen Nyamudo trug (was auf Kirundi »die Krummbeinige« heißt), weil sie hinkte. Sie war sehr fürsorglich. Wenn wir im Haus arbeiten mussten, sah ich immer zu, dass ich dafür eingeteilt wurde, ihr Büro zu fegen, weil diese Arbeit nicht viel Mühe machte. Sie war für das Klassenzimmer zuständig, in dem der Katechismus-Unterricht stattfand, und sie schmückte den Raum mit Blumen, zum Beispiel Geranien, die sie auf Häkeldeckchen stellte. Schwester Nyamudo war voller Bewunderung für Vater Verkest, den Anstaltsgeistlichen der Schule, der anstelle seines rechten Beins, das er bei einem Unfall verloren hatte, ein Holzbein trug. Wenn wir diese Schwester und ihre Geranien sahen, wussten wir, dass der Pater gleich angehinkt kommen musste, und machten ihn alle nach. Dieses Holzbein war eine echte Attraktion, so etwas hatten wir noch nie gesehen. Wenn Vater Verkest auf einen Knopf drückte, um das Bein zusammen oder auseinander zu klappen, zum Beispiel, wenn er sich setzen wollte, machte der Mechanismus jedes Mal ein zischendes Geräusch. Da ein Unglück bekanntlich selten allein kommt, hatte der Arme auch noch ein künstliches Gebiss. Damit löste er eines Tages einige Panik in der Klasse aus, weil er es herausnahm, wahrscheinlich um unser Mitleid mit so viel Unglück zu wecken. Als wir kleinen Afrikanerinnen, denen man Legenden von den weißen Kannibalen erzählt hatte, sahen, wie er sein Gebiss herausnahm, das zweifellos das Instrument der uns bevorstehenden Folterqualen sein musste, hatte das radikale Auswirkungen: Voller Entsetzen rannten wir davon. Das Holzbein, nun gut, aber das Gebiss, nein!

Was das Gefühlsleben anbelangte, mussten wir uns ins Unvermeidliche fügen. Wir saßen alle im gleichen Boot, und es gab keine Ausnahmen. Wenn man sehr unglücklich war, weinte man ordentlich, und die Freundinnen versuchten dann, die Familie zu ersetzen. Die Großen freundeten sich mit uns an, Kummer sprach sich schnell herum, und es gab immer eine Ältere, manchmal auch eine Cousine, die einen tröstete. Alles spielte sich unter uns Kindern ab. Aber ich verlebte eine Kindheit ohne große Gemütsschwankungen, eine Jugend ohne schlimme Krisen. Dafür hatten wir gar keine Zeit, wir waren immer draußen, immer beschäftigt.

Schließlich gab es auch noch Schwester Armandine, die auf Kirundi Rubasha (»die Starke«) hieß. Sie kletterte die Leitern hinauf, war die Chefin der Arbeiter, reparierte das Fahrrad, betrieb das Stromaggregat und weckte morgens alle mit der Glocke. Sie war »der starke Mann« unter den Schwestern, streng, aber gerecht. Sie hat gerade ihr fünfzigjähriges Missionsjubiläum in Burundi gefeiert.

Verantwortungsbewusstsein

Auch wenn ich zu den Ersten gehörte, die auf einen Baum kletterten, schlug ich doch nie über die Stränge. Schon in meiner Kindheit bestimmte das tief in mir verwurzelte Pflichtbewusstsein mein Verhalten. Eine innere Stimme pfiff mich immer wieder zurück: Das darf ich nicht, weil ich die

Tochter des Prinzen bin. Wenn ich sah, dass jemand etwas Falsches tat, wollte ich ihn instinktiv daran hindern. Das war meine Aufgabe. Die Rolle der Prinzentochter war nicht nur eine Fassade. Ich hatte Verantwortung übernommen, und ich hatte großes Glück – hatte eine Position, bekam eine Erziehung und Ausbildung, für die ich im Gegenzug die Wirkung der Handlungen meiner Eltern, des Hofes und des Königs vergrößern sollte. Ich war so etwas wie ein Relais und konnte nur ein guter Vermittler sein, wenn ich mich den Schwestern und Freundinnen gegenüber tadellos betrug. Auch wenn dies nie so ausdrücklich formuliert worden war, blieb es doch unbestrittene Tatsache.

Meine Eltern hatten entsprechende Anweisungen erteilt. Wenn in meiner Klasse eine Dummheit geschehen war, mussten die Schwestern fragen: »Wer hat das gemacht?« Wenn keiner es zugab oder sich irgendwie verriet, wurde ich bestraft, weil ich eine Anführerin und mit Sicherheit für eine Menge Missetaten verantwortlich, besonders aber, weil ich eine Prinzessin war. Da keine Verfehlung ungestraft bleiben durfte, war mir die Strafe gewiss, wenn es keine andere Schuldige gab. Das war hart und ungerecht, und ich weinte oft, ohne dass ich jemand gehabt hätte, der mich tröstete. Aber dann lernte ich sehr schnell, mit der Situation umzugehen, und hielt mich an denen schadlos, die mich in diese unerfreuliche Situation gebracht hatten. Es wurde abgerechnet, die Sache kam auf den Tisch, und manchmal wurden wir auch handgreiflich wie die Jungen. Die Großen bremsten uns, wenn der Streit ausartete. Die Schuldigen kamen beschämt zu mir, um sich zu entschuldigen, oder sie übernahmen meine Arbeit, damit ich ihnen verzieh. Das Leben im Internat war vollkommen transparent, alles stand in den regelmäßigen Berichten an die Familien. Die Eltern der Mädchen, die mir Ärger gemacht hatten, wurden darüber informiert und bestraften ihre Töchter, wenn sie nach Hause kamen. Im nächsten Trimester ging es dann schon besser.

Höflichkeit, gutes Benehmen, Schläge mit dem Lineal auf die Finger, aufrechte Haltung in der Klasse, Verschränken der Arme hinter dem Rücken – das alles verhilft einem zu einer Mannequin-Haltung. Wir durften die Arme nur vor den Körper nehmen, wenn wir uns melden wollten. Auf diese Weise hatten wir keine Gelegenheit, unsere Tische zu bekritzeln.

Vor Ostern wurden vier Tage lang Exerzitien abgehalten; in dieser Zeit gab es keinen Unterricht, es wurde nur gearbeitet und gebetet. Vier Tage absolutes Schweigen, kein Wort war zu hören. Wir durften zwar lesen, aber natürlich nicht irgendetwas. Ich hatte mich mit den Großen arrangiert, die mich mit Liebesromanen versorgten. Ich schob einen Roman in meine Bibel und kniete mich im Hof vor die Statue der Heiligen Jungfrau Maria. Der Boden war übersät mit Sand und Steinchen, es gab kein bisschen Gras. Nach diesen vier Tagen waren meine Knie blutig. Wenn sich mir eine Schwester näherte, blätterte ich schnell um und vertiefte mich eifrig in die Lektüre der Bibel. Auf diese Weise widmete ich mich mit großer Hingabe meiner profanen Literatur und verdiente mir dadurch auch noch die Bewunderung der Schwestern, die meine Frömmigkeit und mein Interesse für die Heilige Schrift begeisterten. Abends erzählte ich meinen Freundinnen dann heimlich in allen Einzelheiten, was ich gelesen hatte. Ich bin mir ziemlich sicher, dass Schwester Armandine einen Verdacht hegte, gesagt hat sie aber nichts.

Öffentliche Schande

Am Ende des Schuljahres besuchten Papa und Mama mich dann doch in der Missionsstation, um die Preise zu verteilen. Das war ein offizieller Besuch mit rotem Teppich, Trommlern und Tänzern, schließlich kamen nicht die Eltern von irgendeiner x-beliebigen Schülerin. Wie in jeder Schule, die den Besuch einer hochrangigen Persönlichkeit erhält, gingen die Kinder in Dreierreihen umher, streng nach Größe geordnet. Die Bäume wurden bis zur Höhe von einem Meter fünfzig weiß gekalkt, und am Eingang zur Missionsstation errichtete man einen Triumphbogen mit der Aufschrift: »Willkommen, Prinz Kamatari!« Ein Trommelwirbel, und dann eröffnete die Schwester Oberin die Feierlichkeiten mit einer Ansprache. Jede Klasse führte einen Tanz vor, den sie das ganze Jahr über gründlich einstudiert und geübt hatte. Dann wurde es ernst: Es kam zur Preisverleihung.

In einem Jahr hatte ich eine Sechs in Religion, weil ich im Unterricht geschwätzt und die Fragen nicht beantwortet hatte und weil ich mich davonmachte, sobald es nur ging, kurz gesagt, weil ich wie üblich außer Rand und Band war. Um ein Exempel zu statuieren, gaben mir die Schwestern diese peinliche Note. Sie wurde mir zwar nicht offiziell vor allen Leuten mitgeteilt, aber die Schwestern riefen einen Schüler nach dem anderen auf: erster Preis in Französisch, erster Preis in Mathematik … Ich rührte mich nicht und wartete vergeblich auf meinen Namen. Dabei hatte ich in den anderen Fächern gute Noten. Verärgert und beschämt wagte ich es nicht, meine Eltern anzusehen. Am liebsten hätte ich meinen Kopf wie eine Schildkröte in meine Schuluniform zurückgezogen und wäre spurlos im Boden versunken. Schließlich hatte jeder begriffen. Religion war leider das Fach, in dem man sich am allerwenigsten eine Sechs leisten durfte. Papa verteilte die ersten Preise, Mama die anderen nach einem nicht enden wollenden Ritual, das mich schier zur Verzweiflung trieb. Endlich war es vorbei, das offizielle Aufgebot hatte den Schulhof verlassen, um sich bei den Schwestern und danach bei den Priestern einzufinden, während ich noch immer wie angewurzelt in der glühenden Sonne dastand und mich nicht zu rühren wagte. Schließlich nahm ich all meinen Mut zusammen und trat vor meine Eltern. Meine Mutter sah mich betrübt an, und mein Vater erklärte mit entsprechender Miene: »Dass du in Geografie oder in Rechnen nicht Erste bist, kann ich gut verstehen. Aber ich erwarte von dir, dass du in zwei Fächern vorbildlich bist, und zwar in Staatsbürgerkunde und in Religion. Ich habe keine Ahnung, was du angestellt hast, um eine derartige Note zu bekommen. Das wirst du zu Hause deiner Mutter erklären.« Was im Klartext hieß: Es wird Prügel geben. Und mit ernster Stimme fuhr er fort: »Du hast es nicht verdient, dass wir wegen dir zu dieser feierlichen Preisverleihung kommen. Heute habe ich Ungelegenheiten auf mich genommen für jemanden, der die Mühe nicht wert war. Deshalb musst du zu Fuß nach Hause gehen.« Und dann lud er seinen himmelblauen Mercedes mit den prämierten Kindern voll und lieferte sie alle einzeln zu Hause ab, wobei er jedes Mal das Auto anhielt, um die Eltern zu begrüßen und sie wegen der guten Noten ihrer Kinder zu beglückwünschen. Derweilen ging ich die elf Kilometer nach Fota zu Fuß und dachte über die Lektion nach, die man mir erteilt hatte.

Die Missionsschwestern sind noch lange nach der Unabhängigkeit in Burundi geblieben. Heute gibt es noch eine oder zwei von ihnen. In den siebziger Jahren des zwanzigsten Jahrhunderts wurden sie, wie die Priester auch, verfolgt. Die katholischen Schulen wurden zu staatlichen Schulen und viele Kirchen zu Versammlungsräumen. Die Schwestern legten ihre Nonnentracht ab und kleideten sich weltlich. Aber Burundi ist und bleibt sehr katholisch, und die Bevölkerung ertrug zwar diese Maßnahmen, die man ihr auferlegte, ohne sie jedoch zu wünschen.

Meine kleine Welt

Zu Hause und vor allem in Bujumbura waren wir nur selten mit unseren Eltern zusammen – sie waren zu sehr mit ihrer öffentlichen Rolle und ihren Aufgaben am Hofe beschäftigt. So war die Familie bei den Mahlzeiten nur ausnahmsweise unter sich; meistens aßen wir gemeinsam mit den Hausangestellten und den verschiedenen Leuten, die sich um uns kümmerten. Diese Menschen waren bereits da, als wir zur Welt kamen, sie zogen uns auf, und wir betrachteten sie nicht so sehr als Hausangestellte, sondern mehr als Mitglieder unserer Großfamilie. Wenn ich Kummer hatte und getröstet werden wollte, wandte ich mich auch meistens an sie.

Meine Mutter war eine perfekte Gastgeberin und empfing häufig Besuch. Für ihre Kinder stand sie nicht richtig zur Verfügung, und es galt, zahlreiche Hindernisse zu überwinden, ehe man zu ihr gelangte. Trotzdem war sie über unser Tun und Treiben immer auf dem Laufenden. Zu ihren Vertrauten gehörte Ntibanyiha, ein freundlicher und nachsichtiger Herr mit Hut, der jeden Morgen an ihr Fenster kam. So begann eine lang andauernde, geheime Zusammenkunft. Meine Mutter hörte sich seinen Bericht an, eine Zusammenfassung des vorhergehenden Tages, und erteilte ihre Instruktionen.

Wie die Männer aus dem Ältestenrat hatte er einen langen Stab, sprach leise und verstummte jedes Mal, wenn jemand vorbeikam. Jeder wusste, dass man nicht stören durfte, wenn Ntibanyiha da war. Aber für mich übermütiges kleines Mädchen war die Versuchung einfach zu groß: Es bereitete mir besonderes Vergnügen, immer wieder an ihm vorbeizugehen und diese, aus meiner Sicht überaus mysteriösen und feierlichen Gespräche zu stören. Jedes Mal, wenn ich vorbeischlenderte, unterbrach er sofort seinen Bericht und grüßte mich und zog den Hut. Ich glaube, meine Mutter fand das ganz unterhaltsam, aber nur bis zu einem gewissen Grad. Jedenfalls wurde ich ziemlich bald aufgefordert, mich zu entfernen, damit der arme Ntibanyiha nicht gezwungen war, ständig wie eine Maschine seinen Hut zu ziehen.

Bei den wenigen Zeremonien, an denen wir teilnahmen (die meisten blieben uns erspart), hielten wir uns still und brav an der Seite unserer Eltern. Wir waren beeindruckt und spürten, dass manche Ehrerweisungen uns galten und dass viele Blicke auf uns ruhten. Im Laufe der Zeit begriffen wir auch, dass die Last der Verantwortung schwerer werden würde ... Wenn alles anders gekommen wäre, hätte ich gewisse Verpflichtungen übernehmen müssen. Natürlich nicht in der ersten Reihe der Mächtigen, schließlich wurde ich als Mädchen in einer patriarchalischen Gesellschaft geboren. Aber vermutlich hätte man mich für die Heirat mit einem Prinzen bestimmt, um irgendeine Allianz zu stärken. So wie ich meinen Vater kenne, sein Gespür für Freiheit und seine innovativen Ideen, seine Großzügigkeit und seinen Respekt vor jedem Individuum, bin ich davon überzeugt, dass er mich mein eigenes Leben hätte leben lassen und mich nicht gegen meinen Willen zu einer Heirat gezwungen hätte. Wahrscheinlich wäre ich ins Ausland gegangen, um dort zu studieren, aber ich hätte nach Hause zurückkehren und mich meinen Aufgaben stellen müssen. Vertrauensvoll hätte ich die offizielle Rolle akzeptiert, für die er mich bestimmt hätte.

Jahre später habe ich mit meiner Mutter über meine Kindheit gesprochen. Für mich war meine Mutter weit weg – eine bewundernswerte und zugleich Furcht erregende Gestalt. »Aber du warst damals unausstehlich«, sagte sie. Obwohl sie so streng war, fand sie stets die richtigen Worte der Entspannung und des Trostes. Ich spielte den Clown, um ihre Gunst zu gewinnen, ich wollte sie unbedingt verführen. Wenn ich russische Tänze vorführte, mich verkleidete oder eine Orangenschale in den Mund steckte, die meine Zähne verdeckte, konnte ich sie zum Lachen bringen. Meistens stimmte mich ihr Gelächter dann zufrieden. Wenn sie mich zum Weinen brachte, sagte sie immer: »Du wirst mir noch einmal dankbar dafür sein.« Meine Eltern dachten weit über den engen Rahmen des Palastes, der alten Monarchie und die Grenzen unseres kleinen Landes hinaus. Wenn ich heute in der Zeitung Berichte über die jungen Könige von Marokko und Jordanien lese, muss ich sofort an meinen Vater und seinen Onkel, den König, denken: Auch sie standen dem Volk nahe und waren beseelt von ihrer Vision der Aufklärung – und das ein halbes Jahrhundert früher. Sie verfügten instinktiv über diese Führungsqualitäten, ohne an den berühmten abendländischen Universitäten Politik studiert zu haben.

Wenn wir Kinder uns in den Ferien alle zu Hause einfanden, herrschte dort zwischen den Brüdern und Schwestern Kamatari nicht unbedingt Frieden und Eintracht. Abgesehen von dieser kurzen Zeit, sahen wir uns kaum. Wir Älteren, Pascal und ich, waren beide Internatsschüler in verschiedenen Einrichtungen; während der Ferien haben wir uns unaufhörlich gestritten. Außerdem haben wir nicht die gleichen Spiele gespielt. Auf Pascal, dem ältesten Prinz, lasteten damals vermutlich auch schon Verpflichtungen, von denen ich nichts wusste. Um die jüngeren Geschwister haben wir uns eigentlich nicht gekümmert. Unsere Familie bestand aus vielen starken Persönlichkeiten, die sich zu behaupten versuchten. Ich ging sonntags lieber mit meinen Freunden als mit der Familie zur Kirche. Auf diese Weise umging ich auch das offizielle Protokoll: die Begrüßung meines Vaters durch den Priester, die Trommler. Bei meinen Freunden fühlte ich mich viel wohler.

Das wilde Mädchen von den Hügeln

Während der Ferien in Fota verbrachte ich ziemlich wenig Zeit mit meinen Schwestern und Brüdern. Ich zog meine Sandalen aus und versteckte sie in einem Gebüsch, wo ich sie dann abends wieder holte, um ordentlich nach Hause zu kommen; dann knotete ich mein Braves-Mädchen-Kleid hoch und ging mit den Bauernkindern spielen. Für Mädchen gab es keine Hosen, für mich auch keinen Schurz, wie ihn die Freundinnen hatten. Wir liefen jeden Tag viele Kilometer, waren von morgens bis abends unterwegs, ich galoppierte, rannte und huschte auf der Suche nach Fröschen durch die Bananenplantagen. Oft liefen wir auf einen Hügel, schnitten eine Bananenstaude ab, trennten die Rinde vom Stamm und machten uns daraus einen Schlitten. Auf diesem Vehikel sausten wir dann mit Volldampf den Hang hinunter bis zum Fluss. Unten spielte ich dann oft die Prinzessin und entledigte mich so der unangenehmen Arbeit, den Schlitten wieder hinaufzubringen: Meine Freundinnen mussten ihn für die nächste Rutschpartie auf den Hügel schleppen. Der Zustand meines Hosenbodens hat mich verraten: Es konnte meiner Mutter nicht lange verborgen bleiben, womit ich meine Zeit verbrachte. Meine Unternehmungslust ruinierte unverhältnismäßig schnell die Wäsche, und die Verwaltung kam nicht mehr hinterher: Meine Unterwäsche musste so häufig ausgewechselt werden, dass mich meine Mutter schließlich bat, sittsamere Spiele zu wählen.

In Fota lebten wir näher bei unseren Eltern als in Bujumbura. Hier waren sie präsenter, das Protokoll war nicht so streng, und wir unterstanden ihrer Aufsicht, aber die Atmosphäre war angenehm, und wir genossen das Gefühl, dass unser Vater mehr Zeit für uns hatte. Wenn wir ihn um Geld baten, griff er stets nur ein einziges Mal in die Tasche und zog mal fünfhundert Francs, mal auch nur fünf Centimes heraus. Das machte er auch so, wenn er armen Leuten oder Bettlern begegnete. Zwei Bonbons kosteten damals einen Centime, und wenn die Ausbeute aus der Tasche mager ausfiel, hieß es eben teilen. Dazu mussten wir uns sehr geschickt anstellen, denn die Bonbons auf einem flachen Stein zu zerteilen, war echte Präzisionsarbeit!

Wenn wir in Fota waren, baten wir unseren Vater ständig, uns im Auto mitzunehmen und zu irgendwelchen interessanten Orten zu fahren. Als er wieder einmal nach Mwaro fuhr, weigerte er sich, uns mitzunehmen. Mwaro ist neun Kilometer von Fota entfernt, ein wichtiger Durchgangsort mit kleinen, von Griechen geführten Geschäften, einem großen Markt und einer Poststelle – also ein ländlicher Umschlagplatz. Papa fuhr oft dorthin. An diesem Tag musste er aber etwas Wichtiges erledigen, weshalb er uns nicht dabei haben wollte. Also probten wir den Aufstand, mein Bruder

Louis, meine kleine Schwester Baudouine, Godefroid, der erst vier Jahre alt war, und ich, gefolgt von unserem Basset, Kigushu. Wir beschlossen, uns allein auf den Weg zu machen, und gingen gemächlich auf der Straße in Richtung Mwaro. Die Leute, die uns begegneten, dachten wahrscheinlich, dass wir unseren Hund ausführten. Dabei waren wir auf dem Weg zu Papa, um ihn vor vollendete Tatsachen zu stellen! Die Entfernung war aber viel größer, als wir es uns vorgestellt hatten, und bald wurde es dunkel. Die Nachricht von unserem Verschwinden verbreitete sich wie ein Lauffeuer von Hügel zu Hügel, während sich zu Hause bald Angst breit machte. Eine große Suchaktion begann. Plötzlich sahen wir überall zahllose Lichter auftauchen – freiwillige Helfer durchsuchten die Hügel nach uns. Bald waren wir gefunden und wurden nach Hause gebracht, wo die Angst so groß gewesen war, dass ausnahmsweise an Strafe und Tadel gespart wurde.

Feste – wichtige gesellschaftliche Bindeglieder

Das Weihnachtsfest, wie wir es in Europa kennen, mit seinen obligatorischen Feierlichkeiten und seinem kommerziellen Rahmen, gibt es bei uns nicht: Weihnachten ist ein Fest der Weißen. Wir waren zwar katholisch und haben auch Weihnachten gefeiert, aber ohne Christmette, Girlanden und Tannenbaum. Am fünfundzwanzigsten Dezember besuchte die ganze Familie, wie aus dem Ei gepellt, die Messe in der Missionsstation, und Papa sang andächtig auf Latein. Wenn ein großes Fest gefeiert wurde, bei dem sich die gesamte Nachbarschaft um meinen Vater versammelte, suchte Papa eine schöne Kuh aus, die dann von allen gemeinsam verspeist wurde. An Gelegenheiten dazu mangelte es nicht: Da gab es zum Beispiel Hochzeiten oder eine Trauerfeier für einen Stammesfürsten oder Bekannten. Je bedeutender die Persönlichkeit war, desto größer wurde das Fest.

Bei uns gehörten Nachtwache und Trommeln zu jedem Fest. Die Nachtwache war sehr bedeutungsvoll und symbolträchtig und außerdem ein wesentliches soziales Bindeglied für unsere traditionsbewusste Gesellschaft. Für meinen Vater waren diese Abende ein großes Vergnügen, und sie ermöglichten ihm auch die Kontaktaufnahme zu seinen Untertanen und gaben ihm Gelegenheit, Nachrichten auszutauschen und die Stimmung der Bevölkerung zu spüren. Man beschenkte sich aus gegenseitiger Hochachtung oder Treue, bedankte sich im Gegenzug, um Ungerechtigkeiten zu beseitigen oder jemandem zu helfen, der in Not war. Das Feuer knisterte und krachte, und zahllose Geschichten wurden erzählt. In unseren Breitengraden wird es um sechs Uhr stockdunkel, und wir hatten natürlich kein elektrisches Licht, also begannen die Feiern bereits früh am Abend und zogen sich dann bis tief in die Nacht hinein. Beim Klang der Zither kamen die Weisen und die Geschichtenerzähler zu Ehren. Wenn sich besonders Furcht erregende Geschichten ankündigten, wurden die Kleinsten ins Bett geschickt. Wir Großen hörten aufgeregt und angsterfüllt zu und sahen überall drohende Schatten. Wir mischten uns unter die Versammelten und verschwanden in der Menge. Unsere Eltern waren nicht weit weg, aber so fühlten wir uns frei, wir mussten uns nicht wie Prinzessinnen oder Prinzen benehmen und auch nicht repräsentieren, wie zum Beispiel in der Kirche oder bei offiziellen Veranstaltungen. Wir saßen einfach auf einer Strohmatte am Boden um das Feuer herum, so wie alle anderen auch, inmitten der vielen Kinder von den Hügeln, mit denen ich sonst die Hänge hinunterrannte, auf dem kleinen Festplatz von Fota – die Bauern, die Berater, die Weisen, kurz – unsere ganze große Familie.

Wer bei keinem Fest fehlte, war Herr Nsumirinda, der treueste der Getreuen und ein hervorragender Erzähler, der über einen schier unerschöpflichen Vorrat an Geschichten verfügte, von denen eine seltsamer als die andere war. Wenn ich Dummheiten machte, sagte er immer zu mir: »Ich warne dich, das gibt Ärger.« Herr Nsumirinda lebt noch, und jedes Mal wenn ich nach Burundi komme, besuche ich ihn, weil ich weiß, dass er mich zum Lachen bringen wird, was sehr heilsam ist. Er ist sehr eitel und betrachtet es als Ehrensache, ausschließlich Anzüge aus Paris zu tragen, die ich ihm mitbringe, wenn ich kann.

Ein empfindliches Gleichgewicht: Disziplin und Abenteuer auf den Hügeln

Für uns Kinder war meine Mutter die oberste Instanz. Sie erteilte Genehmigungen, bestrafte und versohlte uns den Hintern – und zwar nicht wie im Theater! Wenn wir ihr etwas sagen oder sie etwas fragen wollten, war ich immer das Sprachrohr unter uns Kindern. Ich machte kein Geräusch, wenn ich zu ihr schlich, Mama Fota unser Anliegen ins Ohr flüsterte und wieder verschwand wie eine kleine Maus. Man musste durchsichtig wirken, wir durften nicht gesehen werden. Wenn Besuch da war, sprachen wir nie laut und störten auch nicht die Zusammenkünfte der Erwachsenen. Wir hatten derartig viel Respekt vor den Älteren, dass ich den Vornamen meiner Mutter erst erfuhr, als ich bereits erwachsen war.

Die Mädchen- und Jungenzimmer waren in unserem Haus durch einen Flur getrennt. Die Schlafzimmer waren der Nacht und den Träumen vorbehalten, weil wir uns tagsüber draußen aufhielten. Abends mussten wir uns immer um die gleiche Zeit waschen. Mein Vater, der ewige Pionier, hatte bereits 1940 eine Badewanne in unserem Haus in Fota aufstellen lassen. Da es aber weder Wasserrohre noch Wasserhähne gab, musste das Badewasser in Eimern aus dem Fluss geholt werden. Das Wasser wurde auf dreißig Grad erwärmt, dann nahm einer nach dem anderen sein Bad, erst die Mädchen, dann die Jungen. Danach kam die Kontrolle: Hände, Ohren, Füße. Beim Abendessen waren wir blitzsauber.

Meine Mutter hatte sich in den Kopf gesetzt, dass wir einen Mittagsschlaf halten sollten, während die anderen Kinder draußen herumtobten. Welche Strafe! Wenn es läutete, mussten wir nach Hause kommen. Jeder verschwand in sein Bett, und eine Viertelstunde später hörte man Mamas Schritte im Flur, die sich vergewisserte, dass auch alle ruhig waren. Wir machten die Augen zu und taten so, als würden wir schlafen – sehr überzeugend, wie wir glaubten. Sie ließ sich natürlich nicht täuschen und gab schließlich nach – wir durften wieder mit unseren Altersgenossen hinaus in die Natur. Hin und wieder statteten wir einem anderen *rugo* einen Besuch ab. Auf diese Weise waren wir Nachrichtenkuriere für allerlei Gesuche, bei denen es um die Schuleinschreibung des Sohnes, Probleme mit dem Vieh oder Streit in der Nachbarschaft ging. Mehr oder weniger absichtlich leiteten wir diese Informationen weiter. Unsere Eltern überprüften und lösten die Probleme, wobei ihnen vollkommen bewusst war, dass unsere Freiheit und unsere Streunerei sehr hilfreich waren.

Alles, was man Erwachsenen nicht zu sagen wagt, vertraut man Kindern an. So redet es sich leichter, besonders in einer so streng strukturierten und kodifizierten Gesellschaft wie unserer. Die Botschaften erreichten immer ihr Ziel, und jeder wusste das. Durch diese Aufgaben absolvierten wir außerdem ganz nebenbei unsere politische und soziale Erziehung.

Endlose Gespräche mit der vermeintlich besten Freundin, stundenlanges Geplapper? Dafür hatten wir keine Zeit. In einem *rugo* sollte bald ein Kälbchen zur Welt kommen, morgens wurden mitten in der riesigen Herde die Kühe gemolken … Wir suchten besonders gern die Gesellschaft der Hirten. Sie waren ständig draußen und schützten sich mit großen Kopfbedeckungen aus Bananenrinde vor dem Regen. Weil sie den ganzen Tag allein waren, wurde ihnen langweilig, und dann unterhielten sie sich, um sich die Zeit zu vertreiben, mit lauter Stimme von Hügel zu Hügel, beschimpften sich, wenn nötig, oder erzählten sich Geschichten. Manchmal war das die reine Poesie, von der wir nicht viel verstanden, sie aber uneingeschränkt bewunderten. Jede Kuh hatte einen Namen, und der Hirte kannte jedes Tier: Eines hieß Juru, das bedeutet »Himmel«; diese Färse hieß Yajuru; jenes Kalb Gwajuru. Der Hirte schmeichelte ihnen, erfand Gedichte und spielte dazu die Zither. Der Beruf des Schäfers wird vom Vater an den Sohn weitergegeben, und jeder hat eine bestimmte Aufgabe: die einen melken, die anderen hüten die Tiere, die einen machen im Butterfass Butter, andere bringen die Milch zum Palast, wieder andere schenken sie ein – das alles funktioniert nach den Regeln einer exakt festgelegten Hierarchie.

Als ich später an der staatlichen Verwaltungshochschule von Bujumbura studierte, beauftragte uns der dortige Direktor einmal, die Gesänge der Hirten aus der Region, aus der man stammte, aufzuzeichnen – diese poetischen oder auch kampflustigen Lieder, die unsere Kindheit begleitet haben. Als gewissenhafte Studenten, die wir damals geworden waren, haben wir diese kodierte Sprache sorgfältig für die Nachwelt übertragen und aufgeschrieben. So hat sich uns für immer der Anblick dieser Männer mit ihren Regenhüten aus Bananenrinde eingeprägt. Diese Arbeiten wurden zu einer allseits beliebten Aufgabe, und der Direktor war bemüht, sämtliche Aspekte zu dokumentieren, ehe die Vertreter einer Tradition verschwanden, die damit in Vergessenheit zu geraten drohte. Heute gibt es bei uns kaum noch Kühe, auf jeden Fall keine großen Herden. Die Hirten rufen sich nichts mehr zu, und ihre Hüte haben sie längst in der Mottenkiste verstaut.

Eines Tages waren wir Kinder zu der Stelle losgezogen, an der sich die beiden Flüsse, die unten an Fota vorbeifließen, treffen, um uns dort zu amüsieren. Das war in der Nähe einer Außenstelle der Missionsstation. Auf meinen Vorschlag hin schmierten sich alle Mädchen Haut und Haare mit ranziger Butter ein. Dieses Schönheitsrezept wurde auf dem Land von den Müttern an ihre Töchter weitergegeben und versprach eine glatte, zarte Haut – aber die Butter stank! Wir waren noch auf der anderen Seite des Hügels, als meine Mutter bereits den Geruch unserer Truppe wahrnahm. So durfte ich mich natürlich nicht bei ihr blicken lassen, also wurde ich im Fluss gewaschen und geschrubbt, bevor man mich nach Hause ließ. Dazu muss man wissen, dass das Flusswasser eiskalt war und die Angestellten zur Reinigung eine Art Wurzelbürste verwendeten, die mir fast die Haut vom Leib riss. Den anderen Mädchen widerfuhr die gleiche Behandlung: Wenn ich nicht vor meine Eltern treten konnte, so galt das auch für sie, denn ihre Eltern verdienten den gleichen Respekt.

Eine gerechte Welt

Mein Vater kümmerte sich nur um die Dinge, die es wert waren, ernst genommen zu werden, was aber durchaus auch Kleinigkeiten sein konnten. Als er einmal auf einer verlassenen Straße unterwegs war, begegnete er einem alten Herrn, der sich erschöpft auf seinen Stock stützte. Mein Vater ließ ihn in seinen Wagen steigen und nahm ihn mit nach Fota. Für den Greis war das seine erste Autofahrt. Er wurde in unser Haus gebeten und bekam etwas zu essen, man erkundigte sich nach seinem Leben, seiner Familie, den Ernten und nach seiner Jugend. Der alte Mann erholte sich schnell, und mein Vater beschloss, ihn zu seinem *rugo* zu fahren; dort sagte der Mann zu seinem Prinzen: »Nun sind Sie hier, jetzt müssen Sie auch einen Moment hereinkommen.« In der einfachen Hütte war ein Stuhl, der an der Wand stand, das einzige Möbelstück. Der alte Mann forderte seine Frau auf, dem illustren Gast den Stuhl anzubieten, der aber so voller Staub und Schmutz war, dass er des hohen Besuchs nicht würdig war. Die alte Frau zog deshalb ihren Schurz aus, faltete ihn zu einem Kissen, das sie auf den Stuhl legte, und verschwand. Daraufhin bat der alte Mann seinen Sohn, Mais zu holen, aber »nicht den vom Speicher«. Mein Vater kam gerade vom Essen und hatte keinen Hunger, wollte aber seinen Gastgeber nicht beleidigen. In Wirklichkeit hatten sich Vater und Sohn mit verschlüsselten Worten verständigt. Der Sohn hatte nämlich ein Kalb geholt und meinem Vater als Dank übergeben. Dieses Geschenk konnte unmöglich abgelehnt werden. Also machte sich mein Vater mit seinem Kalb auf den Weg, als die alte Frau wieder auftauchte und erklärte: »Sag der Prinzessin, der Schurz, auf den du dich gesetzt hast, war mein einziger, ich brauch einen neuen.« So gelangte sie in den Besitz von ein paar schönen neuen Lendenschurzen.

Im königlichen Palast von Bujumbura und in Fota wurden morgens und abends die Trommeln gerührt, um die Anwesenheit des Prinzen zu melden. Jeder, der ihn sehen oder mit einer Bitte zu ihm kommen wollte, hörte auf die Trommeln. Die Leute, die meine Eltern aufsuchten, brachten Krüge oder Körbe mit, die in große glänzende Bananenblätter gewickelt waren. Man erschien am Hof nicht mit leeren Händen. Wenn auf dem Heimweg die Körbe und Krüge nicht mehr in Blätter gehüllt waren, bedeutete das: Es lohnt sich nicht, diese Reisenden anzugreifen, sie haben alles verschenkt und kehren leer zurück. In Wirklichkeit gingen die Besucher nie ohne Geschenke von meinen Eltern weg, und ihre Körbe und Krüge waren auf dem Rückweg genauso voll wie auf dem Hinweg.

Mama Fota, unsere Mutter, war die Krankenschwester für die ganze Nachbarschaft. Jeden Mittwoch kamen die Kinder vom Hügel und ließen sich von ihr verarzten; oft hatten sie Probleme mit den Augen. Wahrscheinlich hatte sich meine Mutter bei den Schwestern ausbilden lassen, denn sie verteilte Augentropfen, kümmerte sich um die verschiedenen Wehwehchen und legte Verbände an. Viele Leute gingen lieber zu der Prinzessin als in die nahe Ambulanz, um sich behandeln zu lassen. Dies war eine Gelegenheit mehr zu dem beiderseits gewünschten Kontakt. Unsere Mutter sagte oft zu uns: »Die Zustände können sich ändern, umschlagen. Also seid etwas bescheidener.« Dieses Prinzip der Gegenseitigkeit hat mich mein Leben lang geprägt: Man kann nicht glücklich sein, wenn es den anderen schlecht geht.

Die Frauen führten gern improvisierte Tänze und Gesänge für den König oder den Prinzen vor. Sie wuschen sich im

Fluss und gingen anschließend über frisches Gras, um so sauber wie möglich zu sein. Dann setzten sie sich auf die eine Seite, die Männer auf die andere. Schließlich erhebt sich eine der Frauen und beginnt zu klatschen, die anderen machen es ihr nach, und bald singen und tanzen alle zusammen. Staub wirbelt auf, und die Sonne bringt die Farben der bunten *invutano* (traditionelles Gewand) zum Leuchten. Im Hintergrund thronen würdevoll die Großmütter, den Schleier auf dem Kopf geknotet, und schauen dem Treiben der Jungen zu.

Den Großeltern steht immer der Ehrenplatz zu, gleichgültig, welcher sozialen Gruppe sie angehören. Von unseren Großeltern haben wir nur die Großmutter mütterlicherseits kennen gelernt – sie war sehr klein. Es ist mir ein Rätsel, wie sie meine Mutter bekommen konnte, eine Frau von einem Meter neunzig. Mit meinen ein Meter achtzig bin ich die Kleinste von uns Kindern. Großmutter war immer weiß gekleidet, wegen ihrer Vorliebe für Reinlichkeit und Reinheit. Dadurch erkannte man sie trotz ihrer kleinen Gestalt schon von weitem inmitten der anderen bunt gekleideten Frauen. Sie lebte in Ngozi, im Norden des Landes, und wir sahen sie nicht sehr oft. Sie sprach wenig und war sehr streng, aber wenn sie etwas sagte, hörten ihr alle zu. Sie war so etwas wie ein Orakel und besaß genauso viel Autorität wie meine Mutter.

Das Jagdritual

Der Rhythmus des ländlichen Lebens war von der Jagd bestimmt, einem symbolträchtigen Ereignis mit beträchtlichen sozialen und initiatorischen Funktionen. Der Leopard wurde wegen seines Fells, die Gazelle wegen ihres Fleischs gejagt:

Zur Jagd waren die Männer mehrere Tage unterwegs, was sie einander näher brachte. Ich erinnere mich noch sehr gut, wie die tapferen Krieger ihre Speere spitzten und die Pfeile in Gift tauchten und sie in die Köcher steckten; und wie sie mit großem Tamtam und viel Lärm das Vergnügen der Verfolgungsjagd vorwegnahmen. Die Bogen werden gespannt und hölzerne Armreifen über den rechten Arm gezogen, um den Rückschlag des Bogens aufzufangen, der beim Abschießen des Pfeils entsteht. Die Garde der *intores*-Tänzer, Vertraute des Königs, die ihm absolut ergeben sind, trägt Leopardenfelle.

Bei der Jagd lernen die jungen Männer die Natur kennen, lernen, sich zu schützen und Tiere auf angemessene Weise zu töten – kurz, Männer zu werden. Wenn der Prinz zur Jagd aufbrach, blieb kein einziger Mann in seinem *rugo*, alle begleiteten ihn in den Wald. Klein, wie ich war, konnte ich sie nicht zählen, es schienen unendlich viele zu sein. Die Verwaltungsangestellten folgten ihnen, denn all diese Kerle wollten essen, sich abends von Musikern unterhalten lassen und irgendwo schlafen. Wir warteten zu Hause ungeduldig auf ihre Rückkehr, damit wir endlich die Trophäen begutachten und die Qualität der Felle prüfen konnten, natürlich alles zum Klang der Trommeln. Meine Brüder waren zu jung, um an der Jagd teilzunehmen, weshalb sie die glücklichen Älteren beneideten. Auf das Fleisch, das die Männer mitbrachten, warteten wir allerdings nicht, es war nur ein Nebenprodukt, denn bei uns in Burundi ist die Ernährung überwiegend vegetarisch; Gemüse gedeiht hier besonders gut – wie zum Beispiel unsere duftenden zarten Bohnen, die ich in dieser Qualität in Europa nie bekommen habe. Reis wurde erst im neunzehnten Jahrhundert von den Swahili aus Tansania als Nahrungsmittel in Burundi eingeführt. Burundis Topographie eignet sich eigentlich nicht zum Reisanbau – Reisfelder bevorzugen flache Landschaft, keine Hügel. Trotzdem hat sich der Reis bei uns akklimatisiert und gehört heute, zum Beispiel in Bujumbura, sozusagen zu den Grundnahrungsmitteln. Im Landesinneren ist die Bevölkerung den Bohnen, Bananen und all dem anderen Gemüse treu geblieben. Übrigens hat mein Vater, der überaus traditionsbewusst war, nie im Leben auch nur ein einziges Reiskorn gegessen.

Die Jagd ist also in erster Linie ein gesellschaftliches Ereignis, ein Ritual, bei dem jeder seine Tapferkeit unter Beweis stellen muss. Im Gegenzug dafür werden herausragende Leistungen mit großem Pomp gefeiert: Man schlachtet eine Kuh und feiert ein Fest. Das Fell der Wildtiere wird verarbeitet und ihr Fleisch den *batwa* (Pygmäen) gegeben. Sie sind versessen auf Fleisch und mögen besonders gern Schaf- und Ziegenfleisch, das bei uns früher überhaupt nicht gegessen wurde. Die Zeiten ändern sich – heute werden die Schaf- und Ziegenherden in Burundi immer größer. Weil diese Tiere kleiner sind als Rinder, brauchen sie weniger Platz – ein Gesichtspunkt, der in einem so kleinen und so dicht bevölkerten Land berücksichtigt werden muss.

Die Frauen bereiteten in ihrem *rugo* vor, was zur Bereicherung des Jagdfestes diente. Für uns Kinder waren Aufbruch zur Jagd und Rückkehr gleichermaßen Feste. Die Männer in ihren farbigen *imbegas* (traditionelles Gewand der Männer, ein um den Körper gewickeltes Tuch) und mit ihren langen Speeren waren Gegenstand unserer Bewunderung und unseres ängstlichen Respekts. Der Prinz war stolz auf seinen Hofstaat und auf seine tapferen Krieger, mit denen er in dieses Abenteuer zog. Uns jagte die Frage Angst ein, ob die gefährlichen Hyänen und Leoparden all diese mutigen Männer verschonen würden. Immer wieder wurden uns Geschichten von

Jägern erzählt, die nicht zurückgekommen waren. Wenn wir dann diese ausgelassen lärmende Horde mit ihrer Ausbeute heimkehren sahen, waren wir erleichtert und konnten uns unbeschwert dem Vergnügen des Feierns hingeben.

Die Feste wurden im Park veranstaltet, an ganz bestimmten Stellen. Jeder hatte seinen festen Platz. Mein Vater saß, meine Mutter war an seiner Seite, und wir durften herumrennen. Dann senkte sich die Nacht über Szenen der Gastfreundschaft und des Teilens und über die ausgedehnten Orangen-, Zitronen- und Avocado-Haine hinter dem Haus – über unseren Garten Eden.

Der König, sein Palast und die berühmten Trommler

Seit Beginn der Königsdynastie von Burundi im fünfzehnten Jahrhundert hatten die Könige einen Palast, der anfangs aus Stroh geflochten war und aus vielen einzelnen Hütten bestand, die nach unveränderlichen traditionellen Regeln und einem hierarchischen Plan angeordnet waren. Das Leben in den verschiedenen Höfen war nach überlieferten Gesetzen geregelt, die jedem seinen Platz und Anteil am Raum entsprechend seines Verwandtschaftsgrades und seines Berufes zuwiesen. Der heutige Königspalast wurde Anfang der dreißiger Jahre vom damaligen belgischen Gouverneur in Bujumbura gebaut. Mein Onkel, Mwambutsa IV., übernahm das Regierungsgebäude in den fünfziger Jahren und machte es zum Königspalast. Ich kenne nur diesen Palast, der heute leider eine Ruine ist. Es stehen nur noch seine Mauern, Reste einer ehemals majestätischen Architektur, die wir so gern restauriert und als historisches Museum genützt sähen. In dem alten Palast aus Stroh, in dem mein Onkel aufgewachsen ist, der 1915 – noch als Kind – König wurde, habe ich nie gelebt.

Die königlichen Trommler verkündeten jeden Ortswechsel des Monarchen. Ähnlich wie die Staatsgarde des französischen Staatspräsidenten waren diese Trommler bei jedem Ereignis anwesend, genau wie die *intores*, die königlichen Tänzer, diese tapferen Getreuen. Zu ihnen zu gehören, das bedeutete: »Ich kämpfe für meinen König, auch wenn es mich das Leben kostet.« Die Tänzer trugen speziell gegerbte Leopardenfelle. Um zu dieser Garde zu gehören, musste man sich dem Initiationsritus unterzogen und selbst einen Leoparden auf ganz bestimmte Weise erlegt haben. Auch die Trommeln wurden nach festen Regeln ausschließlich von einem Clan angefertigt, den *abatimbo*, die dieses Privileg vom Vater an den Sohn weiterreichten. Der Klang der königlichen Trommeln war großartig! Die vielen Percussiongruppen, die wir heute bewundern, sind dagegen nur ein müder Abklatsch. Zwei dieser Trommeln waren von legendärer Bedeutung: Die eine hieß *karyenda* – das war die heilige Trommel, Symbol der burundischen Monarchie, die nur ein einziges Mal im Jahr, zum Saatfest, *umuganuro*, ertönte. Der König durfte als Einziger die *karyenda* schlagen, und damit eröffnete er das Fest. Die anderen Trommeln folgten und stimmten in den Chor ein. Das Fell, das zum Bau der *karyenda* verwendet wurde, stammte von einem seltenen Tier, einer Kreuzung aus Zebra und Kuh, und hatte eine eigentümliche hellbraune Farbe. Das Holz, aus dem die königliche Trommel gearbeitet wurde, stammte von einem Baum, der extra zu diesem Zweck gefällt wurde, der *cordia africana*, dessen Holz die Trommel zum Schwingen bringt. Die andere wichtige Trommel war die *rukinzo*, deren tiefer, mächtiger Klang von ihrer beträchtlichen

Größe herrührte. Sie gehörte zum Regenten und ertönte morgens um fünf Uhr und abends um neun Uhr, wenn der König, der *Mwami*, aufstand und zu Bett ging – sein Tagesablauf war so exakt wie mit einem Metronom geregelt. Und *rukinzo* informierte die Bevölkerung über die Anwesenheit des Königs.

Die königlichen Prinzen hatten ebenfalls Anspruch auf Trommeln; mein Vater verfügte in Fota und im königlichen Palast in Bujumbura über eine eigene Truppe von Trommelspielern. Ich hielt mich leidenschaftlich gern im Palast auf, wohin ich in den Ferien oft eingeladen wurde. Übermütig, wie ich war, nützte ich die Nachsicht und Geduld meines Onkels mir gegenüber gern aus. Der König war kahlköpfig, und ich machte mir einen Spaß daraus, mich hinter ihn zu stellen und seine glänzende Glatze zu streicheln. Manchmal wandte er sich dann mir zu und sah mich geduldig an, befahl mir aber, sofort damit aufzuhören. Ich gelangte immer ungehindert zu ihm und machte mich zum Wortführer der Kinder im Hause des Königs. Seine beiden Töchter, Régine und Rosa-Paula, waren damals bereits erwachsen und verheiratet, und Mwambutsa genoss sichtlich die erfrischende Gegenwart eines gewitzten Mädchens.

Im königlichen Park gab es ein Gehege mit Löwen – ein Geschenk des Negus Haile Selassie – und ein Schwimmbad. Ich machte oft eine Räuberleiter und holte meine Freundinnen in den Park, damit wir zusammen spielen konnten. Die Wachen drückten ein Auge zu, weil sie befürchteten, getadelt zu werden, wenn sie sich den Wünschen der Lieblingsnichte des Königs widersetzten.

Mwambutsa brachte mich mit seinem Kabriolett oft zum Kino gegenüber vom Palast, dem *Ciné Burundi*. Der Eintritt kostete damals fünfzig Francs, eine Fanta zehn Francs. In Bujumbura verfügten nur wenige Kinder über fünfzig oder sechzig Francs. Die glücklichsten unter ihnen kamen ins Kino, mussten aber regelmäßig nach draußen laufen und den anderen, die nicht hinein konnten, den Film erzählen. Der König und ich hingegen fuhren lässig im offenen Wagen vor. Er ließ mich vor dem Kino aussteigen und ging anschließend seinen Geschäften nach. Das Publikum war beeindruckt und ließ mich vorgehen. Ich bekam immer den besten Platz. Manchmal gab mir *Mwami* Mwambutsa auch das Eintrittsgeld für die Kinder, die sonst draußen bleiben und sich den Film erzählen lassen mussten. Dann schauten sich alle Kinder auf seine Kosten die Vorstellung an.

Obwohl unsere Familie streng katholisch war und den Glauben auch praktizierte, konnte der König nicht getauft werden, weil er als König aller Burunder Fürsprecher bei Gott *Imana* war und in dieser Funktion neutral bleiben musste. Als sich Mwambutsa einmal zu einem offiziellen Besuch im Vatikan aufhielt, entging er nur knapp der Taufe. Papst Johannes XXIII., der Gute, war über die Frömmigkeit unserer Familie unterrichtet, wollte ihn taufen und fragte ihn deshalb nach seinem Namen. Zunächst gab Mwambutsa einen islamischen Namen an, Jouma, und der Vatikan suchte vergeblich nach einem Heiligen dieses Namens. Dann gab Mwambutsa an: »Außerdem heiße ich Rupopo«, und das Ganze fing wieder von vorne an. Auf diese Weise gewann Mwambutsa Zeit und musste weder den Papst beleidigen, noch sich taufen lassen. Er verabschiedete sich vom Heiligen Vater, wie er gekommen war – als Heide. Das päpstliche Protokoll schreibt außerdem vor, dass sich der Besucher vor dem Papst niederkniet und seinen Ring küsst. Aber bei uns »geht ein König nicht vor einem anderen König in die Knie«. Also begrüßte Mwambutsa bei seiner Audienz den obersten Kirchenfürsten einfach mit »guten Tag«.

Die Kolonialherren

Als Kind hatte ich wenig Kontakt zu Weißen, einzige Ausnahme bildeten die Schwestern und Priester und in Bujumbura zwei Familien aus der Nachbarschaft, die Dussart und die Duchêne, deren Kinder ich regelmäßig besuchte. Unser Haus in der Avenue des Orangers, nicht weit entfernt vom königlichen Palast und der Kathedrale Regina Mundi, lag allerdings in einem Wohnviertel der weißen Kolonisten. Die Weißen lebten in ihrer eigenen Welt, die mit unserer, außer bei offiziellen Anlässen, kaum Berührungspunkte hatte. Bei den Pfadfindern waren wir aber alle zusammen, und ich freundete mich dort mit ein paar weißen Mädchen an. Gemeinsam machten wir die gleichen Dummheiten wie im Internat. Ich bekam damals den Spitznamen »ulkiger Vogel«. Diese Mädchen waren für mich das ersehnte Publikum.

Die Weißen, die in den Palast kamen, belgische Beamte und wahrscheinlich auch Geschäftsleute, waren freundlich zu mir, und ich hatte nichts gegen sie. Ich nahm an, dass sie irgendeine Funktion innehatten. Auf jeden Fall fuhren sie die größten Autos und zeigten demonstrativ ihre wichtige gesellschaftliche Position; wenn wir einander begegneten, mussten wir uns vor ihnen verbeugen; wenn einer von ihnen sprach, applaudierten ihm alle. Ohne ihre Qualitäten wirklich in Frage zu stellen, verstand ich nicht, warum ihnen diese besondere Behandlung zuteil wurde.

Häufig suchte ich den Sportverein hinter dem Palast auf, die *Entente sportive*, wo ich mich austoben konnte. Ich schlüpfte unter dem Zaun hindurch und gelangte so zum Schwimmbad. Allerdings musste ich schnell feststellen, dass ich die einzige Schwarze war, die diese Einrichtung besuchte; meinen Landsleuten war hier der Zutritt verboten, genau wie im Hotel Paguidas. Zwar wagte es niemand, mich wegzuschicken, schließlich war ich die Prinzessin, aber ich fühlte mich sehr einsam. Manchmal traf ich dort den König, der seine Anwesenheit nicht erklären musste: Er war die oberste Autorität.

Eine fröhliche Bande

Wenn wir in Bujumbura waren und unsere Eltern nachmittags zu einem offiziellen Besuch aufbrachen, räumten wir manchmal alle Teppiche zur Seite und gossen Seifenwasser auf den Zementboden. Dann rotteten sich alle Kinder aus dem Viertel zusammen und tanzten wie verrückt Twist. Wir zogen die Vorhänge zu, damit uns die Nachbarn – die Familien Duchêne, Dussart, Jaumain oder andere Weiße – nicht beobachten und verraten konnten. Auf den Plattenspielern drehten sich ohne Pause unsere Singles, und wir glitten in wilden Schritten ausgelassen über den seifigen Boden. Ein Späher, der für seine Dienste großzügig mit einer Kinokarte bezahlt wurde, achtete auf Trommel und Sirene, die die Rückkehr unserer Eltern ankündigten. Dann mussten wir so schnell wie möglich den Boden trocken wischen, mit Schrubbern und Besen die Spuren unserer Fiesta beseitigen, die Möbel zurecht rücken und die Teppiche wieder ausbreiten. Im Handumdrehen war alles wieder in Ordnung. Diese Vergnügungen haben wir erst sehr viel später gebeichtet; ob unsere Eltern davon gewusst haben? Sie ließen es sich jedenfalls nicht anmerken.

Ich wuchs überwiegend zusammen mit Jungen auf. In unserer Bande gab es nur wenige Mädchen, und ich hatte weder viele Freundinnen, noch eine »beste Freundin«, diese Unzertrennliche, der man all seine Geheimnisse und sein Unglück anvertraut und die für Heranwachsende so wichtig sein soll. In unserer Gruppe gab es einen Jungen mit einem Motorrad. Natürlich wollte ich das unbedingt ausprobieren. Anstatt auf der Straße fuhren wir auf einem Trampelpfad, der quer durch unsere Hecke führte, die meine Mutter immer wieder verzweifelt instand zu setzen versuchte, und die eine ausgezeichnete Abkürzung darstellte, um von einem Garten in den nächsten zu gelangen. Bei einer dieser Spritztouren habe ich mir mein Bein fürchterlich am Auspuff verbrannt – in den sechziger Jahren waren Hosen für Mädchen indiskutabel. Im Hof des Nachbarhauses rosteten ein paar alte Autokarosserien vor sich hin, und einer von uns hatte die Idee, meine Verbrennung mit Batterieflüssigkeit zu behandeln. Anstelle von Baumwolle nahmen wir Fasern des Kapokwollbaums, tauchten sie in die Batterie und betupften damit die Wunde. Batterieflüssigkeit ist aber ein Schwefelsäuregemisch, und meine Brandwunde verschlimmerte sich, innerhalb kürzester Zeit schwoll mein Bein um das Zweifache an. Ich wagte nicht, zu gestehen, was passiert war, und wollte auch meine Freunde nicht in die Sache verwickeln. Als meine Mutter nach Hause kam und sah, in welchem Zustand mein Bein war, befand ich mich in Erklärungsnot: »Ich habe mich am Grill verbrannt …« – »Wirklich? An dieser Stelle? Du willst mich wohl für dumm verkaufen?« Sie war sehr beunruhigt und brachte mich sofort in die Klinik, wo ich fachgerecht verarztet wurde. Danach musste ich wochenlang an Krücken gehen und zur Versorgung meines Beins in Bujumbura bleiben, während sich der Rest der Familie nach Fota begab.

Wir machten uns auch einen Spaß daraus, einen Teil der Zigaretten des Königs verschwinden zu lassen, weil die Tabakpreise für die Raucher unter meinen Freunden viel zu hoch waren. Also klaute ich Mwambutsa seine Kents und verteilte sie dann gönnerhaft an meine Freunde.

Sonntags ging die fröhliche Bande an den Strand – zum Baden, Grillen oder um bei einem der Freunde zu tanzen. Abends war uns Ausgang absolut verboten, dann hörten wir Radiomusik. Dieser Lebensstil wirkt vielleicht sehr unkonventionell, aber Mama wusste immer, wo ich war, kannte die Eltern all meiner Freunde und achtete darauf, dass keine Taugenichtse darunter waren. Sonntags gingen wir gemeinsam zur Kirche, wo sich alle Eltern trafen. Damals fingen die Erwachsenen auch an, von »Ereignissen« zu sprechen. Aber wir Kinder lebten wie in einer Seifenblase. Uns gehörte die Welt. Dabei sollten bald Chaos und Unglück unsere Familien und das ganze Land erschüttern und all diese Lebensfreude und sorglose Heiterkeit in einem Meer von Tränen und Angst versinken lassen.

Die Seele Burundis

Werte wie Tapferkeit, Patriotismus und Ergebenheit waren immer charakteristisch für das Wesen der Burunder, die ihr Land liebten. Hatte sich das Volk von Burundi nicht wie ein Mann zur Verteidigung gegen die Araber erhoben, als diese sich vor der Kolonialisierung durch die Deutschen Sklaven holen wollten? Wenn es um kleinere Auseinandersetzungen zwischen den einzelnen Prinzen ging, gab es Kampf, man schenkte sich nichts; aber gegen äußere Feinde hielten alle zusammen. Jeder war stolz auf sein Land und dessen Geschichte. Und dieser Zusammenhalt war auch lange Zeit die Stärke Burundis. Was ist daraus geworden? Ich habe einmal erlebt, wie die Nationalflagge feierlich gehisst wurde – ohne die Nationalhymne! Die Nationalhymne repräsentiert ein Volk und nicht seine Führer, Patriotismus ist ein überaus wichtiges soziales Bindeglied und sollte sorgsam gepflegt werden. Einige Jahre später brachten sich die Menschen gegenseitig um. Auch die Zeremonie zur Umverteilung der Güter, *umuganuro*, gibt es nicht mehr; heute denkt jeder nur an sich. Anstatt wie mein Onkel und mein Vater allein in ihren Autos zu fahren, umgeben sich die Führer heute mit Leibwachen. Trennt sie das nicht von ihrem Volk und der Alltagsrealität?

Mein Vater erzählte mir einmal folgende Geschichte. Ein Bauer beschwerte sich bei den Weisen über den König, weil das Vieh des Monarchen zum Weiden auf sein Land gebracht wurde und dadurch seinen Tieren schadete. Die obersten Weisen gaben die Beschwerde an die ranghöchsten Weisen weiter, und schließlich wurde der König vor ihren Rat geladen. Man machte ihm den Prozess, Anklage und Verteidigung wurden angehört, der König verlor und wurde zur doppelten, anstatt der für einen gewöhnlichen Bürger vorgesehenen, einfachen Strafe verurteilt, und zwar mit der Begründung, dass er mit seinen riesigen Herden darauf hätte achten müssen, nicht diesem Bauern zu schaden, der von wenigen Kühen leben musste. Diese Geschichte ist belegt und in den Büchern der Weisen niedergeschrieben. Solche Prozesse fanden nicht etwa in aller Stille und in der Abgeschiedenheit des Palastes statt, sondern auf dem Marktplatz. Wie ein Lauffeuer verbreitete sich die Nachricht über die Hügel, dass der Ältestenrat den König vorgeladen hatte, und jeder wollte dabei sein. Man sagt, die Hügel waren schwarz vor Menschen, und die Weisen trugen ihre feierlichen Prunkgewänder. Der König bat um Vergebung, beugte sich dem Urteil und zahlte.

Ein neues Mitglied der Weisen, ein *mushingantahe* – oder anders ausgedrückt: einer der Honoratioren –, wurde von den Bewohnern der Hügel gewählt und musste sich unter den Augen der Alten einer langwierigen Prüfung unterziehen, wobei sie sein Verhalten kontrollierten, ihm Fragen stellten und ihn mit praktischen Fallbeispielen auf die Probe stellten. Der zukünftige *mushingantahe* erklomm eine Sprosse der Leiter nach der anderen, bis er schließlich bei einer großen Zeremonie, der *kwatirwa*, inthronisiert wurde, zu der sich die Bevölkerung der benachbarten Hügel versammelte. Königliche Prinzen konnten nicht zu Honoratioren gewählt werden. Der *mushingantahe* besaß natürlich die moralische Autorität auf seinem und den benachbarten Hügeln, aber auch in ganz Burundi, wenn er seinen Titel unter Beweis stellte. Dann wurden ihm überall der gleiche Respekt und die gleiche Anerkennung entgegengebracht, denn das Wahlverfahren fand zwar regional statt, galt aber im ganzen Land. Auch das System der Honoratioren funktioniert heute nicht mehr. Man hatte sie »verbeamten« wollen, doch das war Ketzerei, weil es eben dem Geist dieser außerordentlichen Verantwortlichkeit widersprach. Man kann einem Honoratioren kein Gehalt zahlen. Die wenigen, die es heute noch gibt, sind sehr angesehen und führen bei manchen Gelegenheiten, wie zum Beispiel bei Beerdigungen, den Vorsitz.

Vorgeblich »ethnische« Gruppierungen

Als ich Kind war, kannten wir die Unterscheidung zwischen Hutu und Tutsi nicht. Sie wurde nie auch nur erwähnt, und ich weigere mich auch heute noch, diese Klassifizierung zu akzeptieren, die für mich keinerlei sozialen Zweck und genauso wenig kulturellen Hintergrund hat. In der Bevölkerung Burundis gab es keine Rivalitäten, die etwas mit dieser Trennung zu tun hatten. Weder in der Schule noch im Internat der Schwestern wurde sie je erwähnt, auch nicht bei den Freunden auf den Hügeln, denen aus Bujumbura und vom Kino, am allerwenigsten bei uns zu Hause. Es war ein furchtbarer Schock, später diese verfeindeten Gruppen zu sehen. Unser König hatte dem Land eine starke nationale Identität gegeben, die es einigte und einig hielt. Ich nehme an, er wusste, wer zu wem gehörte, aber ohne dem die geringste Bedeutung beizumessen; davon war nie die Rede und meine Generation wusste nichts davon. Doch wie viele Menschen mussten später als Erwachsene erfahren, dass sie Hutu oder Tutsi waren, als die Feindseligkeiten vor dreißig Jahren ihren Anfang nahmen! Wenn man nur an die Ehen denkt, die zwischen den Stämmen geschlossen wurden und zur Vermischung der Bevölkerung beigetragen hatten, was soll dann an der ganzen Geschichte wahr gewesen sein?

Während der ethnischen Massaker, die 1972 und 1993 in Burundi stattfanden, war in Fota kein einziger Toter zu beklagen. Immer wieder haben sich einzelne Personen aus den verfeindeten Lagern gegenseitig gewarnt, weshalb zum Glück kein Blut vergossen wurde. »Man will dich angreifen, verschwinde, wir lassen dich wissen, wenn es vorbei ist«, hinterbrachte man den Hutu. Auf diese Weise wurden sie von ihren angeblichen Tutsi-Feinden gerettet. Dass Fota, wo nach wie vor Hutu und Tutsi zusammenleben, von dem Blutvergießen verschont blieb, ist der Politik meines Vaters zu verdanken und Ergebnis seines Umgangs mit den Problemen und Beziehungen innerhalb seines Einflussbereichs.

Burundis Königsgeschlecht gehört weder zu den Hutu,

noch zu den Tutsi, sondern zu einer eigenen Ethnie, den *Baganwa*. Dieser Sachverhalt garantierte jahrhundertelang das Gleichgewicht im Land, weil keine der beiden Bevölkerungsgruppen den Thron für sich beanspruchte, wie in manchen anderen Monarchien. Der König stand unparteiisch über den verschiedenen Ethnien und wahrte die nationale Einheit.

Für ein modernes Burundi

Als vor der Unabhängigkeit Burundis 1961 die ersten Wahlen durchgeführt wurden, war das sogar für ein zehnjähriges Mädchen wie mich ein einschneidendes historisches Ereignis. Ich erinnere mich noch sehr gut an die vielen Versammlungen und Diskussionen. Der Name von Prinz Louis Rwagasore, dem ältesten Sohn von *Mwami* Mwambutsa IV., war in aller Munde: Die Bauern begeisterten sich für meinen Cousin. Die kleine Bourgeoisie von Burundi, die Intellektuellen und die Funktionäre hatten andere Ambitionen: Sie wollten das belgische Modell nachahmen. Rwagasore setzte sich dagegen für ein eigenständiges Burundi ein, und das wurde von der Bevölkerung durchaus registriert. Seine Partei gewann die Parlamentswahlen problemlos, was einen ersten Schritt in Richtung parlamentarische Demokratie und hin zu einer unabhängigen Führung unseres nationalen Schicksals bedeutete. Die Frauen hatten seine modernen Ideen erkannt, waren von seiner Integrität überzeugt und hatten fast alle Rwagasore gewählt. Seine treuesten Anhängerinnen kamen aus den einfachen Vierteln von Buyenzi und von den Hügeln, wo hart gearbeitet werden muss. Rwagasore war der Prinz der Armen, er hatte die einfachen Menschen für sich gewonnen und ihnen Mut gemacht. Ich kann mich in dem Zusammenhang nur an die allgemeine Aufregung erinnern, an die Diskussionen auf den Märkten und in den *rugo*. Alle wollten die Unabhängigkeit, jeder wollte die Weißen loswerden, die uns zwangen, anstelle von Süßkartoffeln und dem anderen Gemüse, von dem wir uns ernähren, Kaffee anzubauen. »Wenn ich keine Süßkartoffeln mehr anbaue, wenn ich stattdessen Kaffee für die Belgier pflanze, was soll ich dann meinen Kindern zu essen geben?«, fragten sich die Bauern von den Hügeln. Rwagasore vertrat den Standpunkt, es solle angebaut werden, was das Land brauchte, und dass Kaffee – wenn überhaupt – dann nur für den Export eine Rolle spielte. In Burundi trinkt man Hirsebier, Honigwasser und Bananenwein! Unsere Grundnahrungsmittel sind neben Süßkartoffeln und Bohnen die Knollen der Kolokasia, alle möglichen Bananensorten und Hühner. Bei uns in der Gegend von Fota, tief im Landesinneren und weit weg vom See, wird viel Gemüse und nicht Fisch gegessen. Die Menschen am Ufer des Tanganjika-Sees leben allerdings hauptsächlich vom Fischfang und ernähren sich unter anderem von wohlschmeckenden Fischen, den *ndangala* und *sangala*, die den vegetarischen Speiseplan ergänzen.

Rwagasore, der älteste Sohn und Premierminister von Mwambutsa IV., hatte in den Diskussionen der turbulenten Phase vor der Unabhängigkeit folgenden Satz an die Belgier geprägt: »Ihr sollt uns an unseren Taten beurteilen, eure Zufriedenheit wird unser Stolz sein.« Die Unabhängigkeit war unabwendbar, das hatten die Belgier begriffen. Und sie sollte, anders als im Kongo und vielen anderen afrikanischen Ländern, ohne Zusammenstöße und Krieg vollzogen werden. Vielleicht kam das daher, weil unser kleines Land nicht so reich an Bodenschätzen war wie unser großer Nachbar im

Westen. Die Modalitäten waren deshalb nicht weniger strategisch: Es galt, sowohl eine von außen gesteuerte Unabhängigkeit, als auch ein Chaos unter den Stämmen zu vermeiden. Und genau hier zeigten sich Rwagasores Genie und sein Glaube an das Potential seines Volkes. Er kämpfte dagegen, die ethnischen Rivalitäten dafür auszunutzen und schreckte auch nicht davor zurück, gewissen belgischen Offiziellen die Stirn zu bieten: »Eines ist gewiss, in unserem Land gibt es ein Problem, und zwar das Problem der Kleinen und Schwachen – und die gehören keiner Rasse an. Gleichgültig, ob vornehmer Abstammung, Hutu, Tutsi oder Twa, sie gehören alle zur Rasse der Proletarier, der Ungebildeten und Armen. Geben wir ihnen allen eine Chance und das Recht, aufzustehen und sich zu emanzipieren; nur so verdienen wir Burundi.« Unter der Leitung seiner Partei und später seiner Regierung stellte er ein Gleichgewicht zwischen den Bevölkerungsgruppen her.

Der Beginn der Tragödie

Rwagasore wurde am 13. Oktober 1961 ermordet, nur wenige Monate vor der Unabhängigkeitserklärung Burundis. Als genialer Wegbereiter dieser so sehr herbeigesehnten Unabhängigkeit und als föderative Persönlichkeit hatte er die Menschen von Burundi zusammengeschweißt. Sein Tod stellte für das ganze Land einen furchtbaren Schock dar, dessen Auswirkungen auch noch vierzig Jahre später spürbar sind.

1961 war ich zehn Jahre alt und wuchs behütet und mit einer einfachen und geradlinigen Erziehung meiner Eltern auf, die mit uns nicht über Politik sprachen. Nach der Ermordung unseres Cousins spürten wir aber, dass etwas äußerst Ernstes im Gange war. Als die ersten Unruhen das Land erschütterten, brachten unsere Eltern die Familie unter irgendeinem Vorwand im Landesinneren in Sicherheit. Als Reaktion auf die Ermordung von Rwagasore zogen sich alle auf ihre Besitzungen in Fota zurück. Unsere Eltern blieben in Bujumbura und kümmerten sich um die Staatsgeschäfte. Die kleinen Geschwister wurden der Obhut des Haushofmeisters anvertraut, dem berühmten Herrn mit Hut. Ich war im Internat, mein Bruder Pascal ebenfalls.

An dem Tag, an dem sich das Drama ereignete, machte der König, wie er es gern tat, eine Spazierfahrt über Land. Als der Mörder sein Verbrechen begangen hatte, ergriff er die Flucht, blieb aber mit seinem Auto liegen, weil der Tank leer war. Der Zufall wollte, dass Mwambutsa dort vorbeikam und ihn zurück in die Stadt zum Hôtel Paguidas mitnahm, wo er Benzin kaufen konnte. Als die Leute die beiden Männer kommen sahen, waren sie entsetzt: Mwambutsa wusste zu diesem Zeitpunkt nicht, dass sein Sohn ermordet worden war, und hatte dem Mörder Hilfe geleistet. Nachdem er umgehend über die Vorfälle unterrichtet worden war, begab er sich sofort in den Palast und hielt eine Radioansprache: »Niemand liebt meinen Sohn mehr als ich, ich erwarte von der Bevölkerung, dass sie Ruhe bewahrt. Wer mich trösten will, darf ihn nicht rächen.« So konnte er das Schlimmste verhindern. Alle Frauen von Burundi rasierten sich zum Zeichen der Trauer und des Protestes das Kopfhaar. Das Leben stand still, jeder befürchtete, das Land würde im Chaos versinken.

Der Attentäter, ein Grieche namens Kageorgis, war nur der verlängerte Arm einer Palastrevolte, eines Kampfes unter den Prinzen, von dem wir Kinder keine Ahnung hatten. Rwagasore wurde ihr Opfer, weil seine politischen Aktivitäten schon lange den Argwohn der übrigen Parteiführer erregt hatten, weil seine Funktion für das kommende unabhängige Burundi von strategischer Bedeutung zu sein schien und weil er ein intelligenter, ehrlicher und aufrechter Mann war. Er hatte bereits mehrfach den König bei verschiedenen Verhandlungen mit den Belgiern vertreten, war viel unterwegs und reiste auch häufig nach Belgien. Und in diesem Burundi, das in ein modernes Zeitalter aufbrach, ergriff viele der Machthunger ... Die Palastrevolte läutete das Ende der Hoffnungen auf friedliche Veränderungen ein und bezeichnete den Beginn einer Reihe von Katastrophen.

Zum Zeitpunkt des Attentates war ich bei den Schwestern im Internat. Sie sagten mir nicht, was geschehen war, sondern verhätschelten mich und erließen mir die morgendlichen Dienste: kein Fegen und auch keine Messe. Trotzdem ahnte ich nichts. Die Geschehnisse der Außenwelt drangen nicht bis in dieses Internat hinein. Wahrscheinlich hatte bereits das ganze Land von dem Drama erfahren, nur unsere kleine Gemeinschaft wurde verschont. Ich frühstückte mit den Schwestern und fand ihr Verhalten allmählich merkwürdig. Ganz offensichtlich wollten mir die Erwachsenen eine Botschaft übermitteln, aber welche? Schließlich erfuhr ich, was geschehen war, und dann überstürzten sich die Ereignisse. Ich wurde abgeholt und zu meiner Familie gebracht.

Ich war Rwagasore nicht sehr nahe gestanden – einem Erwachsenen, der im Ausland groß geworden war, schon immer Politik gemacht hatte und folglich anderes im Sinn hatte als ein kleines Mädchen, das ständig irgendwelche Streiche ausheckte und beim König auf dem Schoß sitzen durfte. Trotzdem bedeutete sein Tod für unsere Familie einen Bruch und einen Wendepunkt in der Geschichte des ganzen Landes. In der allgemeinen Panik verstärkte die Nachricht, dass der

Mörder ein Weißer war, nur noch die Aufruhrstimmung und das Ausmaß der Traumatisierung.

Ich bin ohne Hass groß geworden. Magie, Feenwelten, Musik, Tanz und die Natur bestimmten meine Erziehung. Außerdem war der Mord an Rwagasore von einem machthungrigen Teil der königlichen Familie angezettelt worden. Aber im Grunde hatte die Besatzungsmacht den Antagonismus im Land und innerhalb der königlichen Familie heraufbeschworen. Nur ein Ausländer hatte sich dazu hergegeben, diesen Auftragsmord auszuführen, eine Waffe zu nehmen und zu töten. Kein Burunder hätte das getan. In den folgenden Monaten starben Rwagasores Kinder eines nach dem anderen unter mysteriösen Umständen.

Burundi wurde am 1. Juli 1962 für unabhängig erklärt und der Autorität von König und Parlament unterstellt. Der Machtanspruch von *Mwami* Mwambutsa IV. beruhte auf überlieferten Traditionen und war im Verständnis der gesamten Bevölkerung fest verankert. Nun war Burundi zwar unabhängig, aber unter der Führung eines allseits respektierten Königs, der für Kontinuität sorgte.

Die Unabhängigkeit hat damals unseren ein wenig verschlafenen Patriotismus wach gerüttelt. Burundi war bereits perfekt strukturiert, als die Belgier in unser Land gekommen waren, und das Volk war durchaus in der Lage gewesen, sich um seine Angelegenheiten zu kümmern. Bei uns sagt man, dass die Kolonialisierung nur zwei Neuerungen mit sich gebracht hat – Peitsche und Knast. Als Burundi unabhängig wurde, war ich elf Jahre alt, und ich erinnere mich noch sehr gut, wie das ganze Land gefeiert hat. Es wurde getanzt, meine Eltern waren im siebten Himmel, denn dieser Tag musste der Beginn eines Neuanfangs sein. Aber die Belgier hatten Hass und Zwietracht gesät, wo vor ihrer Zeit friedliches Zusammenleben geherrscht hatte. Sie setzten ein Gift ein, dessen Auswirkungen heute noch spürbar sind und dem auch die heutige junge Generation zum Opfer zu fallen droht.

Burundi war schon lange vor der Kolonialzeit monotheistisch und hat das von den Kolonialherren importierte Christentum problemlos integriert. Es ist nach wie vor in diesem Land fest verankert, aber jeder weiß, woher es kommt. Doch Kirchendiener waren immer wieder unter den Opfern der Massaker. Während die älteren Menschen und die Erwachsenen nach wie vor sehr eifrig praktizierende Gläubige sind, verhalten sich die jungen Leute kritischer. Ich persönlich möchte die schöne Zeit, die ich bei den Schwestern in Kiganda verbracht habe, in Erinnerung behalten.

Waisenkinder

Nach dem Erdbeben, das die Ermordung Rwagasores ausgelöst hatte, und nach den Aufregungen der Unabhängigkeitserklärung, nahm das Leben wieder seinen Lauf, bis 1964 mein Vater starb. Sein Tod bedeutete die zweite große Katastrophe, die für uns ebenso tragisch wie für die Politik dramatisch war.

Mein Leben änderte sich abrupt. Das sorglose junge Mädchen aus gutem Hause, das zwar streng, aber durch und durch liebevoll erzogen worden war, sah sich auf einmal mit feindseligen Äußerungen, Handlungen und Verhaltensweisen konfrontiert, von deren Existenz es nichts geahnt hatte. Damals entstand in mir ganz unmerklich ein entschiedener Widerwillen gegen dieses Land und sein Volk – die Quellen meines Unglücks.

Mein Vater wurde am 29. April 1964 in Bujumbura ermordet, und zwar im Armenviertel Kamenge. Ich war damals zu Hause und erinnere mich an diesen Tag, als wäre es gestern gewesen. Als mein Vater zum Mittagessen nach Hause kam, war er sehr zornig, und wir hatten alle Angst vor ihm. Er schlug sogar mit der Faust auf den Tisch. Dann ging er auf einmal ohne ein Wort zu seinem Auto. Er parkte seinen Mercedes immer unter einem Baum, direkt vor unserem Haus. Mein älterer Bruder Pascal wollte zu ihm ins Auto und eine kleine Spritztour machen. Als Papa anfuhr, war Pascal noch nicht richtig im Auto. Der Mercedes machte einen Satz und fuhr dann eine große Kurve, wobei Pascal aus dem Auto und auf den Boden geschleudert wurde. Papa ist nicht wieder zurückgekommen. Er starb in dieser Nacht. Noch heute höre ich den dumpfen Lärm, den Majordomus Kimuhama machte, als er ans Fenster trommelte, um meine Mutter zu wecken und ihr die Nachricht zu überbringen. Seitdem läuft es mir immer kalt den Rücken hinunter, wenn ich höre, wie jemand mit der Hand gegen eine Scheibe schlägt. Mama stand auf, und Kimuhama sagte ihr, dass mein Vater einen Unfall gehabt hatte. Sie wusste sofort, dass er tot war.

Seine Angreifer hatten ihm den Schädel mit einem Hammer eingeschlagen. Es müssen mehrere Männer gewesen sein, weil man einen so großen Mann nicht so ohne weiteres überwältigen kann. Ich glaube, dass bei diesem Kampf noch eine andere Person getötet wurde. Die Mörder warfen die Leiche meines Vaters in seinen himmelblauen Mercedes, fuhren das Auto auf die Hügel über Bujumbura und stürzten es in eine Schlucht.

Damals war ich erst dreizehn, fühlte mich vollkommen verlassen und suchte Zuflucht in einer totalen Realitätsverweigerung: Mein Vater war, wie so oft, zu einer längeren Reise aufgebrochen, von der er eines Tages zurückkommen würde. Doch dann konnte ich die Wahrheit nicht länger verdrängen und verfiel in völlige Verzweiflung. Als er beerdigt wurde, sperrte man mich ein, weil meine Umgebung der Überzeugung war, mich vor mir selbst schützen zu müssen. Ich war also bei der Beerdigung nicht dabei und glaube, dass ich sonst wirklich vor Kummer gestorben wäre. Die Tage vor seinem Staatsbegräbnis war der Leichnam meines Vaters in der Prince-Louis-Klinik in Bujumbura aufgebahrt, wo sich die Bevölkerung in einem endlosen Defilee von ihm verabschiedete. Trotz allem bin auch ich zu ihm gegangen, ich habe mich unter die Menge gemischt, die zur Bahre drängte, um sich ein letztes Mal vor der sterblichen Hülle meines Vaters zu verbeugen. Hin und her gerissen zwischen Verweigerung und Verzweiflung, habe ich zehn Jahre gebraucht, um zu begreifen, dass ich meinen Vater nicht wieder sehen würde, meinen schönen Prinzen, meinen starken und fröhlichen Helden, diesen allseits beliebten Mann, den elende Verbrecher im Auftrag obskurer Interessengruppen erschlagen hatten.

Meine Mutter verhielt sich sehr würdevoll. Nun konnte sie sich nur noch auf ihre treuen Ergebenen aus ihrem engsten Einflussbereich stützen. Die Monarchie lag in den letzten Zügen. Man wusste zwar, wer meinen Vater ermordet hatte, wer die Tat ausgeführt hatte, aber nicht, wer sie in Auftrag gegeben hatte. Die Handlanger wurden verhaftet, und dem Haupttäter, einem Mann namens Burundi, wurde genau wie seinen Helfershelfern der Prozess gemacht. Bei der Lektüre der Prozessprotokolle wird aber klar ersichtlich, dass diese Männer nicht die wahren Verantwortlichen waren. Acht Jahre später, während des Völkermordes von 1972, wurden Burundi und seine Komplizen aufgrund einer perversen, nicht differenzierenden Logik hingerichtet. Wir rätseln heute noch über die wahren Hintergründe, die wir vielleicht nie erfahren werden, und diese Ungewissheit macht die Trauerarbeit für uns noch schwerer.

Nach Ausbruch der Massaker von 1993 bin ich einmal dem Sohn von diesem Burundi begegnet. Er arbeitete in der Küche des Novotel in Bujumbura, in dem ich meistens abstieg. Gewisse Leute hatten dieses Treffen arrangiert, um zu provozieren und die Situation noch zu verschlimmern, und viele glaubten oder hofften damals sogar, dass ich heftig reagieren und eine Szene machen würde. In der Küche wimmelte es von Köchen und Küchenhelfern, die auf Hochtouren arbeiteten. Ich begrüßte jeden einzeln und interessierte mich für ihre Arbeit, dann wandte ich mich an den Mann, den ich hier treffen sollte. Er zitterte, und es herrschte Totenstille, als ich ihn begrüßte. Ich sah diesen noch sehr jungen Mann an, der noch klein gewesen sein musste, vielleicht sogar noch ein Baby, als sein Vater meinen Vater tötete. Die Zuschauer um uns, die eine Ohrfeige oder Ähnliches erwarteten, kamen nicht auf ihre Kosten. »Sie sind der Sohn von dem Mann namens Burundi, der meinen Vater ermordet hat«, sagte ich zu ihm. Er blickte zu Boden und zitterte noch immer. »Aber Sie sind nur sein Sohn. Sie sind es nicht, der meinen Vater getötet hat. Ich glaube nicht an das Sprichwort, dass in einer Familie, in der einer Hund gegessen hat, alle Hund essen. Ich wünsche Ihnen nichts Schlechtes. Ich kann Sie aber auch nicht küssen, weil Sie nicht mein Mann sind, oder Sie auch nicht meinen Freund nennen. Trotzdem sollen Sie wissen, dass hier alle darauf warten, dass ich eine Szene mache, dass ich Ihnen zu schaden versuche, aber Sie sind nicht verantwortlich für den Tod meines Vaters.«

Als ich diese Geschichte später in den Lagern erzählte, hatte die Bevölkerung davon bereits im Radio gehört und fühlte sich dadurch ermutigt. Wir sind alle Opfer. Wenn wir uns prügeln und gegenseitig totschlagen, wird unser Elend nur noch schlimmer.

Das Ende der Monarchie

Die Ermordung Prinz Kamataris schwächte die Position von Mwambutsa IV. erheblich: Mit dem Sohn und dem Bruder hatte er seine beiden engsten und zuverlässigsten Berater verloren – jetzt war er allein. Er war der Macht müde und wurde argwöhnisch und immer autoritärer. Ein Minister nach dem anderen musste gehen, trotzdem war der König zutiefst enttäuscht. Mwambutsa hatte den Eindruck, dass die Burunder nicht mehr zu schätzen wussten, was sein Großvater, sein Vater und er selbst erreicht hatten. Er begriff diese Treulosigkeit nicht und verbitterte zunehmend.

1965 scheiterte ein Staatsstreich gegen ihn. Der Twist hatte – wenn auch nur für kurze Zeit – die Monarchie gerettet! Denn von allen Monarchen dieser Erde war Mwambutsa nämlich bestimmt der beste Twist-, Cha-cha-cha- und Rumba-Tänzer aller Zeiten. Damals gab es trotz der Attentate keine Sicherheitsmaßnahmen zum Schutz des Königs, weil niemand seine Legitimation in Frage stellte. Eine Gruppe von Hutu-Offizieren versuchte dennoch, die Macht zu übernehmen. Mwambutsa war an diesem Tag zum Tanzen ins »Coconuts«, das am See lag, gegangen. Also wurde ein verlassener Palast angegriffen. Die Verschwörer waren schlecht unterrichtet. Sie beschlossen, etwas später zurückzukommen, trafen die Person, die sie suchten, aber wieder nicht an. Gegen fünf Uhr morgens unternahmen sie einen letzten Versuch. Da kam Mwambutsa gerade von seiner wilden Tanznacht zurück und konnte sich mit Hilfe seiner Garde verteidigen. Die Militärs hatten gedacht, sie würden ihn im Schlaf überraschen und problemlos überwältigen; stattdessen trafen sie auf einen Monarchen in Bestform. Im Palast gab es bei dieser Aktion nur zwei Opfer – nämlich zwei Hunde. Leider galt das nur für den Palast, denn im ganzen Land kam es zu Massakern, Repressalien und Hinrichtungen.

1966 übergab ein müder und kranker Mwambutsa die Macht an einen anderen seiner Söhne, den Prinzen Charles Ndizeye, der aber nur wenige Monate regierte. Im November desselben Jahres ging Charles ins Exil, die Monarchie wurde für beendet erklärt und die Republik ausgerufen. Charles wurde einige Jahre später ermordet, und zwar 1972, diesem schrecklichen Jahr für die Burunder, in dem sie den Tod von beinahe zweihunderttausend Landsleuten zu beklagen hatten.

Mwambutsa hatte sich 1966 in die Schweiz zurückgezogen. Der Mann, den ich dort einige Jahre später besucht habe, litt an Krebs und war so schrecklich mager, dass er zwischen den Laken in seinem Krankenhausbett kaum zu sehen war. Die Uhr um sein Handgelenk hing lose herab. Wie gelähmt vor Kummer stand ich mit einer roten Rose in der Hand vor ihm und suchte verzweifelt nach Worten, während Erinnerungen an meine übermütige Kindheit und unsere frühere Komplizenschaft auf mich einstürmten. Er konnte kaum sprechen, sah mich nur an und streckte seine Hand aus, um ein Kreuz auf meine Stirn zu zeichnen. Diesen Eindruck habe ich von ihm bewahrt. Er starb allein, 1977, nachdem er vorher seit 1915 sein Land regiert und den Tod von zweien seiner Söhne und einem Bruder erlebt hatte. In seinem Testament hat er erklärt, dass er nicht in Burundi begraben werden wollte.

Ablehnung und Verbitterung: Der Bruch

Als mein Vater 1964 starb, formierte sich die Familie neu: Pascal und ich wurden aus dem Internat genommen, und wir gingen alle zusammen nach Bujumbura, wo wir eine Zeit lang blieben, weil meine Mutter in der Nähe der Machtzentrale und der Bekannten der Familie sein wollte. Aber dort wollte man weder von ihr noch von uns etwas wissen. Sie störte nur, denn ihre Anwesenheit erinnerte daran, dass der Prinz ermordet worden war. Wir waren am Ende – und zwar so sehr, dass die Drahtzieher des Attentats es nicht einmal der Mühe für wert hielten, auch uns zu töten. Es gab uns praktisch nicht mehr. Jetzt konnten die Erniedrigungen und Schikanen beginnen. In der Schule zeigten in der Pause die anderen Kinder mit dem Finger auf uns. Wir standen abseits, niemand redete mit uns. Die früheren Freunde wandten sich ab, und ich war auf einmal allein, was für mich besonders schlimm war und was ich der ganzen Welt übel nahm. Uns wurde nichts erklärt, man machte sich nicht einmal die Mühe, politische Spitzfindigkeiten vorzuschieben. Wir wurden schlicht und ergreifend weggeworfen.

Es dauerte nicht lange, bis das Ganze ausartete. Zuerst wurde uns der Strom abgestellt, dann vertrieb man uns aus unserem schönen grünen Haus in Bujumbura. Meine Mutter kämpfte zwar um angemessene Lebensumstände für unsere Familie, aber die Geier warteten schon, und der König konnte nichts für uns tun. Als Leute kamen, um das Haus auszuräumen, sind wir gegangen. Meine Mutter beschloss daraufhin, sich mit ihrer Familie wieder in Fota niederzulassen. Ich musste in der Hauptstadt bleiben, weil ich dort die Schule besuchte. Zum Glück war meine Mutter eine sehr energische Frau, die durch ihre Erscheinung und ihre natürliche Autorität allen Respekt abverlangte, denn die ganze Situation war mehr als heikel.

Unter diesen schwierigen Umständen profitierten wir von unserer strengen Erziehung. In Fota war ich als Kind nicht nur mit der Rinde von Bananenstauden Schlitten gefahren, sondern habe wie alle Kinder auf dem Feld gearbeitet, gesät und geerntet und wie die anderen auf dem Bauernhof geholfen. Im August pflückten und enthülsten wir die Erbsen und brachten die Schoten dem Vieh auf die Weide, das Gleiche machten wir mit der Hirse. Später im Jahr mussten wir dann Holz sammeln und Feuer für die Kühe machen, wenn es sehr kalt wurde. Die Familie des Prinzen lag nicht auf der faulen Haut. Wir mussten auch nähen und fegen, das gehörte zum Erziehungskonzept meiner Eltern, mit dem sie uns in der Wirklichkeit verankern und uns einprägen wollten, dass wir nicht besser waren als die anderen. Wie sollte man einen Befehl erteilen, den man nicht auch selbst ausführen konnte? Ich weiß zum Beispiel noch, wie mein Rücken schmerzte, nachdem ich einen ganzen Tag auf dem Feld gehackt hatte, ich weiß, was Durst ist, ich kenne das Gefühl, wenn die Kehle vom Staub ausgedörrt ist … Das haben wir alles erlebt und gelernt, und es hat uns geprägt. Und ohne diese Erziehung hätte sich keiner von uns in dieser Notsituation behaupten können.

Obwohl uns viele Menschen feindlich gesinnt waren, wurde mir aus gewissen Teilen der Bevölkerung, die sich ebenso verwaist fühlten, Sympathie und Mitgefühl entgegengebracht. Das ganze Land war in Trauer, der König war mit seinen Kräften am Ende, der Zerstörungsmechanismus war in Gang gesetzt worden. Weitere Attentate folgten. Das Jahr

1965 markierte den Beginn einer Serie von Massakern: Zum ersten Mal mussten in Burundi Menschen wegen ihrer ethnischen Zugehörigkeit sterben. Und dies war erst der Beginn der Tragödie.

Zum Glück hatte Papa seine Gefolgschaft behandelt wie ein guter Vater seine Familie. Zum Glück waren wir zusammen mit den anderen Kindern von den Hügeln in den Bananenpflanzungen und auf den Feldern groß geworden und hatten arbeiten genauso gelernt wie spielen. Der Lebensstil unserer Familie hatte sich inzwischen grundlegend geändert: weniger Ausgaben und weniger Personal. Wir waren im Ansehen gesunken, aber unsere treuen Anhänger waren nach wie vor zur Stelle. In solchen Situationen erkennt man sehr schnell den Unterschied zwischen Blendern und ehrlichen Menschen. In Fota liebten uns die Menschen, und wir dankten es ihnen reichlich. Als ich Jahre später meine humanitäre Hilfsaktion startete, unternahm ich anfangs nichts zu Gunsten von Fota, aus Angst, man würde sagen, dass ich nur den Leuten von meinem Hügel helfen wollte. Aber der Ältestenrat hat mich dafür getadelt: »Du kannst dein Land nicht lieben, wenn du den Ort nicht liebst, an dem du geboren bist.«

Eine rebellische Studentin

Meine ganze Schulzeit hindurch ließ ich mich treiben – ich liebte die Atmosphäre an der Schule, entwickelte aber keinerlei Zukunftspläne. Was sollte ich nach dem Abitur anfangen? Nachdem ich bei den Schwestern Abitur gemacht hatte, bestand ich 1969 die Aufnahmeprüfung für die damals neu eröffnete, staatliche Verwaltungshochschule (École nationale d'administration, kurz ENA) von Burundi, eine Gemeinschaftsschule, die vier Jahre lang auf den öffentlichen Dienst vorbereitet. Ich gehörte zum ersten Jahrgang. In Burundi schrieben sich die jungen Leute, die eine Höhere Schule besuchen wollten und sich für den Lehrberuf entschieden hatten, für die ENS (École normale supérieure, franz. Elitehochschule) ein, die anderen gingen auf die ENA. An dieser Hochschule in Bujumbura habe ich ein Studienjahr als Regierungsstipendiatin absolviert. Dieses Jahr öffnete mir die Augen, und danach begann ich zu rebellieren und die Ungerechtigkeiten und Schikanen nicht länger zu ertragen. Ich wohnte damals bei meinem Bruder Alexis, dem ältesten Sohn aus der ersten Ehe meiner Mutter. Er war beim Militär, und ich lebte mit seiner jungen Frau Carinie zusammen. Bei ihnen habe ich mich sehr wohl gefühlt und mich mit Carinie sehr gut verstanden. Sie deckte meine Eskapaden und wusste, wie sie mit ihrem Mann reden musste, damit mir nicht alles verboten wurde; sie war wie eine große Schwester für mich. Im Gegenzug war ich die beste Fürsprecherin, die sie haben konnte bei meiner Mutter, deren Urteil nach wie vor gefürchtet war.

Da Alexis kein Sohn des Prinzen Kamatari war, sah er sich nicht in dem Maße wie unsere Familie Schikanen ausgesetzt. Aber seine Position als Stabsoffizier war schwierig. Er hatte ständig mit irgendwelchen Hindernissen zu kämpfen, was ihn sehr beanspruchte und vorzeitig altern ließ.

Alexis und Carinie wohnten im gleichen Viertel wie wir früher, und ich fühlte mich dort wie zu Hause. Bujumbura ist eine sehr schöne Stadt am Nordostufer des Tanganjika-Sees. Im Zentrum liegt der belebte Hafen, der gleichzeitig der Fischerei und dem Handel mit den Nachbarländern dient. Vom Seeufer weg ist die Stadt hügelaufwärts gewachsen, wo es kühler ist, hier entstanden die Wohnviertel, und hier lagen auch unser ehemaliges Haus und das von Alexis in einem hübschen Viertel mit Villen im Stil der Seebäder und mit Gärten mit Palmen und Bougainvilleen in Weiß, Orange und Violett. Ich hatte meinen Freundeskreis zurückerobert. Obwohl wir inzwischen alle älter geworden waren, trafen wir uns doch noch immer gern und schlüpften durch die Hecken von einem Garten zum anderen, um die Abende gemeinsam zu verbringen. Man braucht seine Clique wie einen wärmenden Kokon, um seelisch zu überleben. Mit diesen jungen Leuten gab es so etwas wie eine Neuauflage meiner Kindheit in Fota. Einer aus unserer Gruppe spielte Gitarre, und wir tanzten viel. Ich durfte nicht ausgehen, meine Mutter erlaubte es nicht, aber mein Bruder war oft mit der Armee im Einsatz, und meine Schwägerin ließ mir alle Freiheit.

Der einzige Ort, an dem man damals tanzen und laut sein durfte, ohne irgendwelche Nachbarn zu stören, war der Flughafen. Wenn ich dorthin wollte, begleitete mich mein Bruder und hatte ein Auge auf die Jungen, die mich aufforderten. Als mein väterlicher Freund und Beschützer wartete er mit verschränkten Armen, bis das Fest vorbei war, um mich dann wieder nach Hause zu bringen. Er war sehr bemüht, seiner Rolle als großer Bruder gerecht zu werden, und erfüllte diese Aufgabe gewissenhaft und liebevoll.

Die ganze Familie wusste, dass meine Mutter alles tat, um uns über Wasser zu halten. So fuhr sie zum Beispiel mit öffentlichen Verkehrsmitteln, wenn sie nach Bujumbura kam; dazu musste sie aber zuerst einmal elf Kilometer zu Fuß bis zu ihrer Bushaltestelle gehen. Wenn sie die Menschen von den Hügeln nach Mwaro aufbrechen sahen, begleiteten sie meine Mutter, weil eine Prinzessin nicht allein gehen darf. In Mwaro wurde ihr dann sofort der beste Platz im Bus überlassen, und der Fahrer fuhr besonders vorsichtig. Sie legte

Wert darauf, uns von Zeit zu Zeit zu besuchen. Am besten ging es ihr aber auf ihren Hügeln, dort war sie die Chefin, machte Regen und Sonnenschein, und der Haushofmeister mit dem Hut, der Kurier ihrer Anweisungen, spielte bei ihr noch immer die gleiche Rolle. Ohne ihre Ausstrahlung und ihre natürliche Autorität würde es Fota nicht mehr geben. Sie hatte die Funktionen meines Vaters übernommen: Recht zu sprechen und sämtliche Angelegenheiten zu regeln. Sie kümmerte sich ganz allein um die Landwirtschaft, versorgte die Pflanzungen und ihr Vieh. Sie unterrichtete die Bevölkerung dieser Gegend in moderner Landwirtschaft und führte den Kartoffelanbau ein. Sie bildete sich weiter und wurde so mit der Zeit eine anerkannte Landwirtin, deren Meinung in der Provinz sehr gefragt war und der noch posthum ein Landwirtschaftspreis zugesprochen werden sollte. Außerdem hat sie sich sehr in der Frauenbewegung engagiert und die Kundgebungen für die Rechte der Frauen vehement unterstützt. Sie war Mitglied der Frauen-Union von Burundi und galt in der ganzen Region als Autorität in Fragen zur Stellung der Frau in der Gesellschaft oder in Erziehungsfragen.

Wenn sie nach Bujumbura kam, spielte sich unsere Beziehung auf einer anderen Ebene ab als früher. Wir waren uns viel vertrauter als in meiner Kindheit. Wir lachten zusammen, erzählten uns Geschichten und schliefen im gleichen Zimmer; die Distanz war verflogen. Sie erzählte uns von der Vergangenheit, wie sie meinen Vater kennen gelernt hatte, und von den prunkvollen Festen, die damals stattfanden. In der Sonntagsmesse waren wir wieder alle um sie versammelt. Ich war stolz darauf, mit meiner Mutter gesehen zu werden, die immer noch sehr schön war, und auch auf die bewundernden Blicke meiner Freundinnen, die auf ihr lagen. Und meine Mutter war auch stolz auf mich: Trotz meines losen

Mundwerks und meiner undisziplinierten Art war ich immerhin auf der ENA.

Meine Zukunft liegt woanders

Ganz allmählich kam ich auf die Idee, Burundi zu verlassen. Trotz der oberflächlichen Heiterkeit, mit der man mir begegnete, spürte ich, dass ich ein Paria geworden war. Ich wollte nicht länger mit diesen Leuten zusammen sein, ihre Erniedrigungen ertragen und vor ihnen buckeln müssen. Was für eine Zukunft hätte ich in einem Land, das mir den Zugang zu allen Möglichkeiten verwehrte, die sich seit der Unabhängigkeit eröffneten? Ich sprach mit keinem darüber, weil man mir nicht geglaubt hätte. Alexis und Carinie, das junge Ehepaar, hatten sich mit dieser Situation arrangiert. Mein großer Bruder Pascal hatte in Frankreich das Internat von Roches besucht, war dann nach Dänemark gegangen, wo er geheiratet hatte und auf großem Fuß lebte. Pascal hatte Burundi kurz nach dem Tod unseres Vaters verlassen und die Probleme nicht mehr kennen gelernt. Meine jüngeren Geschwister hatten die früheren Zeiten nicht bewusst erlebt, weshalb sie sie auch nicht so vermissten und im geschützten Fota auch nicht den gleichen Erniedrigungen ausgesetzt waren. Meine kleine Schwester Fabiola, die sich heute perfekt um unseren Familienbesitz kümmert, war erst drei Jahre alt gewesen, als mein Vater starb. Ihr hat es meine Mutter zu verdanken, dass sie nach dieser Tragödie überhaupt weiterleben konnte.

Ich kam also zu dem Entschluss, dass ich nicht mein ganzes Leben in Bujumbura verbringen konnte. Nicht wenige von denen, die mich damals an der Hochschule gehänselt haben, gehören übrigens heute zu den Machthabern, und ich sehe sie gelegentlich, weil sie als Beamte in den Ministerien tätig sind. Ich wollte also weg, aber wohin? Nicht wie mein Bruder nach Dänemark und auch nicht nach Belgien, weil die Belgier meiner Ansicht nach an meinem Unglück schuld waren. Außerdem hätte ich in Brüssel viele der Burunder getroffen, die ich in Afrika wie in Europa meiden wollte.

An der ENA unterrichteten einige europäische Professoren, die ich bewunderte und die mir die Augen für den Rest der Welt öffneten. Mein Professor für Wirtschaftslehre sah aus wie Alain Delon. Seine Kurse besuchte ich regelmäßig, saß immer in der ersten Reihe und hörte ihm mehr oder weniger aufmerksam zu. Durch ihn bekamen Paris und Frankreich für mich einen besonderen Reiz. Unsere Englisch-Professorin hieß Nightingale, wir nannten sie aber »Rossignol«. Sie trug Miniröcke, und deshalb versuchten meine männlichen Kollegen, sich bei ihr gegenseitig in Anwesenheit und Aufmerksamkeit zu übertreffen! Eine andere Professorin war Belgierin und sehr elegant; vielleicht entwickelte sich meine Vorliebe für Mode, als ich ihre Garderobe bewunderte. All diese Europäer haben mich sehr fasziniert, aber »mein« Alain Delon ist dafür verantwortlich, dass ich mir Frankreich zum Ziel auserwählte. Er half mir, die notwendigen Unterlagen zusammenzustellen, und unterschrieb die Bürgschaft, das heißt, eine Einladung an mich, ihn in Frankreich besuchen zu kommen. Er war einer der wenigen, den ich in mein Geheimnis eingeweiht hatte.

Ich besaß keine Ausweispapiere, weil ich nie welche gebraucht hatte, da mich in Bujumbura jeder kannte. Also hatte ich den für meine Flucht unerlässlichen Pass nicht, auf den man zwei Monate warten musste, wenn man ihn beantragt hatte. Durch die Vermittlung von Freunden bekam ich Kontakt zu einer Person, die jemanden aus dem Innenministerium kannte. Ich erzählte meiner Mutter, die Verwaltung der Hochschule verlange einen Auszug aus dem Geburtsregister von Fota, den ich in Wirklichkeit für meinen Ausweis benötigte. Weil ich bei Alexis wohnte, konnte ich den Großteil meines Stipendiums sparen und hatte so viel Geld, dass ich ein One-Way-Ticket und die Kosten für den Pass bezahlen konnte. Es gelang mir, den Erhalt meines Passes geheim zu halten; jetzt musste ich nur noch ein Ticket kaufen. Eine Cousine meiner Schwägerin arbeitete in einem Reisebüro in Bujumbura. Dank ihrer Unterstützung kam ich zu einem Flugticket. Ohne Vorlage eines Hin- und Rückflugtickets bekam man kein Visum für Frankreich. Die Cousine erklärte sich bereit, mir ein fingiertes Ticket auszustellen, woraufhin ich das Visum erhielt. Meine Schwägerin, mein Professor für Wirtschaftslehre und die Cousine aus dem Reisebüro – ohne die Diskretion dieser drei Personen hätten die Behörden Wind von der Sache bekommen. Das war 1970. Keine afrikanische Frau durfte damals allein reisen.

Am 22. August 1970 traf ich mit einem kleinen Koffer auf dem alten Flughafen von Bujumbura ein, dort, wo ich früher mit meinen Freunden Twist getanzt hatte. Ich hatte einen Platz in dem wöchentlich fliegenden Flugzeug nach Paris. Meine Mutter ahnte, dass ich weg wollte, und hatte meinen Bruder um besondere Wachsamkeit gebeten. An der Zollkontrolle, deren gesamtes Personal Alexis kannte, erkannte mich ein Mann und verständigte ihn. Aber damals liefen alle Telefonate über die Zentrale, und als mein Bruder endlich von der Sache erfuhr, hatte das Flugzeug schon abgehoben.

Bühnenzauber

Ich war, ohne einen Blick zurück, gegangen. Jetzt hatte ich nichts mehr, weder Heimat noch Vergangenheit. Immer noch bis in die Zehenspitzen afrikanische Prinzessin, wenn auch entthront, allein und mittellos, wollte ich in einem Land voller Weißer einem Weg folgen, von dem ich nicht wusste, wohin er führte. Natürlich war ich noch nie zuvor geflogen, aber ich hatte zwei Augen und zwei Ohren und machte alles so wie meine Nachbarn. Wie selbstverständlich habe ich meinen Gurt angelegt und das Essen von meinem Tablett verspeist, als wäre ich an regelmäßige internationale Flüge gewohnt. Damals begann ich damit, mich in genauer Beobachtung zu üben.

Den Flughafen Roissy gab es 1970 noch nicht, alle Flüge aus Afrika landeten in Bourget, einem zu der Zeit bedeutenden Flughafen. Zusammen mit den anderen Passagieren verließ ich das Flugzeug und folgte ihnen zur Abfertigungshalle. Ich bildete das Schlusslicht der Gruppe. Auf dem Flughafen wimmelte es nur so von Menschen. »Noch nie im Leben habe ich so viele Weiße gesehen«, war mein erster Gedanke. Obwohl ich mein Vorstellungsvermögen extrem strapaziert hatte, hätte ich nie geahnt, dass es tatsächlich so viele Weiße gab. Vorsichtig nahm ich auf einem der unbequemen Stühle in der Halle Platz und legte meinen kleinen Metallkoffer auf den Schoß. In den Koffer hatte ich zwei Handtücher, eine Seife, einen Waschlappen und einen Kamm gepackt – das war alles. Ich trug ein schwarzweißes Kleid mit großen gelben Blumen, so wie unsere Professorin, Frau Nightingale.

Neugierig beobachtete ich meine Umgebung. Ich sah eine Rolltreppe, einen Coca-Cola-Automaten ... aber seltsamerweise keine Kofferträger, von denen es in Bujumbura mehr als genug gab. Es war wie im Film. Die Leute gingen hin und her, blieben vor den Boutiquen stehen und kamen dann schwer bepackt wieder heraus; alles glitzerte und schillerte in bunten Farben.

Ich hatte nicht einen Sou in der Tasche. Ich saß in der Abfertigungshalle, ganz ruhig, aufrecht und mit sittsam übereinander geschlagenen Beinen, wie ich es bei den Schwestern gelernt hatte. Ich war Prinzessin Kamatari, irgendetwas würde schon geschehen.

Eine ausgestreckte Hand

Und tatsächlich kam ein Herr auf mich zu, der einen sehr würdevollen Eindruck machte, mich höflich grüßte und fragte, ob ich eben angekommen sei oder abreisen wolle. »Ich komme gerade aus Burundi«, antwortete ich ihm selbstbewusst und ohne afrikanischen Akzent, was ihm nicht entging. Daraufhin wollte er wissen, ob ich abgeholt würde. »Ich bin Prinzessin Kamatari, ich habe Burundi verlassen, weil ich in Frankreich leben will, ich kenne hier keinen Menschen«, erklärte ich unumwunden. War dieser Mann auf der Suche nach Abenteuern oder ein moderner Samariter? Jedenfalls gewann er sofort das Vertrauen der jungen Frau von den Hügeln Afrikas. »Rühren Sie sich nicht von der Stelle«, sagte er. Mich von der Stelle rühren? Wohin denn bitte, mein Herr? Mein Wohltäter buchte seinen Flug um und ging mit mir in Paris essen.

Misstrauen war mir fremd, denn ich hatte meine Kindheit in einer vertrauensvollen Atmosphäre und in einem Land verbracht, in dem ich beinahe jeden kannte, und durch die Ermordung meines Vaters wusste ich bereits, wozu Menschen fähig sind … Wovor sollte ich also Angst haben? Beim Essen erzählte ich dem Unbekannten meine ganze Geschichte, die ihn offensichtlich faszinierte. Er brachte mich nach Saint-Germain-des-Prés und besorgte mir im Hotel *La Louisiane* in der Rue Saint-Benoît ein Zimmer, das er für zehn Tage im Voraus bezahlte. Dann gab er mir tausend Francs, wünschte mir viel Glück und ließ mich allein, kam aber noch einmal zurück, um mir ein Papier in die Hand zu drücken, auf dem er die Adresse eines Priesters notiert hatte. Ich habe diesen Mann nie wiedergesehen. Heute kann ich nicht mehr sagen, was erstaunlicher war – sein Verhalten oder meine Naivität. Als ich die Türen des Hotels öffnete, die im Stil der dreißiger Jahre verziert waren und mir sehr gefielen, öffnete ich die Tür zu einem neuen Leben.

Die Stadt meiner Träume

Bisher hatte ich so gut wie nie Geld gehabt und schon gar kein französisches, weil ich immer alles, was ich brauchte, einfach so bekam. Ich kannte nur die Münzen, die uns der König gab, wenn wir ins Kino wollten. Ich hatte keine Ahnung, was etwas wert war oder kostete. Auf der Straße gab es Bettler, die Hunger hatten und denen ich Geld gab. Wie viel? Für mich zählten nur ihre zufriedenen Gesichter! Und tausend Francs waren 1970 sehr viel Geld.

Während der zehn Tage, für die mein Verbleib in dem Hotel gesichert war, streifte ich ständig durch die Stadt, allerdings ohne mich zu weit von meinem Ausgangspunkt zu entfernen, aus Angst, ich könnte mich verirren und nicht wieder zurückfinden. Es dauerte nicht lange, bis ich mich mit Leuten auf der Straße bekannt machte. Ich hatte keine Scheu, die Menschen anzusprechen, und meine Geschichte faszinierte die Städter mit ihrem ziemlich geregelten Leben. Die Kontaktaufnahme war einfach, alles ging wie von selbst. Ich ließ mich zum Essen einladen, entdeckte die Stadt und die Geschäfte und war wie benommen von dieser neuen Welt. Und noch immer so viele Weiße!

Es war gegen Ende eines herrlichen Augustmonats. Überall wurden Märkte abgehalten, wie ich sie noch nicht gesehen hatte. In Burundi interessierte ich mich nicht sehr dafür, weil bei uns das Hauspersonal die Einkäufe erledigte. In Paris gingen die Weißen selbst einkaufen! Eine große Entdeckung. Und sie aßen das Gleiche wie wir, Gemüse … Der Straßenverkehr verwirrte mich etwas, so wie auch die Eile, um nicht zu sagen die Hast der Pariser. Es gab kein Fünkchen Staub, alles war sauber. In die Metro wagte ich mich aber noch nicht, diese unterirdische und viel zu komplizierte Welt.

»Mein« Alain Delon hatte uns Paris als Paradies geschildert; ich erlebte zehn herrliche Tage. Ich hatte die richtige Wahl getroffen, da war ich mir sicher, und mein guter Stern würde auch über meiner neuen Heimat am Himmel funkeln. Es ging mir gut, ich fühlte mich wie zu Hause auf meinem Hügel, eine neue Entdeckung jagte die andere, und die Leute waren höflich und freundlich zu mir. Ich liebte die Parkbänke, auf denen ich Platz nehmen und mir alles ansehen konnte: die Passanten, die Statuen auf den Straßen und in den Gärten, die Tauben, die Hunde, die von ihren Herrchen an der Leine ausgeführt wurden. Aufmerksam nahm ich alles in mich auf und erfreute mich daran.

Zehn Tage voller Abenteuer, zehn Tage der Initiation, dann war mein Notgroschen verbraucht. Als Bittstellerin zur Botschaft von Burundi zu gehen, kam nicht in Frage, dort hätte man mich höchstens nach Hause zurückgeschickt. Also rief ich den Priester an, dessen Nummer mir der Mann von Bourget gegeben hatte. Mein Anruf brachte ihn in große Verlegenheit: Was sollte er mit mir anfangen?

Der neblige Norden

Der Priester schickte mich schließlich in ein Nonnenkloster nach Berck, an der Straße von Dover. Mit meinem letzten Geld kaufte ich mir eine Zugfahrkarte. Es wurde meine Jungfernfahrt mit der Eisenbahn, die es in Burundi nicht gab, und ich war tief beeindruckt. Der Zug hielt an, fuhr wieder los, hielt an … Man hatte mir genau erklärt, dass ich in Rang-du-Fliers, einem Omnibusbahnhof, aussteigen musste, wo ich dann einen Anschluss nach Berck bekommen würde. Aber was war ein Omnibusbahnhof? Ich blieb die ganze Zugfahrt über an der Waggontür stehen und passte auf: dass ich bloß nicht diesen Anschluss verpasste.

Seit meiner Abreise hatte ich mich nicht zu Hause gemeldet. Was hätte ich auch sagen sollen? Ich wusste ja nicht, wie es mit mir weiterging. Meine Mutter wollte ihre Angst bestimmt nicht eingestehen, war aber sicher auch stolz, dass ihre Tochter zu einem Abenteuer aufgebrochen war. Heute wird viel gereist, und durch die Medien erhält man einen ziemlich klaren Eindruck vom Rest der Welt. Aber wer reiste schon 1970 und – vor allem – wer aus Afrika? Botschafter, Politiker und ein paar Geschäftsleute …

Die Schwestern in Berck empfingen mich mit offenen Armen, vermutlich rechneten sie damit, dass ich zu Hause großzügige Finanziers hatte, weil ich Prinzessin war. Sie würden sich bald wieder beruhigen. Die Klosterschwestern führten ein Internat, in dem man eine Ausbildung als Krankenschwester machen konnte. Warum eigentlich nicht Krankenschwester? Alles in allem war es hier nicht viel anders als in meinem Internat in Kiganda, abgesehen davon, dass hier jeder weiß und die Natur nicht so schön ist wie bei uns zu Hause. Also kehrte ich – nach dem kurzen Intermezzo von Freiheit bei meinem Bruder in Bujumbura und den zehn köstlichen Tagen in Paris – wieder zu einem klösterlichen Leben zurück. Ich hatte keine Wahl und durfte nicht jammern, es musste irgendwie weitergehen.

Am Wochenende war das Internat geschlossen, und alle Mädchen, von denen die meisten vom Land kamen, fuhren dann auf die elterlichen Bauernhöfe. Da ich hier weder Familie noch Freunde hatte und noch neu in dem Land war, suchte ich mir in Berck eine Unterkunft fürs Wochenende und entdeckte bald *Le Cornet d'amour*, eine Kneipe, in der sich die Stadtjugend traf. Es kam vor, dass ich ganze Wochenenden im Freien verbrachte und von Freitag bis Montag zwischen Café und Strand hin und her pendelte. Die Nonnen machten sich keine Gedanken über meinen Verbleib. Entweder waren sie überzeugt, dass ich schon irgendwie klarkommen würde, oder sie hatten keine Ahnung, wie einsam ich war.

Als sie erfuhren, dass ich weder Kontakt zu meinen Verwandten noch Geld hatte, ließen sie mich die Kosten für die Internatsschule im Haushalt abarbeiten. In der Küche spülte ich die Kasserollen, riesige Pfannen, in denen ich bequem Platz gehabt hätte. In Fota habe ich auch manchmal Töpfe geschrubbt, aber diese hier waren monströs, wie für Menschenfresser gedacht! Ich putzte und fegte. Die Prinzessin hatte sich in Aschenputtel verwandelt, aber ohne Trauma: Diese Arbeiten hatte ich auch oft zu Hause und bei den Schwestern in Kiganda erledigen müssen. Deshalb fühlte ich mich dadurch weder erniedrigt noch entmutigt. Das war der Preis der Freiheit, den zu zahlen ich bereit war.

Noch immer war ich auf der Jagd nach Neuem und sog alles gierig in mich auf. Berck erwies sich als längst nicht so interessant wie Paris. In dieser ruhigen, kleinen Stadt, in der es oft kalt ist und regnet und wo man ständig Kranken begegnet, die auf Tragen liegen, kreist das ganze Leben um das Krankenhaus. Die Kranken gehen hier spazieren, um von der stark jodhaltigen Luft zu profitieren. Wie konnten diese Weißen nur so viele Probleme haben? Mir erschien es unvorstellbar, dass es kranke, behinderte oder verrückte Weiße geben sollte. Für mich waren sie eine behütete und gesegnete Spezies.

Freunde findet man überall

Ich habe sehr schnell Freunde gefunden. Eine meiner Kameradinnen aus dem Pensionat lud mich für ein Wochenende auf den Bauernhof ihrer Eltern ein. Aber sie musste ihre Familie erst darauf vorbereiten, dass ich schwarz war, so ungewöhnlich war das für sie! Wahrscheinlich haben sie im Atlas nachgeschaut und Burundi gesucht. Bei ihnen auf dem Kaminsims thronte ein großer Glaspokal voller Fünf-Francs-Münzen. Weil meine Freundin wusste, dass ich kein bisschen Geld hatte, griff sie in das Glas, holte eine Hand voll Münzen heraus und gab sie mir. Damit konnte ich für meine Freunde einen ausgeben! Das hat mich sehr gerührt. Egal, was passiert und wohin ich komme, immer habe ich das Glück, Menschen zu begegnen, die mir die Hand reichen und mir helfen.

Bald kannte ich mich in der Stadt wie in meiner eigenen Westentasche aus und war mit der gesamten einheimischen Jugend befreundet. Und ich wurde schnell zum Star des *Cornet d'amour*, in dem nur Krankenschwestern und Studenten verkehrten. Wir organisierten Feste und tanzten wie verrückt, und als einzige Schwarze in der Stadt war ich nicht die Letzte, die gern Spaß hatte. Es dauerte nicht lang, und ich verliebte mich in einen jungen Mann aus Berck, einen Medizinstudenten. Wir flirteten wie die anderen. Ich war damals neunzehn Jahre alt. Aufgrund meiner unzureichenden Sexualerziehung wurde ich plötzlich schwanger und merkte das auch erst im sechsten Monat. Als Pierres Eltern, reichlich konservative Konditoren, erfuhren, dass ihr Sohn mit einer Schwarzen ging, drehten sie ihm den Geldhahn zu. Unser Lebenswandel schockierte sie. Pierre blieb standhaft.

Eine ziemlich junge Mama

Frédérique wurde am zweiten Januar 1972 geboren. Ich hatte gehofft, am ersten Januar niederzukommen, weil dafür grandiose Prämien versprochen worden waren, eine kostenlose Babyausstattung und weitere Vorteile, die wir sehr nötig gehabt hätten. Ich habe den ganzen Tag und die Nacht davor durchgetanzt, aber ohne Erfolg. Drei Monate nach der Geburt des Babys haben wir geheiratet. Bei meiner Hochzeit vertrat Pascal, mein älterer Bruder, der extra aus Dänemark angereist war, meine Familie. Einige Freunde aus Burundi, zum Beispiel Antoine, der Schwager von Prinz Rwagasore, der aus Belgien gekommen war, feierten auch mit. Das war alles: Für meine Familie in der Heimat war ich nach wie vor ein Tabu. Für das Standesamt kleidete ich mich traditionell, in der Kirche trug ich Himmelblau. Als mich Pierres Großmutter kennen lernte, konnte sie sich die Bemerkung – »Oh, die ist aber schwarz!« – nicht verkneifen. Ich schaute in einen Spiegel und sagte mir: »Da hat sie Recht.« Rassismus war mir fremd, und diese spontane Bemerkung, die nicht böse gemeint war, brachte mich wieder auf den Boden der Tatsachen.

Ich lebte in den Tag hinein und hatte keine Ahnung, welche Folgen die Geburt eines Babys hatte. Auch wenn die Ankunft unserer kleinen Frédérique meine Schwiegermutter etwas besänftigte, blieb sie doch immer sehr reserviert. Wir hatten wirklich keine herzliche Beziehung!

Die Episode auf der Krankenschwesternschule in Berck dauerte also inzwischen ein Jahr. Mein Mann studierte an der Universität von Lille, an der ich mich für Jura einschrieb. Daneben hatte ich verschiedene kleine Jobs. Am Wochenende putzte ich im Krankenhaus von Berck, unter der Woche arbeitete ich als Verkäuferin in einer Boutique für Prêt-à-Porter. Die Möbel in unserer kleinen Wohnung hatte Pierre zusammengebastelt, der mit allem etwas anfangen konnte, zum Beispiel mit Obstkisten oder alten Autositzen … Wir hatten extrem wenig Geld, aber wir waren glücklich und lebten ein fröhliches Leben. Obwohl die Geburt unseres Babys die Spannungen in der Familie etwas beruhigt hatte, wollten uns

Pierres Eltern trotzdem finanziell nicht unterstützen: Da hieß es Abschied nehmen vom Medizinstudium, Pierre wurde Physiotherapeut. Er hat für seine Liebe zu mir viel Mut bewiesen. Er war noch jung, wir haben etwas riskiert, er hat sich gegen seine Eltern behauptet und die Konsequenzen seines Handelns getragen. Das finde ich sehr schön, und ich bin froh, dass ich ihm an dieser Stelle dafür danken darf – er hat es verdient.

Meine Mutter hatte ich zwei Jahre lang nicht gesehen, ihr aber geschrieben, als ich nach Berck ging. Ich kannte sie gut genug, um zu wissen, dass sie sich wegen mir Sorgen machte, und wollte nicht, dass sie Angst um mich hatte. Nachdem sie die Einladung zu meiner Hochzeit bekommen hatte, schrieb sie meinen Schwiegereltern. Ich habe die wenigen Briefe, die wir uns damals schrieben, kürzlich wiedergefunden. Meine waren immer voller Respekt und Zuneigung. Sie schien stolz zu sein, dass ihre schreckliche Tochter, die sich wie eine Diebin davongeschlichen hatte, sich nun als verheiratete Frau und Mama in Frankreich etabliert hatte. Zu Hause in Fota erzählte sie jedem, der es wissen wollte, dass wir uns schrieben, und wie stolz sie auf ihre gut erzogene und selbstständige Tochter war.

Als Frédérique geboren wurde, fuhr ich zum ersten Mal wieder nach Burundi, weil ich meiner Mutter mein Baby zeigen wollte. Frédérique hat im Haus meines Bruders Alexis, in Bujumbura, ihre ersten Schritte gemacht – seltsamerweise, indem sie die Treppe verkehrt herum hinunterstieg. Aber diese Reise hatte weiter nichts zu bedeuten. Ich wollte nur meine Familie besuchen, es war keine Rückkehr in die Heimat. Nach wie vor empfand ich starke Ressentiments gegen Burundi. Ich hatte nichts vergessen, und das sagte ich auch allen: Mein jetziges Leben und meine Zukunft spielten sich in Frankreich ab.

Eine Tür wird geöffnet

In der Rue Carnot, neben der Konditorei von Pierres Eltern, war der exklusivste Friseursalon von Berck. Er gehörte Dominique, mit dem ich befreundet war und der eines Tages zu mir sagte: »Du solltest Mannequin werden, Esther.« Anfangs stellte ich mich taub, aber er ließ nicht locker und kam immer wieder darauf zurück: »Was hast du in Berck verloren? Eine Frau wie du muss einfach Mannequin werden.« Das Wort Mannequin weckte in mir vage Erinnerungen an bestimmte Seiten in *Paris-Match*, das wir im Palast abonniert hatten, an Bilder aus einer unbekannten und geheimnisvollen Welt, in der sich Grace Kelly, Alain Delon und andere Gestalten bewegten, bei denen ich bezweifelte, dass sie wirklich aus Fleisch und Blut waren. Aber es ist nun einmal so, dass Dominique mein zweiter guter Geist in Frankreich war. Er bearbeitete mich beharrlich und zeigte mir immer wieder die entsprechenden Modemagazine, bis ich ihm schließlich glaubte. Wir müssten nach Paris fahren, meinte er. Dort hätte er eine Freundin, die eine Agentur für Mannequins leitete. Ich hatte volles Vertrauen zu Dominique, aber wem vertraute ich eigentlich nicht? Dominique war überzeugt, dass ich es schaffen würde, und arrangierte für uns ein Treffen. Wir fuhren mit dem gleichen Zug nach Paris, der mich bei der Herfahrt so beunruhigt und verunsichert hatte. Auch diesmal hatte ich große Angst: Wie sollte ich mit den Mädchen aus den Illustrierten konkurrieren können, ich war ja nicht weiß?

Die Büros der jungen Frau, mit der wir verabredet waren, lagen im XVI. Bezirk. Sie wechselte ein paar Worte mit Dominique, dann wandte sie sich zu mir und fragte mich ohne Umschweife: »Können Sie gehen?« – »Das konnte ich schon als ganz kleines Kind«, entgegnete ich. »Können Sie eine Jacke anziehen?« – »Sicher, wenn ich eine hätte, aber ich habe keine.«

Sie nahm ihre eigene Jacke vom Kleiderhaken und reichte sie mir. »Gehen Sie ein paar Schritte und ziehen Sie die an.« Nachdem sie mir einige Tricks verraten hatte, wie man eine Jacke im Gehen auszieht – hinter dem Rücken den rechten Ärmel mit der linken Hand und umgekehrt nehmen, das Kleidungsstück fallen lassen und mit einer eleganten Bewegung wieder aufheben –, rief sie Gaston Jaunet an und machte meinen ersten Vertrag: fünftausend Francs für drei Tage Modenschau im Château de Jaunet in Cholet vor einem erlesenen Publikum. Gäste, von denen ich natürlich noch nie gehört hatte, wie zum Beispiel Thierry Le Luron und zahlreiche weitere Prominente.

Bei den Defilees passte ich auf wie ein Luchs und beobachtete, was die anderen Mannequins machten: Ich ahmte ihre Bewegungen und Gesten genau nach. Am Schluss trug ich ein weißes Bustier-Kleid, das ich allzu gern behalten hätte. So etwas Schönes hatte ich noch nie gesehen. Als ich es wagte, den Couturier danach zu fragen, rief er uns nur zu: »Das Kleid gehört dem Mädchen, das in den Pool springt!« Ganz vorsichtig zog ich das schöne Stück aus und tauchte ins Wasser. Als ich aus dem Pool kam, gehörte mir das Kleid. Gaston Jaunet hatte aus mir Frankreichs erstes afrikanisches Mannequin gemacht.

Nomadin in Sachen Mode

Mein erster Versuch wurde gleich ein Meisterstück: Die Agentin war so von meinem Talent überzeugt, dass sie mich managen wollte. Immer öfter fuhr ich nun zwischen Berck und Paris hin und her und entdeckte dabei das Tempo der Hauptstadt, das so gar keine Ähnlichkeit mit dem Tempo der Stadt hatte, in der ich gelandet war. Plötzlich bewegte ich mich mitten in der Welt der Mode, ich war wie berauscht, bereit, mich ihren Herausforderungen zu stellen und mich auf die Möglichkeiten zu stürzen, die sich mir eröffneten. Endlich konnte ich mich an den Kosten unseres Haushalts beteiligen, einen Teil der Miete zahlen, Kleidung für unser Baby kaufen, kurz – meinen Wert unter Beweis stellen.

Jedes Engagement bot Gelegenheit, Kontakt zu anderen Mannequins zu knüpfen, weil wir die Castings immer gemeinsam machten. Nach der Prêt-à-Porter-Show für Gaston Jaunet ging ich als einzige Schwarze zu einem Casting bei dem Modeschöpfer Christian Aujard, der mich vom Fleck weg engagierte. Diese Zusammenarbeit dauerte viele Jahre. Bald konnte ich auch viel für Léonard arbeiten, für den ich posierte. Posieren muss man in der Entstehungsphase eines Kleidungsstücks: Anhand der Zeichnungen realisieren die Couturiers das Modell in Rohleinen, wobei das Posier-Mannequin die Anproben macht. Manchmal sind dazu viele Versuche und lange Änderungssitzungen nötig, oft ist aber gleich die erste Probe perfekt.

Logischerweise bedingte diese Veränderung in meinem Leben, dass ich immer öfter in Paris und immer seltener in Berck war. Mit der Zeit begriff ich, dass ein Kind nicht ein anderes Kind großziehen kann. Ich war eine junge, unreife

Frau und gerade dabei, das Leben zu entdecken, ich musste mich seinem Rhythmus anpassen und noch wachsen, ehe ich die volle Verantwortung für meine eigene Tochter übernehmen konnte.

Eines Tages ging ich mit meiner kleinen Frédérique essen. Sie war damals gerade drei Jahre alt. Ich sagte ihr, dass ich ihren Vater verlassen würde. Sie verstand, was das für sie bedeutete, und begann zu weinen. Auch wenn das für mich sehr schmerzhaft war, ein unendlich quälender Augenblick, habe ich das ganze Ausmaß dieser Entscheidung erst sehr viel später begriffen. Ich wusste nicht, wie ich mein Kind mit dem Abenteuer vereinbaren sollte, das mich erwartete, nachdem ich selbst nicht einmal wusste, was der nächste Tag bringen würde. Wenn sie bei ihrem Vater blieb, hatte sie eine richtige Familie und konnte eine unbeschwerte Kindheit verleben. Ich hätte ihr keine Sicherheit bieten können. Und weil ich sie dieser Kindheit nicht berauben wollte, schien es mir nur die eine Möglichkeit zu geben, so grausam sie auch sein mochte. Dass Frédérique mich verabscheuen, dass sie vielleicht Jahre brauchen würde, um mich zu verstehen, war schrecklich, aber unumgänglich. Wenn ich heute daran denke, werde ich sehr traurig. Ich habe das Leben meiner kleinen Tochter verpasst.

Manchmal fuhr ich nach Berck, aber ich war dort nicht willkommen. Wenn ich Frédérique besuchen wollte, trafen Pierre und ich uns auf der Straße. Für seine Eltern war ich die Fremde, die in die Familie gekommen war, um Unruhe zu stiften. Dass ich mich von ihrem Sohn getrennt hatte, bestätigte sie in ihrem anfänglichen Vorurteil gegen mich: Ich war eine Abenteurerin, die nur gekommen war, um das Leben ihres Sohnes zu zerstören. Als ob ich ihm den Unterhalt gestrichen hätte … Entscheidend ist aber, dass niemand Frédérique besser hätte erziehen können als Pierre, bei dem sie zusammen mit den beiden Kindern aufwuchs, die er mit seiner zweiten Frau bekam.

Während der schrecklichen Ereignisse von 1972, in deren Verlauf Hunderttausende von Hutu und Tutsi den Tod fanden und noch einmal so viele Burunder verzweifelt ihr Land verließen, um irgendwo Zuflucht zu finden, fuhr ich zwischen Berck und Paris hin und her. Afrika war für mich weit weg, fern von meinen Gedanken und meinem Herzen, ich hatte die Brücken hinter mir abgerissen. Ich wehrte mich dagegen, mich von den Dramen erschüttern zu lassen, die sich dort abspielten, ich wollte nichts wissen, außer ob es meiner Familie gut ging. Trotz meiner sehr eingeschränkten Verbindungen nach Fota wusste ich sie alle in Sicherheit, der Rest interessierte mich nicht. In meinen Augen war das Leben dort unten sowieso zerstört, schlimmer konnte es nicht mehr kommen. Wir hatten alles verloren, und meine Mutter war allein. Wir hatten unseren Anteil am Unglück bereits abbekommen. Obwohl in Frankreich nicht von den Tragödien gesprochen wurde, die sich in diesem kleinen abgelegenen Land abspielten, habe ich trotzdem von der Ermordung meines Cousins Charles gehört, der einige Jahre zuvor und nur für wenige Monate der letzte König von Burundi gewesen war. Man hat ihn in ein Massengrab geworfen.

Nein, ich wollte nicht einen Blick zurückwerfen. Nachdem ich das Internat in Berck, dieses unverhoffte Sprungbrett, verlassen hatte, musste ich weiter vorwärts gehen. Also zog ich 1974 endgültig nach Paris. Mit Mode lässt sich bekanntlich sehr viel Geld verdienen, und das habe ich natürlich auch getan. Aber da ich unglücklicherweise keine Ahnung hatte, wie man mit Geld umgeht, habe ich alles ohne einen Gedanken an die Zukunft verschwendet.

Ich wusste auch nichts von dem Nimbus, der in der Modewelt herrschte. Das konnte ich erst später richtig einschätzen, damals war mir dieser gesamte Kontext völlig unverständlich. Mode bedeutete für mich lediglich eine von vielen Möglichkeiten, Geld zu verdienen. Ich habe mich dabei sehr amüsiert, aber der Glanz hat mich genauso wenig geblendet, wie mir die übergeschnappte Atmosphäre der Modenschauen zu Kopf gestiegen ist. Für mich war Mode die Vollendung von Schönheit. Ich habe den Beruf des Mannequins erlernt, indem ich den anderen zusah und die Ratschläge der Couturiers befolgte, die mich lehrten, wie ich am besten zur Geltung bringen konnte, was mich auszeichnete, womit sie wohl meine Haltung meinten … Schönheit ist relativ und von kulturellen Kriterien abhängig. Die Vorteile meiner Erziehung wurden mir bewusst und der große Einfluss der Nonnen, die mich gezwungen hatten, mich – die Hände hinter dem Rücken – gerade zu halten! Meiner Erziehung und den Prinzipien, die man mir in frühester Kindheit eingetrichtert hat, verdanke ich es, dass ich die Salons erhobenen Hauptes betreten kann. Diese Haltung, die mich von den anderen unterscheidet, macht mich zu dem, was ich bin. Sie ist das Ergebnis der strengen Erziehung meiner Mutter in Kombination mit der ausufernden Fantasie meines Vaters.

Heute noch habe ich großen Spaß an dem Spektakel, mit dem zukünftige Mannequins das Gehen lernen, wenn sie sich Bücher auf den Kopf legen, damit ihr Gang vornehmer wirkt. Das habe ich schon als Kind gekonnt! Es gehörte zu meinem Alltag, gemeinsam mit den Frauen von den Hügeln Körbe oder Kalebassen auf dem Kopf zu tragen. In meinen Adern fließt afrikanisches Blut, das zeigt sich bei jeder meiner Bewegungen, und wird in der Art sichtbar, mit der ich ein Kleidungsstück trage. Afrikaner wirken in der Öffentlichkeit nie gehetzt und lassen sich auch auf einem Markt oder in einer Menschenmenge nicht herumschubsen. Sie beherrschen die Kunst des Gleitens, wie man alle geschickt umrundet und dabei seine körperliche Präsenz betont. Dieser Gestus und meine gelassene Selbstsicherheit sind mir sozusagen angeboren.

In Paris habe ich zunächst fast ein Beduinenleben geführt: Ich wohnte in der Rue La Boétie im VIII. Bezirk und in Boulogne im XVIII. Bezirk, je nachdem, wie die Würfel in meinem Privatleben fielen. Später zog ich in die Rue des Vignes im XVI. Bezirk und blieb dort fünfzehn Jahre lang. Wie eine echte Nomadin in Sachen Mode war ich ständig auf Reisen und habe mehrere Weltreisen mit teilweise ausgedehnten Zwischenstopps unternommen. In Rom bin ich zum Beispiel auf Lancettis Bitte hin ein ganzes Jahr geblieben, weil ich damals seine große Muse war und keines seiner Defilees ohne mich stattfand. Als in einem Jahr Lancettis Modenschau für die Presse auf den gleichen Tag fiel wie die von Valentino, bei dem ich bereits unter Vertrag stand, wollte er mich nicht freigeben. Stets fand er Mittel und Wege, damit ich nicht zu seinen Konkurrenten gehen konnte. In dieser Zeit der großen Modeschöpfer wie Mugler, Beretta, Issey Miyake, Cacharel, Aujard, Dorothée Bis, Mic-Mac und den anderen Größen bin ich als viel gefragtes Mannequin für sie alle auf dem Laufsteg gewesen. Egal, ob Eleganz oder Übermut, Intuition, Inspiration oder Geistesblitz gefragt war, gleichgültig, ob es um prunkvolle, raffinierte oder exzentrische, innovative Kleider ging – ich beherrschte mein Metier.

Für Léonard habe ich mehrere Jahre gearbeitet, bis ich einen unverzeihlichen Fehler beging: Ich sollte das Defilee für die Pariser Presse eröffnen, hatte aber verschlafen. Als ich schließlich verspätet eintraf, empfing mich Generaldirektor Tribouillard mit einem Blick, der keinen Zweifel offen ließ:

Jetzt war seine Stunde gekommen. Ich habe keinen Ton gesagt, aber trotz dieses abrupten Endes blieb meine Beziehung zu Léonard ungewöhnlich vertrauensvoll.

Afrika holt mich ein

Kaum merklich vollzog sich in meinem Bewusstsein eine Veränderung: Ich war nun doch zu einer Aussöhnung mit Afrika bereit. Ich wollte zwar nicht zurückkehren und dort leben, aber ich akzeptierte die afrikanische Kultur wieder und sah ein, dass ich von ihr durchdrungen war. Gleichgültig, wohin mich die Defilees führten oder wo die Laufstege aufgebaut wurden, von nun an defilierte ich voller Stolz für meinen Kontinent und bestand auf diesem Unterschied. Ich war eine afrikanische Prinzessin, ich hieß Kamatari, und das war der Beginn der Wiederentdeckung. Aber wenn ich an meine Heimat dachte, wurde ich doch immer wieder zu dem gequälten jungen Mädchen, das dieses Land für sein ganzes Unglück verantwortlich machte.

Sehr bald und wahrscheinlich lange, ehe ich es bemerkte, bekam ich Seltenheitswert: eine Schwarze, die Prinzessin und Mannequin war – so etwas sah man nicht oft. Wenn ich zu Empfängen eingeladen wurde, die nichts mit Mode zu tun hatten, war es für mich Ehrensache, als Esther Kamatari, Prinzessin von Burundi, vorgestellt zu werden. Daraufhin herrschte meistens Sprachlosigkeit. Meine Gesprächspartner konnten nur in den seltensten Fällen die geographische Lage meiner Heimat bestimmen und waren noch mehr irritiert, weil mein Französisch keinerlei afrikanischen Akzent aufwies. Wenn man seine ganze Kindheit in einer glanzvollen

Welt verbracht hat, weiß man eben, wie man sich in der Öffentlichkeit zu verhalten und, wenn nötig, auch ... zu sprechen hat! Welch Überraschung für all diejenigen, die Afrikaner eigentlich nur mögen, wenn sie nackt hinter ihren Tamtams sitzen, und die nun im Schein von Kronleuchtern und mit Champagnerkelchen in der Hand mit mir Konversation betreiben sollten!

Ich legte großen Wert auf meinen Titel: Kronprinzessin, nicht etwa durchlauchtige Hoheit. Mein Vater war der Bruder des Königs, darauf bestand ich hartnäckig ... Wie war das nur möglich – diese Frage las ich in ihren Gesichtern –, dass diese kleine Ecke Afrikas nach der Kolonisation noch einen König hatte? Ich verstand die Probleme dieser Menschen nicht und hatte das Gefühl, mich ständig rechtfertigen zu müssen. Bald mochte ich die Leute nicht mehr, die mich immer von den anderen unterscheiden wollten: In ihren Augen war ich nur als »europäisch« erzogene Prinzessin gesellschaftsfähig ... Ich war ihre afrikanische Bürgschaft! Diese Alibifunktion war nichts für mich. Trotzdem verkehrte ich unermüdlich in allen politischen und kulturellen Kreisen und bekam immer mehr das Gefühl, dass ich mit einer Mission beauftragt war und eine Botschaft zu überbringen hatte. In jedem Fall suchte ich unbewusst immer öfter die afrikanischen Kreise in Paris auf.

Mitte der siebziger Jahre war ich auf dem Festival von Cannes die einzige Schwarze, nach der sich alle umdrehten – zur größten Freude dessen, der mich eingeladen hatte und den damit erhofften Erfolg erzielte. Ich war zu einem Marketing-Objekt geworden, einem vermutlich vielfach ausgenützten Werbemittel, aber ich arrangierte mich damit, um irgendwelche Vorteile für Afrika oder für mich selbst daraus zu ziehen.

Trotz der vielen Arbeit hatte ich ein angenehmes und amüsantes Leben. Mondän wie ich war, versäumte ich keine Party, ging ständig aus und führte unermüdlich und unersättlich einen unsteten Lebenswandel zwischen Restaurants und Nachtlokalen. Wie mein Vater sprühte ich nur so vor Energie. Als ich zum ersten Mal zu Castel kam, der sich als mein bester Freund in Paris erweisen sollte, bei dem ich mich wie zu Hause fühlte und der später Pate meiner zweiten Tochter wurde, holte er sein Gästebuch und seine Photoalben hervor. Er hatte viele Jahre zuvor meinen Onkel, den König, bei sich empfangen und das nicht vergessen.

Dieser Lebenswandel schadete meiner Karriere nicht. Natürlich sollte ein Mannequin auch am frühen Morgen ansehnlich aussehen und nicht die Spuren durchtanzter Nächte im Gesicht tragen, aber ich habe eben zum Glück eine schwarze Haut, auf der keine Müdigkeitsfalten zu sehen sind.

Eine echte Aufgabe

Ich habe viel für den französischen Haute-Couture-Verband gearbeitet. Alles in allem waren wir etwa ein Dutzend Mannequins, die um die Welt reisten und die französische Haute Couture präsentierten. Wir hatten damals einen sehr strengen Choreografen, Norbert Schmit, dessen Geschrei mir noch heute manchmal in den Ohren klingt: »Mit den Beinen, die du hast, könntest du wirklich anders gehen. Ich will, dass ihr große Schritte macht, verdammt!« Es war die Zeit der choreografierten Defilees, der großen Bühnenshows. Keiner hätte sich damit zufrieden gegeben, die Models von A nach B und wieder zurück spazieren zu lassen, wie das heute der

Fall ist. Wir hatten richtige Drehbücher, nach denen wir dann unsere Ballettvorstellungen gaben.

Diese Choreografien waren zum Teil so kompliziert und so schwierig zu lernen und zu realisieren, dass nicht immer alles funktioniert hat. Als wir eines Tages in Japan ein Defilee für Paco Rabanne vorbereiteten, klappten die Proben nicht: Ich musste mich vor all den Japanern von dem Choreografen beschimpfen lassen, der mir vorwarf, ich würde seine Anweisungen nicht richtig ausführen. Wir hatten die Choreografie in Paris einstudiert, jetzt ging es darum, sie an den Aufführungsort anzupassen. Vor lauter Scham und Enttäuschung brach ich schließlich in Tränen aus. Die Heftigkeit seiner Vorwürfe und sein scharfer Ton standen in keinem Verhältnis zum Anlass. Außerdem war ich anders erzogen worden. Ich kannte diese Brutalität nicht, mit der man vor allen Leuten jemandem Gemeinheiten ins Gesicht brüllt. Ich stamme aus den Bergen, wo man sich solche Dinge, wenn überhaupt, zuflüstert und gar nicht weiß, was brüllen heißt. Paco Rabanne schwieg, bis der Choreograf damit fertig war, mich abzukanzeln. Dann betrat er die Bühne und setzte seine Autorität ein, um ihn entsprechend zurechtzuweisen: »Wer bist du denn, dass du so mit anderen Menschen umgehst? Solange du für mich arbeitest, möchte ich so etwas nicht wieder erleben. Ohne Esther, ohne die Mannequins, wärst du nicht hier, denn ohne sie gibt es keine Modenschau.« Wenn Paco ärgerlich wird, ist das keine Kleinigkeit. Man kann sich leicht vorstellen, was es für eine junge Frau bedeutete, von diesem imposanten Mann öffentlich in Schutz genommen zu werden. Bekanntlich wird die Haute Couture von einigen wenigen Großen beherrscht. Wir waren Pacos Töchter, seine Schützlinge, bei ihm fühlten wir uns sicher, er mochte uns wirklich. Wir sollten auch nicht vergessen, dass Paco immer die

Schwarzen verteidigt hat. Er wurde sogar zehn Jahre lang von verschiedenen großen Modezeitschriften boykottiert, weil er mit schwarzen Mannequins arbeitete.

Ich war nicht nur bei allen großen Defilees dabei, sondern auch Lanvins erste schwarze Braut – dass sich die Couturiers für mich entschieden haben, könnte man als Revolution bezeichnen: Es war der Einzug schwarzafrikanischer Mannequins in die französische Modewelt. Es gab bis dahin keine Schwarzen auf der Titelseite einer Zeitschrift, und soweit ich weiß, wagte die Werbung den Versuch mit einem schwarzen Mannequin erstmals für Produkte der Konditorei Vahiné. Ich sage es noch einmal: Unter uns Frauen gab es keinen Rassismus. Ich selbst erinnere mich nur an einen einzigen Vorfall, der also nicht repräsentativ ist und der sich bei einer Prêt-à-Porter-Show an der Porte de Versailles ereignete. Beim Schlussbild des Defilees spielte ich einen Pagen, der den Schleier der Braut tragen musste. Plötzlich drehte sich das Braut-Mannequin um und schrie: »Lass meinen Schleier los, du dreckige Negerin!« Daraufhin verpasste ich ihr, ohne lange zu zögern, vor allen Leuten eine Ohrfeige. Nachdem ich mich bedankt hatte, ging ich ohne weiteres Aufhebens, war aber angewidert von dem Verhalten der Leute, die diese Beleidigung gehört hatten, ohne auch nur mit der Wimper zu zucken. Meine bezaubernde Kollegin machte sich zum Opfer, die arme Weiße, die von einer außer Kontrolle geratenen Wilden geohrfeigt worden war, und das auch noch auf der Bühne!

Für den Stilisten von Lanvin, Jules-François Crahay, habe ich »Bereitschaftsdienst« gemacht, wie wir das nannten. Dieser Mann, vor dem ich großen Respekt habe, ist leider bereits gestorben. Bereitschaftsdienst bedeutete, den ganzen Tag im Modehaus zu bleiben und dem Stilisten fertig frisiert und geschminkt und in weißer Bluse zur Verfügung zu stehen. Er ruft nach einem, probiert seine Stoffe am Mannequin aus, führt gewisse Veränderungen durch und verschwindet wieder, um weiterzuarbeiten. Das konnte eine äußerst ermüdende Arbeit sein, ohne Pausen, ein Versuch nach dem anderen, Abendrobe, Mantel, ein Kleidungsstück nach dem anderen. Bereitschaftsdienst ist in etwa das Gleiche wie Posieren, es ist die Haute-Couture-Version davon: Die Kleider werden an uns gemacht. Ausgehend von diesem Modell, werden dann die Serien angefertigt, die die Frauen später in den Prêt-à-Porter-Boutiquen vorfinden.

Zu Lebzeiten von Madame Jeanne Lanvin Bereitschaftsdienst zu machen, war eine besondere Ehre. Sie war eine echte Grande Dame, absolut klassisch, nach altem französischem Stil. Ob sie wohl jemals, ehe sie mich kennen lernte, einen Schwarzen aus der Nähe gesehen hatte? Sie trug immer mehrere Perlenketten und lackierte jeden Tag ihren berühmten schweren Chignon-Knoten, der dadurch quasi kartoniert war. Wenn sie erschien, nahm jeder Habacht-Stellung ein und zitterte vor Ehrfurcht. Eines Tages betrat sie das Zimmer der Mannequins und rief bei meinem Anblick: »Oh, eine Schwarze!«, woraufhin ich sofort mit »Oh, eine Weiße!«, antwortete. Diese Geschichte machte im ganzen Haus die Runde. Ich spielte noch immer gern den Clown, die bevorzugte Rolle meiner Kindheit.

Für Lanvin habe ich eine komplette Kollektion gemacht, sechs Monate Arbeit ohne Pause, gekrönt vom Presse-Defilee. Und weil ich gerade von Krönung spreche, ich habe auch die Anproben für die Robe gemacht, die Bokassas Gattin bei ihrer Hochzeit trug! Lanvin hatte für diesen Anlass ein Wunderwerk kreiert. Der Prototyp wurde aus afrikanischem Stoff für Lendenschurze geschneidert und mit kostbaren Steinen bestickt. Die Direktrice reiste für die Anproben nach Bangui und führte die Veränderungen dann in Paris – an mir – durch. Auf den Fluren des Ateliers spielte ich Kaiserin.

Mein Leben war jedenfalls so schillernd und exotisch, wie man es sich nur vorstellen kann, und bot ständig neue Überraschungen, wie zum Beispiel ein überaus förmliches Treffen mit dem australischen Premierminister. Meine New Yorker Agentur Zoli hatte mich 1979 nach Australien geschickt, nachdem ich zur »Miss Fashion« gewählt worden war. Ich kann mich noch gut an die Transparente erinnern, die zu meiner Begrüßung auf dem Flughafen ausgerollt wurden, und weiß noch, wie glücklich ich war, dass ich zur damals berühmtesten Fernsehsendung *The Quest of Quest* eingeladen wurde.

Durch meinem Beruf hatte ich viele Freundinnen. Wir arbeiteten zwar unabhängig voneinander, verfügten aber trotzdem über einen ausgeprägten Teamgeist. Zwischen uns gab es keine Eifersüchteleien, im Gegenteil, wir reichten die Verträge unter uns weiter, damit kein anderes Kriterium ausschlaggebend sein konnte als die bestmögliche Präsentation der Kleider. Wir waren damals eine Truppe von circa fünfzehn jungen Frauen und haben sicher weniger verdient, als die Mannequins heute – aber was hatten wir für ein schönes Leben. Wir lebten in den Tag hinein, reisten so viel wir wollten, genossen den Luxus und sorgten uns nicht um den nächsten Tag. In den Hotels waren für uns immer die schönsten Zimmer reserviert. Lange Zeit ließ ich die anderen glauben, dass ich schnarchte, weshalb ich immer ein Zimmer für mich allein hatte, das bald zu unserem Hauptquartier wurde. Hier trafen wir uns und feierten …

Die Doppelzimmer führten immer wieder zu lustigen Geschichten. Im Beverly Hills in Los Angeles teilte ich mein

Zimmer einmal mit einer Russin. Sie hieß Svetlana, aber wir nannten sie alle KGB. KGB rauchte nicht, ich schon. Anstatt mich einfach zu bitten, auf dem Zimmer nicht zu rauchen, spielte sie ein Erstickungsopfer, aber ich tat so, als würde ich nicht verstehen. Man muss dazu sagen, dass die Zimmer riesig waren, überdimensional. Eines Abends kam ich zurück und fand diese Quasi-Basilika zur Hälfte leer vor. Das Bett von KGB war nicht mehr da, sie hatte es auf die Terrasse hinausgezerrt, um sich vor dem Rauch meiner Zigaretten in Sicherheit zu bringen.

Auf unseren Tourneen saßen wir abends zusammen über der Choreografie, studierten die verschiedenen Szenen ein, rauchten und redeten bis in den Morgen hinein. Meine Jugendzeit erfuhr so eine natürliche Verlängerung, und ich holte die sorglosen Jahre nach, die mir durch den Tod meines Vaters genommen worden waren. Meine »Jugendfreunde« sind diese Mannequins. Sie haben für mich genau die Rolle gespielt, die sonst vielleicht Schulkameradinnen vom Gymnasium gehabt hätten. Heute ist dieser Beruf eher individualistisch, und die Karriere beginnt viel früher. Natürlich waren wir damals auch naiv, aber zumindest nach dem Gesetz bereits erwachsen. Beim Anblick der entzückenden vierzehn- oder fünfzehnjährigen Mannequins läuft es mir manchmal kalt den Rücken hinunter: Diese Kleinen verlieren sehr früh das normale Leben von Jugendlichen.

Die Schauspielerei hat mich nie wirklich gereizt, obwohl man mir oft gesagt hat, ich hätte Talent für die Bühne. Eine Probe für die »*Gendarmettes*« fand ein jähes Ende: Ich war einfach viel zu groß, um mit Louis de Funès vor der Kamera zu stehen. Allerdings hatte ich einen unvergesslichen Auftritt in einem Film der *Charlots*, in einer Szene, die auf der Seine spielt: Ich musste eine grandiose Haltung einnehmen, dann fuhr ein von den Charlots gesteuertes Boot mit vollem Tempo an mir vorbei und spritzte mich nass. Meine Frisur à la Angela Davis weichte auf, meine Haare kräuselten sich, und ich gab mit starkem Antillen-Akzent folgende unvergängliche Bemerkung von mir: »Meine Dauerwelle!« Mein Beitrag zur siebten Kunst ist damit erschöpft.

Ich weiß nicht, ob ich gerne in Filmen mitgespielt hätte, jedenfalls liegt es mir nicht, etwas ständig zu wiederholen. Deshalb waren mir die Foto-Defilees lieber, von denen ich einige gemacht habe, die ich aber auch nicht besonders mochte. Ich liebe die Show, den Kontakt zum Publikum, die Suche nach Emotionen im Blick der Zuschauer, diese pure Energie, die einem die Akkus wieder auflädt! Auf alle Fälle war das »Geschäft mit den Schwarzen« damals noch nicht sehr weit entwickelt, und mir hätte sowieso kein Werbeagent die Präsentation gängiger Konsumgüter anvertraut. Eine Werbung für *Dim* stellte die Ausnahme dieser Regel dar.

Einmal bin ich für Anne-Marie Beretta, deren Muse ich war und die von mir sagte, ich hätte eine »trotzige Arroganz«, bei einem Defilee im Louvre als Joséphine Baker gegangen. Das Publikum, zweitausend Zuschauer, erhob sich am Schluss zu stehenden Ovationen. Ich genoss diese außergewöhnliche Macht in vollen Zügen. Über dieses Defilee gab es eine ganze Seite in *Marie Claire*. Was für eine Atmosphäre! Wie hätte ich mich ihr entziehen sollen? In der Garderobe, bevor man den Laufsteg betritt, denken alle nur an die Schönheit der Kleider. Mannequins, Friseure, Garderobieren – keiner bleibt gleichgültig, alle werden von dem Fieber angesteckt, jedes Mal. Man hält sich aufrecht, Brust raus, Bauch rein, man zittert vor Lampenfieber, das Herz klopft heftig, die Maskenbildner legen eine letzte Schicht Puder auf, man würde am liebsten im Erdboden versinken, stattdessen treibt einen das Spektakel hinaus. Wir sind die Mittler zwischen Publikum und Modeschöpfer. Bei diesem Defilee im Louvre trug ich ein Bustierkleid, dem Anne-Marie Beretta die Farbe meiner Haut gegeben hatte; diese Robe reichte mir bis zur Hüfte und war nach unten mit Fasanen- und Pfauenfedern verlängert. Dazu trug ich eine Krone und Armreifen aus Kupfer: Ich war wirklich die Verkörperung von Joséphine Baker. Das Licht blendete mich, ich taumelte ein wenig, kein Ton war mehr zu hören, und man spürte förmlich, wie die Spannung stieg. Um die Emotionen noch anzuheizen, machte ich eine Pause und zog den Augenblick in die Länge, bis ich auf den Laufsteg trat. Lächeln, die Frauen verführen, ihnen die Botschaft übermitteln, dass zwischen ihnen und uns keine Konkurrenz besteht. Modenschauen sind nicht dazu gedacht, sich selbst in Szene zu setzen, sondern um zur Geltung zu bringen, was wir tragen – das Werk eines Modeschöpfers, dem wir damit die Ehre erweisen. Für mich besteht der Reiz dieser Defilees darin, mit den Frauen eine Beziehung einzugehen, indem wir die hohe Kunst der Haute Couture zelebrieren: »Schauen Sie, applaudieren Sie, denn was ich trage, das ist sehr schön.« Etwa zweitausend Frauen weltweit können sich Kleider leisten, die einige zehntausend Francs kosten. Diese Frauen müssen wir überzeugen, sie und natürlich die Presse, die einen Modeschöpfer feiern oder stürzen kann.

An eine Kollektion von Léonard erinnere ich mich ganz besonders. Das Defilee, das ich angeführt habe, begann mit Badeanzügen, Taschen und Schuhen, und ich wollte unbedingt von Anfang an das Interesse des Publikums fesseln. Ich gehe also raus, ganz gemächlich, so als wäre ich am Strand. Am Ende des Laufstegs angekommen, hole ich ein Strandtuch und Sonnenöl aus meiner Tasche. Ich suche nach dem besten Platz, als wollte ich mich von den Spots bräunen lassen, ich spiele etwas vor, ich strecke mich aus, creme mich sorgfältig ein, setze eine Sonnenbrille auf, nehme mein Buch und vertiefe mich in die Lektüre. Das Ganze war aber nicht vorgesehen. Monsieur Tribouillard, Léonards Geschäftsführer, stand wie versteinert hinter den Kulissen. Das Publikum wartete darauf, dass ich wieder aufstehen und den Laufsteg verlassen würde, aber ich rührte mich nicht von der Stelle. Plötzlich reagierte Monsieur Tribouillard und schickte die anderen Mädchen hinaus. Das hatte eine lange Minute gedauert. Als meine erste Kollegin kam, erhob ich mich und verschwand unter allgemeinem Gelächter. Wenn einem solch ein Coup gelingt, kann man danach machen, was man will, dann ist einem die Gunst des Publikums sicher.

Nicht ein einziges Mal während dieser Zeit, in der ich auf großem Fuß lebte, bin ich nach Afrika zurückgekehrt. Der Kontakt zu meiner Familie riss nicht ab, weil Briefe und Fotos ausgetauscht wurden und mein Bruder Pascal und meine Schwester Baudouine mich manchmal besuchten. Meine Wurzeln in mir erinnerten sich jedoch sehr lebhaft und überraschenderweise immer dann, wenn ich am allerwenigsten damit rechnete. So auch an einem Abend Ende der siebziger Jahre, als ich – ganz amerikanisch in Jeans und Turnschuhen – eine Diskothek an den Champs-Élysées betrat. Auf der Tanzfläche traf ich einen Freund, der von meiner Kleidung entsetzt war. »In so einem Aufzug solltest du nicht rumlaufen, du hast eine gesellschaftliche Position … du solltest dich und deine Leute respektieren.« Diese Bemerkung hat mich tief getroffen. Feiern im großen Stil, okay, aber sich gehen lassen, nein. An diesem Abend bin ich nach Hause gegangen. Als ich diese Diskothek später wieder besuchte, habe ich mich richtig in Schale geworfen. Ich weiß es sehr zu schätzen, dass ich das Glück hatte, diesen Freund zu treffen und mir seinen scharfen Tadel anhören zu müssen. Seine Worte waren zwar sehr ungnädig, haben mich aber wach gerüttelt. Vor den Exzessen, dem Drogenkonsum und den verschiedenen Missbräuchen, die damals in meinem Umfeld gang und gäbe waren, schützte mich anscheinend eine Art Barriere, nämlich die Prinzipien und die Zurückhaltung, die aus einer früheren Zeit stammten und verhinderten, dass ich über die Stränge schlug. Allerdings war »unsolide« in jenen Jahren auch absolut harmlos im Vergleich zu den Praktiken der beiden folgenden Jahrzehnte. Man muss bedenken, dass es eher eine sympathische und unkomplizierte Zeit gewesen ist.

Amerika – eine Fata Morgana

Anfang der siebziger Jahre kamen einige schwarze amerikanische Mannequins, darunter die Berühmtheiten Pat Cleveland und Toukie Smith, nach Europa, wo sie großen Erfolg hatten. Gestärkt von der positiven Resonanz, kehrten sie in die Vereinigten Staaten zurück und wurden dort echte Stars. Da ich in Europa bereits ziemlich berühmt war, entschloss ich mich, ebenfalls das Abenteuer Amerika zu wagen.

Wie üblich handelte ich kurz entschlossen und ging in der Überzeugung, dass ich auf der anderen Seite des Atlantiks als afrikanische Entdeckung Triumphe feiern würde. Das war ein strategischer Fehler. Europa hatte zwar als Sprungbrett für die Amerikanerinnen funktioniert, das galt aber nicht für mich. In New York schloss ich einen Vertrag mit einer großen Agentur, der Agentur Zoli, für die ich ein viel versprechender Kunde zu sein schien. Sie sahen die Sache genauso simpel wie ich: Die Prinzessin würde ihr Glück machen und so der Agentur viel Geld einbringen! Ich erhielt einige wenige spektakuläre Verträge, wie zum Beispiel eine Doppelseite als Kleopatra in *Town & Country* (ich glaube kaum, dass vor mir irgendeine Schwarze so etwas gemacht hat), die meiner Kultur zu einem gewissen Bekanntheitsgrad verhalfen und auf die ich stolz sein durfte. Aber ich bekam keine einträglichen Jobs. Die Amerikaner verehrten mich zwar als Mannequin und Prinzessin, machten mir aber keine aufregenden Angebote. Keine schwarze Amerikanerin konnte sich wirklich mit mir identifizieren, also kamen Kataloge oder wichtige Konsumartikel für mich nicht in Frage. Ich fand keinen Platz auf dem amerikanischen Markt. Ich bin eine Afrikanerin, und die schwarzen Amerikanerinnen sind, auch wenn sie sich ihres Ursprungs bewusst sind, vollkommen anders als Frauen, die in Afrika geboren und aufgewachsen sind. Im Nachhinein weiß ich auch, dass dieser New Yorker Versuch der Anfang vom Ende meiner Karriere war.

Genau wie in Paris habe ich in New York ein lustiges Leben geführt. Es war die Zeit der legendären Partys im berühmten Nachtklub »Studio 54«. Dort habe ich zusammen mit zahlreichen VIPs meinen Geburtstag gefeiert. Vor lauter Schicksein brach ich mir dann am Vorabend einer Reise nach Rom beim Tanzen ein Bein. Andy Warhol hat den Gips oben in meiner Hautfarbe angemalt und unten einen Strumpf und einen Schuh darauf gezeichnet. Zwei Monate später gab es ein großes Fest in einem anderen Nachtklub, dem Xinone, zu dem mein Arzt mit seiner Säge erschien. Erst entfernte er vor allen Leuten den Gips, dann gab er die Bühne frei für Champagner und Tanz, und ich mit meinen Krücken war natürlich auch dabei.

Ich bin nicht lange in New York geblieben, weil ich spürte, dass einen das Leben dort leicht verderben konnte. Drogen und alle Arten von Kriminalität breiteten sich ungebremst aus. Also entschloss ich mich zur Rückkehr. Aber wollte mich Paris überhaupt noch? Leider war ich nicht auf wundersame Weise vorausschauend geworden, hatte nichts gespart und besaß nur das Geld von meinem letzten Engagement. Wenigstens war ich so vernünftig gewesen, meine Pariser Wohnung zu behalten, die ich nun wieder bezog, in der Hoffnung, es würde sich etwas tun, bevor mein Geldbeutel unwiderruflich leer war.

Eine brutale Landung

Ich hatte die Kontakte zu den großen Modehäusern nicht abgebrochen und bekam allmählich wieder Aufträge. Aber ich war nicht mehr richtig en vogue. Meine Karriere kam gerade mühsam in Gang, als ich 1981 einen Motorradunfall hatte, der mich beinahe ein Jahr von den Laufstegen fern hielt. Ich wollte damals mit einem Freund nach Deauville fahren; wir hatten vor, einen Ausflug zu machen, um mich nach einer enttäuschten Liebe wieder etwas in Stimmung zu bringen, aber unsere Reise endete bereits in Evreux. Bei dem Unfall wurde das Motorrad in zwei Teile gerissen, ich flog samt Hinterrad und Gepäck in eine Wiese, während mein Freund schwer verletzt wurde und zehn Tage im Koma lag. Ich selbst hatte einen verletzten Arm, die Knochen der einen Hand waren gebrochen, außerdem erlitt ich einen kleineren Beckenbruch. Ich hatte das Bewusstsein verloren und kam erst beim Eintreffen des Rettungsdienstes wieder zu mir. Als sich ein Arzt über mich beugte, wusste ich, dass ich weiterleben würde:

Wenn man nahe daran ist zu sterben, verliebt man sich eigentlich nicht. Aber dieser Mann, der damals seine Wehrpflicht beim Rettungsdienst ableistete und mich ziemlich ramponiert von der Staatsstraße 13 aufsammelte, hatte gewaltigen Eindruck auf mich gemacht – und sollte mein Ehemann werden.

Ich blieb zehn Tage lang im Krankenhaus von Evreux, zehn lange Tage, in denen ich jede Schwester und jeden Arzt ausfragte, die mir über den Weg liefen: Wer war der junge Arzt, der mir das Leben gerettet hatte? Zu seiner Identifizierung konnte ich nur sagen, dass er eine Brille trug. Meine Zimmernachbarin, ein junges Mädchen aus der Gegend, bekam sehr viele Besucher, die ihr Obst mitbrachten, unter anderem auch Kirschen, die sie großzügig mit mir teilte. Die Kirschen legte ich auf die Seite, um sie meinem Lebensretter anbieten zu können, falls er mich besuchen würde. Ich ließ nicht locker und habe so lange gebettelt, bis es das Krankenhauspersonal nicht mehr hören konnte: Schließlich fand man heraus, wer an jenem Tag zum Rettungsdienst eingeteilt war, und teilte demjenigen mit, dass sich die Kranke aus Zimmer X unbedingt bei ihm bedanken wolle. In Erwartung seines Besuchs habe ich mich zurechtgemacht und versucht, zu gehen. Und eines Tages kam Gilles in einem langen blauen Mantel und einem weißen Hemd … Ich bot ihm Kirschen an, er holte mich aus dem Krankenhaus, gab mir einige medizinische Ratschläge und dann … Rendezvous in Castel.

Ich konnte einige Zeit nicht arbeiten, und mein Stern, der schon zu verlöschen begann, verlor dadurch noch mehr von seinem Glanz. Nun ging es nach Brüssel anstatt nach Tokio. Der Rhythmus war nicht mehr so verrückt, und ich arbeitete wieder viel, denn ich war ein gutes Mannequin, und in unserem Beruf, wie in allen anderen Berufen auch, sind gute Leute selten. Doch die Choreographien, die Shows, diese kunstvoll inszenierten Defilees standen vor dem Aus. Damals kam meine zweite Anne-Marie-Beretta-Phase. Die Mode war zu der Zeit fröhlicher und kosmopolitischer als heute, so wie die Mannequins, die bunt gemischt von überall her kamen – Schwarze, Weiße, Japanerinnen. Heute heißt alles, was anders ist, »ethno« und wird entsprechend vermarktet. Zum Glück ist es mir erspart geblieben, eine Ethno-Esther zu werden.

Die Rückkehr der verlorenen Tochter

Lag es an meinem ausgeglichenen Gefühlsleben, oder war es schlicht eine Frage der Zeit? Ich weiß es nicht, aber der Groll gegen meine Heimat legte sich allmählich. 1982 hörte ich eines Tages erstaunt, wie mich jemand auf einer Straße im XV. Bezirk von Paris auf *Kirundi* ansprach! Es war der Botschafter von Burundi, der mich herzlich zu sich einlud. »Für mich war es damals in Burundi sehr kompliziert, Ihren Vater und Ihren Onkel zu sprechen. Erst musste ich an den Hof und um eine Audienz bitten; aber Ihnen geht es doch nicht so, Sie müssen lediglich ein paar Straßen überqueren!«, erklärte er mir und wollte mir so zu verstehen geben, dass ich willkommen war. Diesen Eindruck hatte ich bei seinen Vorgängern ganz und gar nicht gehabt.

Und so entstand in mir langsam der Wunsch oder sogar das Bedürfnis, meine Heimat wiederzusehen und wieder Verbindung zu meiner Familie aufzunehmen. Ich nahm Gilles mit und habe ihn meiner Familie vorgestellt. Wir unternahmen mehrere Reisen nach Burundi, die Erste unter schwierigen Umständen. Das Regime von Oberst Bagaza hatte gegen die Kamatari eine Reihe von Schikanen und Unannehmlichkeiten befohlen; so wurden uns zum Beispiel unsere Pässe unter einem nichtigen Vorwand abgenommen, und wir wurden gezwungen, beim Tourismus-Minister vorzusprechen, um sie wiederzubekommen. Wichtig ist aber eigentlich nur, dass es ein fröhliches Wiedersehen mit meinem Bruder Pascal gab. Er hatte in Dänemark Geschäfte gemacht und sich dabei ruiniert. Nun war er zurückgekommen, hatte einen alten klapprigen Autobus gekauft und umgebaut und verkaufte jetzt Sandwiches auf dem Marktplatz von Bujumbura. Gilles war von Afrika begeistert.

Erste Schritte in ein neues Leben

Als Gilles' Familie mich kennen lernen wollte, begann er behutsam, seine Eltern auf den Schock dieser ersten Begegnung vorzubereiten. In dieser sehr traditionsbewussten Familie waren gemischte Ehen bis dahin unbekannt. Sie mussten also ganz allmählich an die Vorstellung gewöhnt werden, dass ich wirklich sehr schwarz war! Dann kam der Tag X und die Einladung zum Abendessen. Ich schlüpfte in ein klassisch geschnittenes Kleid, das Schlichteste, das ich finden konnte, aus schwarzem Jersey und ohne jeden Schnickschnack, und legte eine Perlenkette an. Ich beschloss, selbst Blumen mitzubringen, anstatt sie vorher schicken zu lassen; das gab mir ein Gefühl der Sicherheit. Die Familie war vollzählig versammelt, nicht eines der acht Kinder fehlte. Ich zeigte mich selbstbewusst. Mein zukünftiger Schwiegervater nahm mich sehr für sich ein, er wusste alles über Burundi und stellte mir viele Fragen. Alle verschlangen mich fast mit ihren Blicken, aber wir hatten schließlich Manieren! Als Vorspeise gab es

Taschenkrebse, die man *ad hoc* mit dem entsprechenden Besteck öffnen musste. Ein harter Test. Alle Blicke richteten sich auf mich. Wusste ich, dass die Schale mit dem Wasser zum Waschen der Finger da war? Ich stellte meine perfekte gutbürgerliche Erziehung unter Beweis, setzte mich erst nach der Dame des Hauses und wartete ab, bis sie zu essen begann, ehe ich meine Krebse in Angriff nahm. So konnte ich beobachten, wie meine Nachbarn mit dem Besteck umgingen. Aber ich musste schnell einsehen, dass es mir nicht gelingen würde, also bat ich Gilles, mir zu helfen. Den Gemüseauflauf und die folgenden Speisen aß ich ohne Zwischenfälle. Ich habe mich tapfer geschlagen. Nach dem Essen interessierte es niemand mehr, ob ich grün, weiß oder getüpfelt aussah, ich war einfach nur noch die Frau, in die sich Gilles verliebt hatte, die sich in Gesellschaft zu benehmen wusste und die man in die Familie aufnehmen konnte.

Oft genug ist Rassismus einfach nur eine Frage der Erziehung, besteht eher in sozialen als in rassischen Vorurteilen und lässt sich auf die Geschichte von Codices reduzieren. Da ich von Nonnen erzogen wurde und in einer strengen Familie aufgewachsen bin, entsprechen meine Manieren denen des französischen Bürgertums, was mir immer sehr hilfreich war.

Ich arbeitete zwar weiterhin als Mannequin, dehnte aber allmählich mein Betätigungsfeld aus. Zwei Jahre, nachdem ich Gilles kennen gelernt hatte, habe ich am Autorennen Paris–Dakar teilgenommen, und zwar im Übertragungswagen. Wir mussten die Ergebnisse der einzelnen Etappen an die Medien weitergeben. Meine Teilnahme an diesem Abenteuer war das Ergebnis einer Wette unter Freundinnen, etwa nach dem Motto: »Warum denn nicht!« Meine Freundinnen und ich hatten uns irgendwie unsere Pausenhof-Mentalität bewahrt! Wir kamen aus Saint-Barth und waren gerade von einer Reise nach Chile zurückgekommen, wo wir Paco Rabannes Kollektionen gezeigt hatten, und Paco hatte uns einen kleinen Trip nach Guadeloupe spendiert. Dort ließen wir uns von einem sehr reichen Mann einladen, der uns auf seinem Boot mitnahm, weil er uns seine Schmetterlingssammlung zeigen wollte ... Als wir dann auf seinem Boot waren, wurden wir sehr schnell von seinem Benehmen und seinen Wünschen ernüchtert. Auf unsere Weigerung hin überließ uns dieser Milliardär verärgert dem Meer. Wir schwammen zum Hotelstrand zurück, der nicht weit weg war, holten so schnell es ging unser Gepäck und sprangen mit unseren nassen Badeanzügen in das erstbeste Taxi. Der Taxifahrer war empört, und wir mussten uns auf Bananenblätter setzen, damit wir seine Polster nicht ruinierten. Die Frau von Thierry, Sabine, dem Organisator der Rallye Paris–Dakar, war auch Mannequin, und wir haben damals zusammen gearbeitet. Bei dieser dummen Geschichte wurde das Abenteuer geplant: Ich nahm die Wette meiner Freundinnen an, ohne die geringste Ahnung, was mich erwartete.

Ich bin ins »Samaritaine« gegangen und habe mir eine komplette Ausstattung für die perfekte Rallye-Frau gekauft – oder jedenfalls das, was ich dafür hielt: eine himmelblaue Jeans und dazu passende, entzückende kleine hellblaue Tennisschuhe, ein richtiges Mannequin-Outfit. Außerdem hatte ich mir ein Campinggeschirr gekauft. Ich fuhr in die Wüste, so wie nach Paris zum Shopping, und hatte keine Ahnung, dass es dort nachts sehr kalt wird. Am ersten Abend habe ich bei der Essensausgabe im Biwak den Griff meines Tellers nicht richtig befestigt, und die ganze Suppe ergoss sich über meine schönen Schuhe! Es dauerte einige Tage, bis ich einen Fahrer überreden konnte, mir seine Schuhe zu verkaufen.

Der Übertragungswagen sollte die Ergebnisse des Tages

melden, allerdings erreichten wir – wie die Polizei – unseren Einsatzort meistens erst dann, wenn die Schlacht bereits geschlagen war. Etwa zehn Leute waren mit diesem Lastwagen unterwegs, von denen ich keine Menschenseele kannte. Ich war die einzige Frau und die einzige Schwarze in einer feinen Gesellschaft, die den Begriff »Höflichkeit« aus ihrem Wortschatz gestrichen hatte. Jeder war sich selbst der Nächste, auch wenn es um die täglichen Essens- und Wasserrationen ging. Hier wurde mir eine ordentliche Lektion in Sachen Bescheidenheit erteilt. Wenn man sich zwei Tage lang nicht mehr gewaschen hat und endlich an einen Ort kommt, an dem es Wasser gibt, ziehen sich alle nackt aus und waschen sich mit einem Eimer Wasser. Natürlich trafen wir als Letzte in Dakar ein. Ich hatte nur einen Gedanken: zurück nach Paris und zu Gilles ... zu den Schönheitscremes, dem Fernsehen und meinem Bett!

Im Jahr darauf habe ich noch einmal an einem Autorennen teilgenommen, an der Amateur-Rallye Paris–Tunis, diesmal allerdings als Fahrerin. Danach war meine Karriere als Autorennfahrerin zu Ende, aber es war für mich ein gutes Überlebenstraining: sich nicht waschen können, die gewohnte Umgebung verlassen, kein Star mehr sein, nur noch eine Nummer. Niemanden haben, mit dem man sprechen kann? Keine Toiletten? Keinen Baum, hinter dem man sich verstecken und waschen kann, wenn man mal Wasser gefunden hat? Ich musste von meinem Podest heruntersteigen. Verdreckt, mit rissiger Haut, abgebrochenen Fingernägeln und trockener Kehle musste ich einsehen, dass es bei diesem Wettbewerb nur um die Frage ging: »Werde ich durchhalten?«, und nicht etwa darum, ob man gewinnen wird.

Im Scheinwerferlicht hatte ich ein total irreales Dasein geführt und keine Vorstellung gehabt vom wirklichen Leben und dem, was auf der Welt so geschah. Aber ich hatte das Glück, dass ich auf die Füße fiel, ohne mir wehzutun. Durch meinen Autounfall landete ich wieder auf dem Boden der Tatsachen. Sonst hätte ich bestimmt immer mehr nachgelassen, man hätte mich mit ein paar Engagements abgespeist, hier und da ein kleines Defilee, und dann immer weniger. Den Beruf des Mannequins muss man aufgeben, bevor man aufgegeben wird, aber sich vom Rampenlicht zu verabschieden und freiwillig in die Anonymität zurückzukehren, ist nicht so einfach.

Anne-Marie Beretta hatte sich entschieden, eine Kollektion für Schwangere zu entwerfen. Damit war sie die erste Modeschöpferin überhaupt, die sich für dieses Thema interessierte. Eine schwangere Frau kann durchaus elegant aussehen. Diese Kollektion sollte mein letztes Engagement sein. Ich war mit meiner Tochter Jade schwanger und trug ein Brautkleid aus goldglänzendem Seidentaft; auf den Bauch war ein Osterei gestickt. Das Publikum wollte nicht glauben, dass ich tatsächlich schwanger war, aber Jade kam wirklich am sechsten Juli 1986 zur Welt, drei Monate vor meiner Hochzeit mit Gilles. Ein neues Leben begann, ich war fünfunddreißig Jahre alt und etwas vernünftiger.

Mutter und Unternehmerin

Von nun an widmete ich mich meinem Baby, wusste aber bald nicht mehr, was ich mit der vielen Zeit anfangen und wie ich meine überbordende Vitalität und meine Unternehmungslust sinnvoll einsetzen sollte. Das enorme Vergnügen, mit Jade zusammen zu sein, genügte mir nicht.

Meine Mutter ist zu unserer Hochzeit am dritten Oktober 1986 aus Bujumbura gekommen. In ihrer Toga aus weißer Spitze sah sie imposant und stolz aus. Diese Toga hüte ich wie einen Talisman und trage sie immer zu besonderen Anlässen. Trauzeugen waren meine gute Freundin Astride und mein alter Freund Szymanski, dem ich seinerzeit eine Wohnung verdankte; er hatte an mich vermietet, obwohl damals niemand eine schwarze Mieterin wollte. Auf dem Standesamt im XVI. Bezirk trug Mama Fota Baby Jade im Arm die Treppe hinauf und beruhigte sie mit einem Fläschchen. Als ich im Kreise von etwa fünfzehn Personen, also nur den engsten Verwandten und Freunden, »ja« sagte und mich mein Schwiegervater küsste, war ich sehr gerührt. Ich trug ein weißes Kostüm von Anne-Marie Beretta mit einem kurzen Schleier.

Am Abend gab Jean Castel für uns einen Empfang. Topor hatte unsere Einladungskarten gezeichnet: ein gemischtes Paar, von dem man nur die untere »Körperhälfte« sah: meine schwarzen Beine und Hände vor einem weißen Kleid und Gilles' weiße Hand auf seinem schwarzen Anzug – ein beeindruckendes Bild. Die Gäste kamen von überallher, aus der Modebranche, aus Paris, New York und Rom, aus der Familie; auch der burundische Botschafter in Frankreich war unter den Gästen, und diese Mischung passte zu mir. Meine Tochter Frédérique war inzwischen vierzehn Jahre alt, sah hinreißend aus und war völlig begeistert. Meine Mutter hatte sie nicht mehr gesehen, seit sie damals auf der Treppe im Haus von Alexis in Bujumbura laufen lernte, und war total verliebt in ihre erste Enkelin. Ich weiß gar nicht, wie sich die beiden verständigen konnten, aber meine Mutter wollte Frédérique unbedingt zu sich nach Fota einladen und fragte sich, ob Pierre ihr das wohl erlauben würde. Das Fest dauerte bis in den Morgen, und Mama Fota betrachtete würdevoll diese kleine fröhliche Welt. Ihr ein wenig distanzierter Blick verbarg nur schlecht das Vergnügen, das sie offensichtlich daran fand.

Bei uns in Burundi ist es Brauch, dass sich Schwiegermutter und Schwiegersohn nicht gegenübersitzen, sie dürfen auch nicht gemeinsam essen. Meine Mutter und Gilles haben sich zwar gut verstanden, aber nur auf Distanz. Diese Tradition war so in ihr verwurzelt, dass die Mahlzeiten bei meinen Schwiegereltern eine harte Prüfung für meine Mutter waren, weil sie dort in Gegenwart meines Mannes essen musste. Das hat ihr den Appetit verdorben.

Meine Schwiegereltern haben meine Mutter großartig empfangen, und ich bedaure sehr, dass ich einen Zwischenfall nicht zu vermeiden wusste. Die Schwiegereltern hatten ihre ganze Familie eingeladen, um meiner Mutter die Ehre zu erweisen. Meine Schwiegermutter hatte keine Kosten und Mühen gescheut, die besten Käsesorten aufzutreiben, weil sie wusste, dass es davon in Burundi nicht viel gab. Sie wollte meiner Mutter das Beste auftischen, was die französische Gastronomie zu bieten hatte. Ich war fürs Dolmetschen zuständig, denn Mama Fota hatte Angst, sie könnte vor Aufregung nicht alles richtig verstehen, und sie wollte prinzipiell nicht französisch sprechen. Das Essen verlief sehr harmonisch, meine Mutter war begeistert, Gilles' Familie war sehr herzlich, und ich strahlte vor Freude. Schließlich war es Zeit für den Käse, und ich begann, stolz auf meine neu erworbene Kultur, meiner Mutter die verschiedenen Sorten zu erklären, von denen sie sich etwas genommen hatte. Als ich einen Ziegenkäse erwähnte, legte sie ihre Portion augenblicklich wieder auf die Servierplatte zurück. Milch oder Milchprodukte von Ziegen und Schafen konsumiert die königliche Familie nicht. Das hatte ich schlicht und einfach vergessen. Mit einem Schlag wirkte meine Mutter verschlossen, betrachtete die Tischgesellschaft misstrauisch und sagte mit eisiger Stimme: »Sie wollen mich wohl vergiften.« Totenstille, ich zitterte vor Schreck. Das war ein schrecklich peinlicher Zwischenfall. Mit flammenden Worten habe ich erklärt, dass meine Schwiegermutter auf der Suche nach den besten französischen Produkten durch halb Paris gelaufen war. Als wir zum Dessert kamen, war die Situation überstanden, aber ich war verlegen und fühlte mich schuldig, weil ich unsere Traditionen vergessen hatte. Nach diesem denkwürdigen Essen schlossen meine Mutter und meine Schwiegermutter Freundschaft, obwohl ich nie erfahren habe, wie sie sich unterhalten konnten. Meine Mutter reiste einen Monat später wieder nach Hause. Ich bin also ganz unkompliziert und harmonisch in Gilles Familie aufgenommen worden, in der ich mich sofort wohl gefühlt habe.

Ein Jahr darauf, 1987, habe ich aktiv Kontakt zu Burundi aufgenommen. Die politische Lage schien stabil, sogar Papst Johannes Paul II. plante eine Reise nach Burundi, die er dann drei Jahre später tatsächlich unternahm. Es war Zeit für eine Umkehr und den Versuch, meiner Heimat – der ich mich gerade wieder annäherte – zurückzugeben, was sie mir in meiner Kindheit geschenkt hatte. Außerdem war ich davon überzeugt, dass sie die Kraft und die Fähigkeiten all ihrer Kinder brauchte und ich deshalb in die Fußstapfen meines Vaters, Onkels und Cousins treten müsse.

Damals habe ich die Firma »Burundi Expansion« gegründet, eine Gesellschaft, die auf der ganzen Welt und besonders in Frankreich das Bild von Burundi, seinen handwerklichen Produkten und seinem zögerlichen Tourismus verbreiten sollte. Diese Aufgabe entsprach meinen Fähigkeiten:

Kontakte knüpfen, die Menschen überzeugen und zusammenbringen. Ich unternahm mehrere Reisen zur Orientierung und Kontaktaufnahme, und meine Mutter hat mich bei diesen Projekten sehr unterstützt. Sie war in gewisser Weise stolz auf meine Karriere als Mannequin und zeigte die Illustrierten mit meinen Fotos jedem, der sie sehen wollte. Trotzdem war mein Beruf in Burundi nicht angesehen und wurde oft mit dem von Prostituierten verglichen, weshalb mich meine Mutter manchmal mit allen Mitteln verteidigen musste. Natürlich war sie begeistert, dass ich mich um Burundi kümmern wollte. Das kam ihr seriöser vor, und da sie selbst sich nach wie vor vehement für den Fortschritt des Landes einsetzte, freute es sie selbstverständlich, zu sehen, dass ich auch meinen Beitrag dazu leistete. Eines Tages verlangten die Behörden von der Burundischen Frauenunion, sie solle alle Landfrauen zusammenrufen. Man wollte in allen Provinzen eine Befragung durchführen, um zu erfahren, was die Frauen konnten – den Boden bestellen, weben oder was sonst noch. Auf diese Weise wollte man für jeden Bereich Ansprechpartner finden. Meine Mutter beantwortete die Frage in aller Würde mit: »Ich kann nur regieren.« Das war ihre Art, den ihrer Meinung nach inkompetenten Funktionären ihre Verachtung zu zeigen. Die anschließenden Seminare wurden in Schulen abgehalten, und die Frauen mussten in Schlafsälen mit Etagenbetten schlafen. Dieses Durcheinander gefiel Mama Fota überhaupt nicht. »Ich bin in einem Alter, in dem man nicht mehr oben schlafen kann, ich bin nicht mehr so gelenkig.« Man machte ihr den Vorschlag, eines der unteren Betten zu nehmen, was ihr noch weniger gefiel. »Und wenn die da oben mal muss, nach all dem Bier, das sie in sich reingeschüttet hat …« Nach langem Hin und Her überzeugte sie die Organisatoren, sie in einem Hotel oder wenigstens einem eigenen Zimmer ihrem Rang entsprechend unterzubringen.

1989 tauchte ich irgendwann in den Büros von *Elle* auf, ich hatte drei Plakate von Burundi unter dem Arm und konnte die Redaktion überreden, eine Reportage über mein Land und seine kulturellen und kunsthandwerklichen Schätze zu machen. Kurze Zeit später machte ich mich mit der Journalistin Francine Vormèse und dem Fotografen Gilles de Chabaneix auf den Weg. Wir sind kreuz und quer durch das Land gefahren, woraus eine sehr schöne sechsseitige Reportage entstanden ist – und eine Freundschaft zwischen Francine und mir, die immer noch besteht. In Bujumbura lachten wir uns abends regelmäßig halbtot (was vor allem an der Höhe und dem dortigen Sauerstoffmangel lag, wie wir ganz ernsthaft vermuteten …), wenn wir die in meiner Heimat gebräuchlichen Vornamen studierten. Tatsächlich wundern sich die Europäer immer wieder über die veralteten und umständlichen Vornamen, die in ganz Afrika durch den christlichen Einfluss der Missionare verbreitet wurden. Wir bogen uns vor Lachen über der Litanei von Fridolin, Rigobert, Nepomuk, Modestus, Nikephorus, Arthé oder … Rustikus! Aus diesen heiteren Momenten hat Francine den Spitznamen Zosimus behalten, das war der Vorname eines Mannes aus dem Ältestenrat von Fota.

Im folgenden Jahr konnte ich dank dieser ersten Reportage eine große Reise organisieren. Auf Initiative von »Burundi Expansion« fuhr ich mit dem Maxim's Business Club, einem Club von in allen Bereichen der Wirtschaft einflussreichen Geschäftsleuten, unter dem Vorsitz von Pierre Cardin, nach Burundi. Ich profitierte von den Beziehungen, die ich durch meine Arbeit in der Modebranche geknüpft hatte, und schlug aus meiner früheren Bekanntheit und meinem Namen Kapital.

Etwa zehn Geschäftsleute, einige von ihnen mit ihren Gattinnen, nahmen an der Reise teil, bei der wir mehr als tausend Kilometer auf Burundis Straßen und Wegen zurücklegten. Das erforderte eine ausgeklügelte Logistik: Fahrzeuge, Besuchstermine, Essen, Unterkunft – alles musste perfekt sein, so wie es diese Wirtschaftsbosse gewöhnt waren. So benötigte ich zum Beispiel Zelte, um meine kleine Gesellschaft in Gegenden unterzubringen, wo es keine Hotels gab. Auf einer meiner Sondierungsfahrten habe ich deshalb beim Stabschef der Armee vorgesprochen. Er empfing mich sehr freundlich und behandelte mich wie eine echte Pariserin. Auf seine Empfehlung hin wandte ich mich an den Minister für Bergbau und Geologie, Gilbert Midende, dessen weißblaue Zelte viel schöner waren als die der Armee. Mit seiner Hilfe bekam ich alles, was ich brauchte. Soldaten bauten die Zelte auf, lieferten die Elektrizität, liehen uns Betten und stellten uns Leute zur Verfügung. Wir haben auch eine kleine Exkursion nach Zaire unternommen, um die berühmten Gorillas von Bukavu zu sehen. Gilles war mit von der Partie und sicherte die medizinische Versorgung. Für eine Nacht bauten wir ein Zeltdorf in Burundis Ruvubu-Nationalpark auf, um unser Engagement für den Umweltschutz zu unterstreichen. Hier wurden damals Büffel und Leoparden angesiedelt. Die einheimische Bevölkerung hatte für uns Teppiche aus Gras gewebt, und ich hatte für den Abend ein riesiges Feuer bestellt. Maxim's sorgte für den Champagner, den wir im Flusswasser kühl stellten. Diese ganze Organisation hatte ich in Paris geplant und nicht ein, für diese Luxus-Robinsons entscheidendes Detail vergessen: Kleenex, in jedem Zelt Taschenlampen, falls der Strom ausfallen sollte, weiche Bettvorleger ...

Wir fuhren in Kleinbussen, jeder behielt für die gesamte

Reise seine Zimmer- oder Zeltnummer, und die gesamte Ausstattung wurde jeden Abend abgeholt, gereinigt und neu aufgebaut. An den Nilquellen wurde uns von Kellnern mit Fliege Champagner und ein opulentes Mahl serviert, während zu unseren Füßen Kühe grasten! Danach konnten sich diese bedeutenden Vertreter der französischen Wirtschaft – aus den Bereichen Tourismus, Pharmazie, Mode und Textil – vorstellen, in dieses Land zu investieren und Tourismus und Kunsthandwerk von Burundi zu unterstützen.

Die südlichste Quelle des Nil, ein überaus symbolträchtiger Ort, den ich gern zu einer touristischen Sehenswürdigkeit gemacht hätte, entspringt im Süden Burundis und ist ein winziges Rinnsal, das sich unter riesigen Farnen versteckt. Während der Trockenzeit versiegt es ganz. Gleich daneben gibt es eine dreißig Grad warme, wunderbare Thermalquelle, in der man wie in einer paradiesischen Badewanne planschen kann. Als Kinder haben wir immer gesagt, dass wir dem Nil das Wasser abdrehen, wenn uns die Ägypter ärgern! Wenn man das Glück hat, dass man eine Nilquelle im eigenen Land hat, und daraus keinen Nutzen zieht, ist das ein Verbrechen. Doch als wir klein waren, konnten wir die Bedeutung dessen nicht einschätzen. Alles, was außerhalb unseres kleinen Gartens Eden lag, in dem wir sorglos aufwuchsen, existierte für uns nicht. Ich gehöre zu den wenigen burundischen Frauen, die das ganze Land gesehen haben. Ich habe die vielfältigen Reichtümer der Natur für mich entdeckt, die großen Farne, die Papyrusstauden und die Vögel, und bin mir bewusst geworden, wie wichtig dieses Vermächtnis für uns ist. Die Burunder besichtigen ihr Land nicht, obwohl es nicht besonders groß ist. Jeder bleibt auf seinem Hügel, und die Welt reicht für sie meist nicht viel weiter als bis an die Grenzen ihres *rugo*. Kirche, Markt, Behördengänge, Krankenhaus – das ist das ganze Leben. Jede Gegend ist schön, warum soll man sich also andere anschauen? Man hat mir immer wieder die Legende von dem Prinzen erzählt, der die Grenzen Burundis festlegen sollte. Müde vom Gehen beschloss er eines Abends, es dabei zu belassen, und erklärte: »Burundi reicht so weit, wie ich sehen kann.« Wenn er nicht so müde gewesen wäre, hätten wir jetzt vielleicht ein viel größeres Land!

1990 war es in Burundi sehr ruhig, und das Land war selbst in der Lage, die Ernährung der Bevölkerung zu gewährleisten. Sollte es uns gelingen, Burundi in Europa publik zu machen, hätte man sich einen Wirtschaftsaufschwung erhoffen dürfen. Die Regierung von Burundi war von meinen Aktionen sehr angetan. Niemand wollte etwas davon hören, dass ich eine Prinzessin war, keiner erwähnte meinen Titel oder meinen Vater. Was meine Vergangenheit betraf, herrschte totale Verdrängung. Ich war einfach Madame Kamatari, eine Burunderin wie alle anderen auch; jeder wusste es zwar besser, aber keiner wollte darauf anspielen. Ich engagierte mich für das Land und verfügte über die entsprechenden Beziehungen – das war alles. So fand meine schönste Reise nach Burundi statt, kurz bevor die ganze Gegend um die Großen Seen explodierte, kurz vor dem Ausbruch der Barbarei. Die Magie des Landes entfaltete zum letzten Mal ihren Zauber.

In Zusammenhang mit der geplanten Mission wurden wir vom Präsidenten der Republik, Pierre Buyoya, zu einem Arbeitsessen mit burundischen Geschäftsleuten geladen. Als Pierre Buyoya wenig später zu einem offiziellen Besuch in Paris eintraf, gab Maxim's für ihn ein Essen, das ihm zu seinen einzigen Minuten der Freiheit in Paris verhalf: Er hatte das Vergnügen, vom Crillon an der Place de la Concorde bis zu Maxim's in der Rue Royale zu *gehen*, immerhin ein Weg von einigen zehn Metern!

Sobald ich wieder in Paris war, machte ich mich an die Arbeit, um die Ergebnisse dieser Reise möglichst effektiv auszunützen. Zweimal habe ich an der Tourismus-Messe teilgenommen, die Europe für die ACP (die Afrika-, Karibik- und Pazifikländer) finanziert hat. Außerdem hatte ich mir bei Didier Vielfort, dem Direktor des Novotel in Bujumbura, Gehör verschafft, dem das Potential des Landes bewusst war und der sich dafür zu engagieren begann. Gemeinsam konnten wir den Minister für Tourismus überzeugen, Finanzierungspläne zu entwerfen. Alles war möglich, musste aber erst einmal gemacht werden. Die Idee bestand darin, von den touristischen Reisen in unsere Nachbarländer Kenia und Tansania, die bestens auf Safaris eingerichtet waren, zu profitieren. Deren Touristen sollten auf kurze Exkursionen nach Burundi geschickt werden und dort den Tanganjika-See, die Nilquellen und die Schimpansen besichtigen. Werbung für Kaffee und Tee aus Burundi war ebenfalls lohnenswert. Bei einer Ausstellung an der Porte de Versailles, auf der ich den Stand von Burundi betreute, kam der Minister für Tourismus, Olivier Stirn, vorbei. Er sah sich einer entschlossenen Esther gegenüber, die ihm den Weg versperrte und einen Kaffee anbot.

Aber in Burundi selbst verhielten sich die Dinge nicht so einfach. Wenn ein weißer Ausländer eine Werbeaktion oder ein Geschäft vorschlug, wurde er problemlos bezahlt, während meine Rechnungen unbezahlt blieben. Solange ich arbeitete, ohne etwas dafür zu verlangen, wurde mir applaudiert, aber sobald es um Bezahlung ging, war damit Schluss. Stammte das noch von dem Zorn auf meine Familie und meinen Vater? Ich fürchte, ja. Ich hatte mein Adressbuch geöffnet und viel versprechende Projekte gestartet, und im Gegenzug dafür schenkte man mir leere Worte, breites Lächeln und sonst nichts.

Ebenfalls 1990 gelang es mir in Paris, Burundi beim Rundfunksender RTL in *Les Ambassadeurs* unterzubringen. Bei diesem Spiel wurden eine Woche lang Fragen zu einem bestimmten Land gestellt, und die Gewinner wurden in das betreffende Land eingeladen. Mir die Fragen und Antworten auszudenken und die Reise für die Sieger zu organisieren, war wieder eine Möglichkeit, die Zukunft meines Landes zur Sprache zu bringen, auf die ich bedingungslos setzte. Bei dieser Gelegenheit habe ich Sylvain Augier kennen gelernt, einen Journalisten von France 3, und ihm eine Reportage für seine Sendung *Faut pas rêver* vorgeschlagen. Er sollte von den jungen Kamikazes in Burundi berichten, die riesige Bananenbüschel auf den Gepäckträger, den Rahmen oder den Lenker ihrer Fahrräder packen und dann damit die Straßen hügelabwärts hinunterrasen, wobei sie fast unter ihrer großen grünen Last verschwinden. Ich war damals mit Arthur schwanger und konnte die Dreharbeiten nicht begleiten, aber der Film vermittelt auch so einen guten Eindruck von dem Leben dort unten.

Arthurs Geburt im Jahr 1991 bremste die Aktivitäten von »Burundi Expansion« ein wenig. Während meiner Schwangerschaft wurde ich von der Regierung von Burundi zu einem großen Kongress nach Bujumbura eingeladen, bei dem es um die nationale Einheit ging. Man ahnte, dass diese Einheit bedroht war und dass man sie mit allen zur Verfügung stehenden Mitteln schützen musste, von denen der Tourismus meines Erachtens nicht das Schlechteste war. Ein Land, dessen Ressourcen zum Teil im Tourismus liegen, hütet, was die Touristen anzieht: den Frieden und das Geschenk der Natur. Die Brücken waren noch nicht abgebrochen, wie die zahlreichen Einladungen belegen. Ich war Teil der Diaspora, und wenn man mich vielleicht auch nicht besonders mochte, zählte man doch auf mich, weil ich dem Land viel geben konnte.

Eine Waise

In diesem Jahr starb meine Mutter. Zwei Tage vor ihrem Tod hatte ich noch mit ihr telefoniert. Sie war in Fota, und nichts deutete auf ihr Ableben hin. Ein Anruf meines Bruders Godefroid übermittelte mir die Nachricht: »Mama Fota ist tot.« Wir waren alle wie gelähmt. Auf den Schock folgten Verwirrung und Gewissensbisse: Ich hätte sie öfter besuchen müssen und meine Besuche bei ihr nicht immer aufs nächste Jahr verschieben dürfen. Seitdem ich Burundi verlassen hatte, habe ich sie nur so selten gesehen. Ich wollte ihr noch so viel sagen, und sie hatte sicher noch zahllose Botschaften für mich gehabt. Ich hatte zu wenig genützt, was sie mir anbot, nun versank ich in großen Schmerz wegen ihres Todes.

Ein Jahr nach unserer Hochzeit war sie noch einmal nach Paris gekommen, um ihre Augen behandeln zu lassen. Ich weiß noch, wie mir meine Schwester Fabiola, die mit ihr zusammenlebte, erzählte, dass sie immer ungeschickter wurde und den Tee neben die Tasse goss. Am Boulevard Jourdan unterzog sie sich einer schmerzhaften Laserbehandlung. Wieder einmal war sie Agrippine und ertrug stoisch den Schmerz und die Angst davor, vielleicht zu erblinden, von anderen abhängig zu werden und erleben zu müssen, wie ihr nach und nach die Rolle der Bienenkönigin entglitt. Gilles und ich wohnten in der Rue des Vignes, und meine Mutter weigerte sich, traditionsbewusst, wie sie war, unter einem Dach mit ihrem Schwiegersohn zu leben. Also mieteten wir ein kleines

Appartement im Haus, wo sie die paar Monate, die sie bei uns zu Besuch war, bleiben konnte. Die Ärzte hatten ernstzunehmende Herzprobleme bei ihr festgestellt, die uns natürlich Sorgen machten, aber sie ist dann abgereist, ohne sich umzudrehen – eine majestätische Gestalt auf dem Pariser Flughafen.

Weil ich keinen gültigen Pass hatte, als ich von ihrem Tod erfuhr, konnte ich mich nicht sofort auf den Weg machen. Erst musste ich zur Präfektur und dann einen freien Platz im Flugzeug finden. Ich bat meine Familie, mit der Beerdigung auf mich zu warten. Meine Mutter war an einer Herzattacke gestorben, und meine Brüder und Schwestern hatten sie nach Bujumbura gebracht. Nach endlosem Hin und Her bekamen sie einen Platz im Leichenschauhaus, damit sie auf mich warten konnten. Da es aber keinen Kühlraum gab, musste meine Mutter dennoch schnell beerdigt werden. Es gelang mir schließlich innerhalb von achtundvierzig Stunden, für Gilles und mich Pässe und Visa zu bekommen.

Die Behörden hatten nicht erlaubt, dass meine Mutter neben meinem Vater beerdigt wurde, weil er in einem Staatsgrab lag: Die Monarchie war inzwischen eine alte Geschichte. Ich hätte gewollt, dass sie in Fota beerdigt wurde, aber ihr Leichnam war nicht mehr transportfähig. Sie hat ihre letzte Ruhe auf einem Friedhof am Stadtrand von Bujumbura gefunden, einem Bezirk, der heute von bewaffneten Banden kontrolliert wird und zu dem wir keinen Zugang haben. Bei meiner letzten Reise nach Burundi habe ich jemanden dorthingeschickt, der nachsehen sollte, ob ihr Grab schön geschmückt war, ob es nicht geschändet und das Kreuz nicht entfernt worden war. Alles war in Ordnung. Wenn ich das nächste Mal hinfahre, werde ich einen Besuch am Grab vorbereiten. Ich muss mir eine Genehmigung und eine Eskorte besorgen, und das alles nur, um am Grab meiner Mutter einige Minuten der Besinnung zu finden und ihr Blumen zu bringen. Das ist hart! Heute gibt es Friedhöfe für Hutu und Friedhöfe für Tutsi, die Trennung funktioniert sogar bis in den Tod.

Zur Beerdigung sind alle gekommen. Mama Fota wurde ihrem Rang entsprechend beerdigt. Aber es gab keine Trommeln, weil diese den geborenen Prinzen vorbehalten sind. Es wurde das letzte königliche Begräbnis in Burundi. Wir haben gemeinsam die zehn Tage der Trauer verbracht, deren Art und Dauer dem gesellschaftlichen Status des Verstorbenen entsprechen. Das Begräbnis eines Prinzen ist ein Staatsakt.

Die Trauerzeremonie beginnt am Todestag. Die Familie ist von Freunden und Bekannten umgeben, die dafür sorgen sollen, dass aller Streit ruht. In der Zeit vor der Beerdigung tut die Familie nichts: Es wird nicht gekocht und nicht gefegt. Man beweint den Verstorbenen nicht. Nachbarn, Freunde oder Passanten sollen verhindern, dass geweint wird. Sie erzählen schöne Erinnerungen an den Verblichenen, rühmen seine Heldentaten und bringen die Hinterbliebenen zum Lachen, womit sie ihnen helfen, die schwierige Situation zu überstehen. Jeder bringt etwas zu essen oder zu trinken mit, und je nachdem, wie groß und mitfühlend die Trauergesellschaft ist, kommen beachtliche Mengen an Essen und Trinken zusammen. Die Leute bringen körbeweise Hirsebier, Wein, Obst und Gemüse, das von der Familie und den Freunden verteilt wird.

Wir versammelten uns in einem großen Zelt, das im Garten meines Bruders Alexis aufgestellt worden war, und empfingen die vielen Trauergäste. Nachbarn brachten zusätzliche Stühle, damit alle sitzen konnten. Überall standen Stühle. Wir, die Kinder der Verstorbenen, saßen da und rührten uns nicht, während die Besucher uns kondolierten. Nie blieb ein Stuhl leer, die Leute lösten sich gegenseitig ab. Manchmal herrschte Schweigen. Es war ein bisschen so wie eine Totenwache mit Geschichtenerzählen, aber diese Geschichten waren keine Legenden, sie erzählten vom Leben meiner Mutter, von ihren guten Taten und großen Leistungen. Von morgens bis abends wurde eine Geschichte nach der anderen erzählt, damit wir nie die Zeit finden konnten, zu weinen. In diesen zehn Tagen waren wir nie allein.

Während dieser Zeit der Trauer wird nicht gebetet, die Tage sind davon gekennzeichnet, dass einem die Freunde Gesellschaft leisten, die Religion spielt keine Rolle. Die Freunde übernehmen auch die Vorbereitung für das Begräbnis und kümmern sich selbstverständlich um alles: den Sarg, das Kreuz und die Blumen. So erhalten Familienmitglieder, die eine weite Anreise haben, genug Zeit, zu kommen. Ich hatte darum gebeten, dass meine Schwestern und ich Schwarz tragen durften, was nicht üblich ist, weil es bei uns keine speziellen Trauerfarben gibt. Früher rasierten sich Männer und Frauen das Kopfhaar, wenn eine Königin oder ein König gestorben war. Wer sich nicht die Haare abrasiert hatte, verbarg sie unter einem Tuch. Diese Tradition ging mit der Unabhängigkeit verloren. Als Rwagasore starb, schnitten sich alle die Haare ab, viele auch noch beim Tod meines Vaters. Als meine Mutter starb, war dieser Brauch bereits in Vergessenheit geraten.

Am Tag der Beisetzung gab es einen gewaltigen Menschenauflauf: Alle, die meine Mutter und meinen Vater gekannt hatten, aus Fota und aus Bujumbura, und die Leute, die von meiner Familie gehört hatten, kamen mit Bussen angereist. Dagegen wurde kein offizieller Regierungsvertreter geschickt, der uns sein Beileid ausgesprochen hätte, einige Minister nahmen lediglich privat an den Feierlichkeiten teil. Dabei war meine Mutter, die Frau des Prinzen, politisch, in Vereinen und der Gewerkschaft aktiv gewesen und hatte viel für die Frauen getan. Deshalb kamen auch viele arabische Moslemfrauen aus den Arbeitervierteln von Bujumbura zum Trauergottesdienst, und die Kathedrale der Stadt war überfüllt, so dass viele Leute draußen bleiben mussten. Dann wurde der Leichnam meiner Mutter zum Friedhof gebracht, und die Menschenmenge wurde noch größer, die ganze Stadt war auf den Beinen. Auf dem Friedhof eröffnete ein Bischof die lange Litanei von Gebeten der Landesreligion. Die Frauen stimmten ein Gebet an, dann antworteten alle im Chor. Am Ende der Beerdigung war es bereits dunkel – in Bujumbura wird es um sechs Uhr Nacht –, aber wir wollten nicht gehen, ehe der Grabstein gesetzt und einzementiert war, damit niemand das Grab schänden konnte. Freunde von uns wendeten ihre Autos und schalteten die Scheinwerfer ein, damit die Totengräber genug Licht für ihre Arbeit hatten. Jeder warf eine Hand voll Erde ins Grab, dann sind wir gegangen. Wir hatten einen halben Tag auf dem Friedhof verbracht. Dann folgte noch die Reinigung der Hände mit Wasser, das alle Spuren von Erde beseitigen sollte, ein Ritual, das besagt, dass alles vorbei ist: »Der Tote ist gegangen, du hast mit ihm abgeschlossen.«

Wie es der Brauch will, wandte sich dann der Ältestenrat an die Versammlung. Einer von ihnen wird von den Kindern des Verstorbenen dazu erwählt, die Familie zu repräsentieren. 1990 hatten die Weisen noch eine wichtige Stellung. Unser Cousin Léopold Biha, ehemaliger Premierminister unter *Mwami* Mwambutsa IV., ergriff in unserem Namen das Wort und sprach im Namen jedes Einzelnen von uns unseren Dank aus; dies diente dazu, uns einander vorzustellen, damit jeder von uns legitimiert war und kein Außenstehender unsere Titel beanspruchen konnte: Sie und nur sie sind die Kinder des

Prinzen. Noch ein Getränk, Schweigen, man sammelt sich, es tut weh, weil es zu Ende ist.

Dann war es an der Zeit, nach Hause zu gehen, wo uns die Trauergesellschaft erwartete, um mit uns zu Abend zu essen. Sie hatten uns keine Zeit gelassen, zu weinen. Nachdem wir gegessen hatten, legten wir uns schlafen. Zehn Tage lang wiederholte sich immer wieder die gleiche Zeremonie. Man nimmt an, dass jemand, der einen Verwandten verloren hat, nach diesen zehn Tagen wieder in der Lage sein sollte, ein normales Leben zu führen. Am letzten Tag bedankt sich die Familie des Verstorbenen bei all ihren Freunden. Jetzt darf man das Haus fegen und den Müll wegbringen. Ich hatte zehn Tage in absoluter Gemeinschaft mit meinen Schwestern und Brüdern verbracht.

Bei der Zeremonie zur teilweisen Aufhebung der Trauer verkündet ein Weiser die Dauer der restlichen Trauerzeit. Diese schwankt zwischen einem und drei Jahren, je nachdem, wie vermögend der Tote war. Für diesen Zeitraum werden die Besitzverhältnisse der Ländereien eingefroren, die von Bauern bewohnt und bebaut werden. Mit welchem Recht könnten die Erben diese Leute wegschicken, denen die Eltern ihr Land anvertraut hatten? Die Angelegenheiten werden ruhig und nüchtern diskutiert und geregelt. Was für ein Kontrast zu manchen europäischen Familien, die sich schon beim Notar einfinden, ehe der Erblasser überhaupt gestorben ist!

Die Trauerzeit für meine Mutter hat drei Jahre gedauert. Nach Ablauf dieser Frist wurde sie endgültig aufgehoben. Jetzt waren wir an der Reihe und mussten die Familie und die Freunde, von denen einige aus Bujumbura gekommen waren, in Fota empfangen. Bei der Feier zur Beendigung der Trauerzeit wird dann auch entschieden, wann und wie geteilt werden soll. Noch einmal werden die Erben der Bevölkerung des jeweiligen Einflussbereichs vorgestellt. Jeder erhebt sich und muss anerkannt werden. Daraufhin wird öffentlich verlangt, dass jemand, der etwas zur Sache zu sagen hat, es auf der Stelle tun müsse. Wenn zum Beispiel meine Mutter mit irgendjemandem Streit gehabt hätte, sollten wir das wissen, um die Angelegenheit zu regeln und danach nicht länger dafür verantwortlich zu sein. Jeder nimmt sich Zeit zum Nachdenken, schließlich ist es sehr eindrucksvoll, vor einer so großen Versammlung zu sprechen. Aber diese Gelegenheit gibt es nur hier und jetzt: Wer nichts sagt, findet kein Gericht, das eine spätere Beschwerde akzeptieren würde.

Jetzt erst kann das Vermögen aufgeteilt werden. Nach drei Jahren waren die Bauern nicht mehr beunruhigt, die Spannungen hatten sich gelegt. Man hatte sich darauf geeinigt, dass wir die Ländereien nicht zurückhaben und ihre Bewohner nicht vertreiben wollten. Wir wollten die Dinge so regeln, dass sie dort bleiben konnten, wo sie geboren waren. Diese Menschen hatten das Land von unseren Eltern bekommen und im Gegenzug für uns unsere privaten Ländereien bewirtschaftet, als die Familie Arbeitskräfte benötigte. Diese sozialen Bindungen sind wichtig genug, damit sich nichts ändert und das Eigentum ungeteilt bleibt. Heute verwaltet alles meine kleine Schwester Fabiola Fota, der Rest der Familie ist in alle Winde zerstreut.

Fota – wir übernehmen die Fackel

Fabiola hat immer bei meiner Mutter gelebt und alles von ihr gelernt. Sie ist äußerst umsichtig und hat sich sehr verdient gemacht. Manchmal ist sie etwas nervös, weil sie die ganze

Verantwortung für Fota allein trägt, während wir von irgendwo weit weg kommen und ihre täglichen Schwierigkeiten nicht verstehen können. Hundertdreißig Hektar sind für Burundi ein Riesenbesitz. Die Zinsen, die Tiere, das Saatgut, der Dünger, der Misthaufen, das Wetter ... Soll man Bohnen pflanzen oder lieber Kartoffeln? Haben sich die Bienen wirklich nicht wieder im Kamin eingerichtet? Hat jemand auf dem Besitz unerlaubt Bäume gefällt? Fabiola ist der Chef der Domäne. Aber so wie Mama Fota ist sie nicht nur eine strenge Verwalterin, sondern sie verschenkt auch Saatgut, sie gibt etwas von dem ab, was sie hat. Sie ist eine *muganwa*, das bedeutet soviel wie »Der, an den ich mich wenden kann«, wenn ich Kummer oder ein Problem habe. Die königliche Familie an sich war immer *muganwa*, und Fabiola setzt diese Tradition fort. Vor einigen Jahren hat sie auf einem Hügel in Fota einen Laden aufgemacht, in dem sie verschiedene landwirtschaftliche Produkte zu günstigen Preisen anbieten wollte, aber der Laden hat die späteren Ereignisse nicht überlebt.

Fabiola ist nicht verheiratet, was bei uns selten ist und nicht gern gesehen wird. Die Schuld daran liegt bei uns, ihren älteren Geschwistern; wir hätten sie verheiraten müssen, aber keiner von uns ist dem traditionellen System verhaftet, und einige wohnen sehr weit weg von der Heimat. Sie lebt allein, nimmt aber mittellose kleine Mädchen bei sich auf, die sie großzieht, deren Schulzeit sie finanziert und die sie begleitet, bis sie das Gymnasium verlassen.

Baudouine lebt in Nairobi, wo sie das Werk unserer Mutter fortführt – sie kämpft gemeinsam mit UNICEF für die Frauen in Somalia. Ihre Ferien verbringt sie manchmal in Fota. Godefroid wohnt ebenfalls in Nairobi und ist, dank seiner ausgezeichneten kaufmännischen Talente, ein erfolgreicher Geschäftsmann. Er ist »nur« zwei Meter sieben groß, und wir nennen ihn alle »Null-sieben«. Godefroid hat das Temperament, den Humor und die würdevolle und noble Haltung unseres Vaters geerbt. Er weiß, wie man düstere Gedanken vertreibt, und jeder fühlt sich in seiner Nähe geborgen. Und Louis war immer zur Stelle, wenn ich ihn um Hilfe für meine humanitären Aktivitäten gebeten habe.

Baudouine, Fabiola, Godefroid und ich sind dabei, große Pläne für den Wohnsitz unserer Familie zu schmieden. Wir wollen daraus einen Ort der Begegnung machen, der ein Beispiel für gute Landwirtschaft, Gästehaus und Konservatorium für volkstümliche Kunst und Tradition in einem sein soll. Das ist natürlich ein sehr ehrgeiziges Projekt. Fabiola ist glücklich und erleichtert, dass wir uns wieder für den Familienbesitz interessieren und dort eine Bevölkerung vorfinden, die sehr zufrieden beobachtet, wie sich die Familie des Prinzen gemeinsam für das Land und für wichtige Projekte in Fota einsetzt.

Zunächst müsste die Straße ausgebessert werden, die mein Vater 1940 gebaut hat – diese prächtige Allee, die zu einem Trampelpfad voller Schlaglöcher für die Kühe verkommen ist. Man müsste sie mit roten Steinen aus dem benachbarten Steinbruch neu pflastern, die Bäume ersetzen, die gefällt wurden, und oben vor dem Haus ein schönes Tor errichten. Unser älterer Bruder Pascal hatte, noch bevor er nach längerer Krankheit starb, für die Bevölkerung von Fota einen Wasserturm gebaut. Er steht gleich neben unserem Haus und erspart seitdem den Frauen die mühsame Arbeit, das Wasser vom Fluss heraufzuschleppen. Noch heute finden sich Blumen auf Pascals Grab, zum Dank für seine Tat, die das Leben in Fota grundlegend verändert hat. Wir denken daran, den ganzen Besitz einzufrieden, wobei wir den Wasserturm auslassen würden, und den Zaun bis zu dem Gerichtsgebäude zu verlängern, das mein Vater gebaut hat und das jetzt nur noch ein Haufen Ziegelsteine ist. Diese Steine könnten wir zum Beispiel dafür verwenden, ein schlichtes Denkmal auf dem Grab von Pascal zu errichten, und die Anbauflächen auf der anderen Seite bis zum Tal hinüber einzumauern. Das Haus möchten wir unbedingt so lassen, wie es ist. Allerdings muss es restauriert und renoviert werden, und auch die Außenanlagen müssen saniert werden. Ich träume davon, wieder Vetiverien unter die Vordächer zu pflanzen, wie wir sie in meiner Kindheit gehabt hatten, und wilden Wein und Lavendel. Wir könnten die Wand zwischen Salon und Esszimmer herausbrechen, eine Terrasse anlegen und das Vieh weiter weg vom Haus weiden lassen. Dabei sollte aber stets der Charakter dieses alten Gutsherrenhauses erhalten bleiben. Vielleicht wäre es auch noch möglich, einige weitere Zimmer in einem Anbau unterzubringen, um die Kapazität des Hauses zu vergrößern.

Dieses Gästehaus müsste in der Kultur, Geschichte und Tradition Burundis verankert sein, die wir als einigendes Element für die Bevölkerung bewahren wollen. Das Haus sollte mit traditionellen Möbeln und Stoffen und lokalem Kunsthandwerk eingerichtet werden. Wir wollen den Schmuck und die alten Gebrauchsgegenstände ausgraben, die von der Bevölkerung im Zuge der veränderten Lebensgewohnheiten nach und nach beiseite geräumt worden sind, und Kunst und Tradition des Landes so weit wie möglich erhalten. Dieses Haus ist eine historische Stätte, und wir besitzen noch Gegenstände aus der Vergangenheit, die sonst unauffindbar sind. Das alles muss zum Nutzen der Besucher erhalten bleiben. Die Zimmer sollten nach einzelnen Themen eingerichtet werden, wie zum Beispiel das Zimmer des Prinzen und das der Prinzessin, zu Ehren unserer Eltern. Anscheinend kommt jetzt auch die Elektrizität dorthin, die ich so verabscheut habe, weil sie uns das schöne Geräusch der vielen Windlichter und Kerzen genommen und uns in drückende Stille getaucht hat. Potentielle Gäste dieses Hauses wären Einwohner von Bujumbura oder anderswoher, die die Natur genießen und sich an einem angenehmen Ort entspannen wollen, der Geschichte, Kunst und Tradition atmet. Das Klima dort ist ideal, es gibt keine Mücken, weil wir zu hoch liegen, und die Nächte sind angenehm kühl. Die Einkünfte aus diesem Hotelbetrieb könnten für den Ausbau der Landwirtschaft genutzt werden, zum Anbau der üblichen Pflanzen, die auf diesem ertragreichen Boden und in dem gesegneten Klima zwei bis drei Ernten im Jahr ermöglichen. Oder sie könnten auch für experimentelle Pflanzungen, wie die von Blumen, verwendet werden. Der Boden ist erstaunlich fruchtbar, und alles gedeiht bestens, was umso wichtiger ist, da die Bevölkerung Burundis in den letzten Jahrzehnten stark zugenommen hat. In meiner Kindheit gab es riesige Orangen- und Zitronenhaine, die wieder angelegt werden sollten, um die Versorgung der Bevölkerung mit Vitaminen zu gewährleisten. Außerdem sind Zitrusfrüchte ein sehr guter Exportartikel. Durchreisende könnten Kartoffeln und grüne Bohnen bei uns kaufen.

Unter der Herrschaft von Prinz Kamatari hatte Fota 1943 den Krieg der Belgier mit der Lieferung großer Mengen von Gemüse unterstützt. Unser Vater hatte damals die Bevölkerung gezwungen, bis in die Sümpfe hinein Gemüse anzubauen, das dort noch viel schneller wächst als auf den Hügeln. Dazu musste er seine ganze Autorität aufbringen, weil niemand in den Sümpfen arbeiten wollte, in denen es Geister geben soll. Die Region von Fota war damals Belgiens größter Gemüselieferant gewesen. Mein Vater hatte dafür von Leopold II. das Verdienstkreuz erhalten. Es war nicht das einzige Mal, dass er allen überlieferten Glaubensvorstellungen zuwider handelte. Einige Zeit zuvor hatte eine schreckliche Hungersnot im Gebiet der Großen Seen geherrscht, und Papa Kamatari hatte damals schon in den Sümpfen anbauen lassen, um die Bevölkerung zur Selbsthilfe zu bewegen. Der Prinz musste Impulse geben und Beispiel sein. Auf diese Weise konnten die Belgier, die Burunder und die benachbarten Kongolesen mit Bohnen und anderem Gemüse versorgt werden. Als ich Kind war, wurden Karotten und Kohl in den Sumpfgebieten angebaut. Das alles wollen wir in unserem Familienbesitz wieder aufbauen, im Rahmen eines Entwicklungsprojekts für Fota und seine umliegenden Hügel. So könnten wir auch die Schule und das Gesundheitszentrum unterstützen und Fota zurückgeben, was wir einst von Fota bekommen haben. Alles Geld soll reinvestiert werden, und wir würden uns an diesem Projekt nicht persönlich bereichern. Name und Geist von Prinz Kamatari und Prinzessin Agrippine würden so nicht in Vergessenheit geraten. Fota könnte sich zu einem landwirtschaftlichen Forschungsgebiet entwickeln, auf dem neue Pflanzen getestet werden und wo die Bevölkerung mit Saatgut versorgt wird, dessen Qualität zuvor kontrolliert wurde. Wir wünschen uns, dass wir dort eine Art Pflanzschule für Gerechtigkeit und Zufriedenheit schaffen können.

Die Lager – eine grausame Wahrheit

Wie ich bereits sagte, hatte mich die Tragödie von 1972 nicht wirklich berührt. Aus den Augen, aus dem Sinn, lautete damals meine Devise. Die Unruhen, die 1988 wieder aufgeflammt waren, bekam man zum Glück relativ schnell unter Kontrolle; die Gewalt erfasste nicht das gesamte Land. Als aber 1993 der neue Präsident Ndadaye ermordet wurde und erneut Massaker, Exodus und Bevölkerungsverschiebungen Burundi erschütterten, habe ich wieder Kontakt zu meiner Heimat aufgenommen und war wie meine Landsleute zutiefst entsetzt. Die Tragweite der Gewalt, die Zahl der Ermordeten und Vermissten, ließ sich von Paris aus nur schwer ermessen. Trotzdem konnte ich spüren, dass meine Schwestern und Brüder beunruhigt waren. Im Juni dieses Jahres führte eine meiner Reisen nach Bujumbura, am Vorabend der offiziellen Werbekampagne zur dortigen Präsidentschaftswahl. Ich wollte in einem Restaurant am Seeufer zu Abend essen. Als das Essen lange auf sich warten ließ, erschien der Besitzer und entschuldigte sich bei uns. Sein Küchenchef hätte gekündigt, weil er sich auf seine neue Aufgabe als Botschafter vorbereiten müsse ... Das hat uns natürlich sehr überrascht. Ganz offensichtlich begannen sich die Gemüter zu erhitzen.

Ndadayes Partei, die die Wahlen schließlich gewann, hatte viel mehr Elan und war viel präsenter als die Partei seines Vorgängers Buyoya. Man spürte förmlich, wie die Spannung stieg, Unterschiede kristallisierten sich heraus, die Wahlkampagne wurde »ethnisiert«, die Feindschaft und die Kluft zwischen Hutu und Tutsi war unüberbrückbar. Auf den Hügeln kursierten die Nachrichten, jeder suchte nach einem Ort, an dem er sich verstecken konnte. Die Massaker waren vorprogrammiert. Das ist die einzige plausible Erklärung. Kurz bevor die Massaker ausbrachen, konnte man überall Leute mit Benzinkanistern sehen: Dabei brauchte kein Mensch auf den Hügeln so viel Benzin, höchstens, um das Haus seines Nachbarn anzuzünden ... Der neue Präsident der Republik konnte sich nur vier Monate an der Macht halten. Sofort nachdem er in der Nacht vom 20. auf den 21. Oktober 1993 ermordet worden war, wurden die Straßen gesperrt, und alles ging in Flammen auf. Für die kommenden Wochen war in Burundi der Ausdruck »mit Feuer und Schwert« wortwörtlich zu nehmen.

Erste typische Pariser Erfahrungen

Die Daseinsberechtigung von »Burundi Expansion« war natürlich mit dem Krieg hinfällig geworden. Das Wort »Tourismus« stammte nicht mehr aus dieser Welt ... Begriffe wie »Opfer«, »Überleben« oder »Flucht« bestimmten inzwischen das Vokabular. Was konnte ich jetzt noch tun, und wie viel Einfluss hatte ich noch? Man musste umdenken und die Beschränkungen der eigenen Handlungsfähigkeit akzeptieren. Also machte ich dort weiter, wo ich einige Jahre zuvor angefangen hatte, und bereitete mit Jean Castel eine große Medienveranstaltung mit Tombola zu Gunsten von *Restos du cœur* (bekannte soziale Einrichtung in Frankreich, so etwas wie eine Armenküche, gegründet von dem Komiker Coluche) vor. Jean Castel, ein großzügiger und einfühlsamer Mann, hatte die Idee gehabt, einen Abend für Coluches Verein zu geben. Daraufhin machte ich den Vorschlag, Haute-Couture-Kleidung und Accessoires zu sammeln und als Los-Gewinne anzubieten. Damit ließen sich bestimmt viel Publikum und viel Geld auftreiben. Castel stellte mir ein Büro zur Verfügung, in dem jeden Tag große Mengen an Spenden für die Tombola abgegeben wurden. Ich arbeitete wie besessen. Alles musste perfekt sein, der Abend sollte präzise organisiert, schlicht und harmonisch sein. Mit Hilfe von Jan-Pol Plouvier, einem befreundeten Choreografen, habe ich Mannequins besorgt und mehr als genug Gewinne zusammengebracht – Kleider, Schmuck, Schals, HiFi- und Video-Geräte. Cartier spendete mehrere Uhren, ein Antiquitätenhändler aus dem Pariser Vorort Saint-Honoré steuerte einen kostbaren Teppich bei. Die Modewelt erwies sich als nicht so oberflächlich, wie man es ihr gern unterstellt, und zeigte sich äußerst großzügig.

In dem zauberhaften Lateinamerika-Haus am Boulevard Saint-Germain gab es ein Gala-Diner. Daraus wurde ein typischer Pariser Abend unter der Leitung von Maître Jean Castel. Die Eintrittskarte war ein Louisdor, den die geladenen Gäste bei einer »Bank« extra für diesen Abend erwerben konnten. Die Louisdors sammelten wir in einer Urne. Die Lose für die Tombola gingen weg wie warme Semmeln, obwohl sie teuer waren: Die Gewinne hatten einen Enthusiasmus ausgelöst, der meine Erwartungen bei weitem übertraf. Wir haben uns wie Kinder gefreut, als wir den *Restos du cœur* unsere Urne voller Louisdors bringen konnten. Durch die Mitarbeit an dieser Hilfsaktion habe ich Erfahrungen gesammelt, die mir später sehr nützlich waren.

Die französischen Burunder

Schon seit 1988 gibt es in Frankreich einen Burundi-Verein, den burundische Studenten gegründet haben. Einen einfachen Verein nach dem Gesetz von 1901. Er hat die Aufgabe, den Neuankömmlingen mit nützlichen Informationen und Orientierungspunkten zu helfen, sie mit ihren Landsleuten zusammenzubringen, Treffen zu organisieren, kurz, sie praktisch und einfühlsam in ihrem neuen Leben zu unterstützen. Der erste Präsident dieser Vereinigung war Bonaventure Mageza, damaliger Student an der Sorbonne, der bereits gestorben ist. Natürlich war ich aktives Mitglied, und 1990 wurde ich zur Präsidentin gewählt. Sehr schnell beschlossen wir, dass wir den praktisch-freundschaftlichen Stil des Vereins aufgeben und unsere Aktivitäten auf die Hilfe für unsere Heimat konzentrieren wollten. Am Anfang haben wir Spielsachen für ein Waisenhaus in Bujumbura gesammelt, und Gilles besorgte uns Unmengen von Spritzen, die dort dringend für die Impfungen gebraucht wurden.

Unsere humanitären Hilfsaktionen begannen dann eigentlich erst 1993, nach den Massakern, die auf die Ermordung von Präsident Ndadaye, dem ersten demokratisch gewählten Hutu-Präsidenten, folgten. Ich wollte Rwagasores Devise in die Tat umsetzen, die Devise, die alle Monumente ziert, die in den Hauptstädten der einzelnen Regionen zu seiner Ehre errichtet worden waren: »Wir sind alle gleich.« Die Menschen von Burundi waren auf Hilfe angewiesen, und wir wollten ihnen helfen, unabhängig von angeblich ethnischen Differenzen. Burundi befand sich in der totalen Krise. Gewalteskalation oder Höllenfahrt – diese schreckliche Situation ließ sich nicht mehr beschreiben.

Das Erbe von Hass

Von 1919 bis 1962, der Zeit, als die Belgier Burundi verwalteten, haben sie die »ethnischen« Unterschiede zwischen den einzelnen Bevölkerungsgruppen verschärft und verhärtet. Sie schlossen die Hutu von den Lehrberufen und von der Verwaltung aus und unterstützten damit die Tutsi-Minderheit, die sie als überlegene Rasse darstellten. Diese Jahre westlicher Herrschaft haben sehr bittere Früchte getragen, denn das System, das die Kolonialmacht eingeführt hatte, verschwand nicht mit ihr: Die Tutsi-Minderheit blieb weiterhin an der Macht, nur einige gebildete Hutu kamen dazu. Diese Situation trug bereits den Keim der späteren Ereignisse in sich. Zwischen der Unabhängigkeitserklärung, die Rwagasore vorbereitet, aber nicht mehr erlebt hatte, und der dramatischen Zuspitzung der Ereignisse 1993 gibt es nicht ein Jahrzehnt, das keine blutigen Episoden zu verzeichnen hätte: 1965, 1972 und 1988 wurden Burunder Opfer des tödlichen Gifts, das einzig und allein in der Zugehörigkeit zu einer Ethnie besteht, ein Gift, mit dem die Belgier das Land geimpft haben und das einer gewissen burundischen »Elite« lieb und teuer ist.

1993 nahm die politische, soziale und wirtschaftliche Krise verheerende Ausmaße an. Die Zahl der Toten war nicht mehr zu bestimmen, weil die rivalisierenden Gruppen widersprüchliche Angaben machten – a posteriori hat sich aber herausgestellt, dass dieser Bürgerkrieg, denn so muss man ihn nennen, zwischen 1993 und 2000 mehr als dreihunderttausend Tote gekostet hat. Die Armee, die sich überwiegend aus Tutsi rekrutierte, und die bewaffneten Hutu-Banden ließen sich nur selten auf einen direkten Kampf ein. Meist missbrauchten sie die Bevölkerung als Mittel der Auseinandersetzung, setzten sie ständigen Repressalien aus und verbreiteten unter den Zivilisten, die sich zwischen den kämpfenden Lagern befanden, Angst und Schrecken. Die meisten Opfer dieses Kampfes sind deshalb bei den Bauern und den unbewaffneten Landbewohnern zu beklagen. Die Bevölkerung saß in der Falle, die Menschen wurden Geiseln in einem Konflikt zwischen Rebellen und Armee, und vor allem Geiseln der Extremisten, die es in beiden Lagern gab und die von einem unvorstellbaren Fanatismus für eine ethnische Polarisation wie besessen waren. Die Menschen flohen zu Zehntausenden in großen Wellen vor der Gewalt. Manche verließen sogar das Land und gingen vor lauter Verzweiflung nach Ruanda, Zaire oder Tansania – bis dann 1996/97 Zaire selbst in Flammen aufging. Jetzt mussten die Flüchtlinge aus Burundi zurück in die überfüllten Lager, wo sie zum machtlosen Spielball einer unsagbaren Gewalt wurden, die das Land wie ein Fluch überzog. Und diese Gewalt hatte inzwischen jeden noch so abgelegenen Winkel Burundis erreicht, das heißt, auch die Regionen und Gemeinschaften, in denen es bislang ruhig geblieben war und die von den Ereignissen des Jahres 1972 nicht betroffen gewesen waren.

Menschenopfer

Sehr schnell stellte sich heraus, dass es drei Kategorien von Gewaltopfern gab, von denen die »Vertriebenen« (regroupés) zur ersten Kategorie gehörten. 1996 hatte die Armee nämlich damit begonnen, die Zivilbevölkerung gewaltsam in Lager zu bringen, um das Rückzugsgebiet der Hutu-Guerilla zu zerstören und die Menschen zu schützen, die dadurch allerdings in einen schrecklichen Zwiespalt gerieten: Weigerten sie sich, in die Lager zu gehen, betrachtete man sie als Guerilla-Sympathisanten, die nunmehr die Soldaten zu fürchten hatten. Gingen sie in die Lager, galten sie den Guerillas als Verräter und wurden von ihnen als solche bestraft. Wenn es die Armee anordnete, mussten die Leute, ohne Vorwarnung, auf der Stelle von zu Hause fliehen. Sie durften nicht mehr mitnehmen, als sie tragen konnten. Teilweise brannten die Soldaten sogar alles nieder, was an ihrem Weg lag, damit sich die Rebellen nicht in den Hinterhalt legen konnten. Immer wieder weigerten sich einige Leute, zu gehen, die einen, weil sie ihr Hab und Gut verteidigen und ihre Felder nicht allein lassen wollten, andere, weil sie zu schwach waren. Deshalb gab es auch unter der Zivilbevölkerung viele Opfer – Frauen, Kinder und alte Menschen. Diese Umsiedlungsaktionen waren logisch, und viele Gründe sprachen dafür: Sicherheit, »Säuberung« und Schutz. Sie hatten aber auch ein großes Manko, nämlich das vollkommene Fehlen jeglicher Kommunikation: Es gab keine Zeit für Erklärungen, alles geschah unter Zwang. Die internationale Gemeinschaft und die Burunder selbst haben sehr schnell auf diese Bevölkerungsverschiebungen reagiert, manche gingen sogar so weit, sie mit Nazi-Praktiken zu vergleichen. Um in ein Lager hinein- oder aus einem Lager herauszukommen, musste man einen Ausweis vorzeigen. Diese Vertreibungen brachten zahllose schreckliche Konsequenzen mit sich, und in den Lagern herrschte großes Elend. Die Franzosen hatten dieses System bereits in Algerien erprobt, um die Terroristen von ihrer Basis abzuschneiden und die Bevölkerung zu versammeln und so das Hinterland zu kontrollieren und die Zirkulation von Waffen zu verhindern. Bereits dort hatte es sich als wirkungslos erwiesen.

Zur zweiten, wichtigen Kategorie der Opfer, die 1999 auf

dreihunderttausend geschätzt wurden, gehören die »Versprengten« (*dispersés*), in der Mehrzahl Hutu, die sich auf den Hügeln, in den Sümpfen und Wäldern verborgen halten. Entwurzelte, die irgendwie überlebt haben. Aus Angst vor Repressalien wagen sie nicht, sich zu zeigen, und werden so zu einem grausamen Versteckspiel zwischen den rivalisierenden Parteien gezwungen. Außerdem müssen sie die verlassenen *rugo* plündern, weil sie nicht einmal über das absolute Minimum an Nahrung verfügen, das in den Lagern sicher gestellt ist. In jeder Hinsicht verletzlich und praktisch unerreichbar für alle humanitäre Hilfe, weil kaum auffindbar, starben viele von ihnen in nächster Nähe von Rettungsposten an Erschöpfung.

Die »Verdrängten« (*déplacés*) bilden die dritte Kategorie der Opfer. Sie sind zumeist Tutsi, die bei Ausbruch der Massaker ihre Höfe verlassen und in Verwaltungszentren oder von der Armee geführten Lagern Zuflucht vor den Ausschreitungen der Rebellen gesucht hatten. Diese Flüchtlinge, die erlebt hatten, wie ihre Familien Machetenhieben zum Opfer fielen, wollten nicht auf ihre Hügel zurückkehren, weil sie dort Repressalien fürchteten. Außerdem waren alle Straßen zerstört. Sie hatten Angst, gewissen »Honoratioren« zu begegnen, die sich zu Beginn der Ereignisse gegenseitig an Grausamkeit übertroffen hatten. Einige waren sogar so weit gegangen, eigene Familienmitglieder zu opfern, wenn sie Tutsi waren, um damit ihre Loyalität zu beweisen.

Gleichgültig, welchen Status diese Menschen hatten – ob sie vertrieben, versprengt oder verdrängt waren, Heimatlose oder Repatriierte, die je nachdem, wo die Gewalt am schlimmsten war, zwischen den Grenzen hin und her pendelten –, sie überlebten entwurzelt und in der Angst vor dem Tod oder zumindest vor der verheerenden Ungewissheit über ihre Zukunft. Die Bevölkerungsumschichtungen hielten an und waren nur schwer nachvollziehbar. Manche dieser Neuformungen stabilisierten sich, andere blieben den Ereignissen ausgesetzt und ständig in Bewegung. 1997 lebten in Burundi über achthunderttausend Menschen in Lagern (bei einer Gesamtbevölkerung von sechs Millionen ist das jeder Siebte oder Achte), von denen sich die meisten in der Region um Bujumbura befanden. Noch im September 1999 fand eine weitere große Umsiedlung der Landbevölkerung aus der Provinz von Bujumbura statt. Diese Menschen wurden in fünfzig provisorische »Lager« verfrachtet, die weder über Wasser, Lebensmittel oder Unterstände verfügten.

Die Verhandlungen zwischen den beiden Parteien verliefen schleppend und wurden durch die große Zahl aufrührerischer Banden noch zusätzlich erschwert. Vereinbarungen waren jeweils nur von kurzer Dauer. Das Land verlor seine ganze Kraft; Armee, Ressourcen und Bevölkerung bluteten aus. Die Hauptopfer, Kinder und Frauen, lebten in einem fortwährenden Albtraum und hatten nur die traurige Perspektive, dass ihnen im besten Fall ein Überleben in unermesslichem Leid, ständiger Angst und oft vollkommenem Elend bevorstand. Die Justiz war überfordert und nicht mehr unparteiisch. Die Gefängnisse quollen über, und Urteile wurden im Eilverfahren gefällt.

Die Hölle in den Lagern

In den Lagern gab es zu wenig Lebensmittel, Wasser und Schutzräume; sanitäre Einrichtungen und Personal für die medizinische Grundversorgung fehlten. Deshalb waren Malaria, Cholera und Typhus, Krätze, Ruhr und Meningitis die täglichen Begleiter in diesem Un-Leben. Zigtausende von Kindern konnten nicht mehr zur Schule gehen, viele von ihnen hatten beide Elternteile verloren. In den Lagern unterschiedlicher Größe hielten sich zwischen tausendfünfhundert und zwanzigtausend Menschen auf, die dort zusammengepfercht und ohne das Allernotwendigste in Verzweiflung und Apathie vor sich hin vegetierten. Die Mutigsten unter ihnen wagten sich tagsüber hinaus, um ihre Felder zu bestellen, wenn diese in Reichweite lagen. Manche ließen sich dabei vom Militär eskortieren, andere trotzten sowohl Armee als auch Guerilla. Wollte man die Bauern dazu ermutigen, wieder ein quasi normales Leben aufzunehmen, hätte man sie mit Gerätschaften und Saatgut versorgen müssen. Meist hielt sie aber die Angst davon ab, die Felder zu bestellen. In unregelmäßigen Abständen wurden außerdem die Lager selbst angegriffen, ohne dass jemand gewusst hätte, warum. Es blieb nichts weiter übrig, als die zusätzlichen Opfer zu zählen.

Das »Heim« dieser Opfer bestand lediglich aus Reisiggeflecht oder Plastikplanen, die im Wind flattern. Diese endlosen Reihen von blauen Planen, die an Eukalyptuszweigen befestigt und manchmal mit etwas Stroh gedeckt sind – man nennt sie spöttisch »Panzer«. Wir kennen diesen Anblick von der Krise in Ruanda, über die von der internationalen Presse viel mehr berichtet wurde als über Burundi. Einige Lager, die vom UNHCR, dem Flüchtlingskommissariat der Vereinten Nationen, verwaltet wurden, verfügten über gemauerte Schuppen zur Lagerung der Vorräte. Aber die meisten waren sehr ärmlich, und eigentlich gab es sowieso nichts aufzubewahren! Sobald eine Lieferung von Lebensmitteln eintraf, wurde sie sofort verbraucht.

Dann war da noch die Angst. Und der Tod. Viele Menschen starben, ohne dass es irgendjemand bemerkt hätte. Unter derartigen Umständen denkt man nicht weiter als bis zum Abend: Wie kann man den nächsten Tag überleben? Außerdem hatten die Menschen nichts zu tun, sie irrten umher und wussten nicht mehr, wie es ist, regelmäßig zu arbeiten. In den Lagern begegnete man nur wenigen Männern, da die meisten von den Guerilla-Banden rekrutiert worden waren. Viele Männer waren tot oder ins Ausland geflohen. Infolgedessen änderten sich innerhalb weniger Jahre die Sitten: Die Frauen teilten sich die paar Männer, die noch in den Lagern verblieben waren. Unter miserablen hygienischen Zuständen und im größten psychischen Elend bekamen sie viel zu viele Kinder. In einer derart auswegslosen Situation hörte man nicht selten von Vergewaltigungen und Inzest. Die durchschnittliche Lebenserwartung der Frauen, die 1992 bei vierundfünfzig Jahren gelegen hatte, fiel 1997 auf einundfünfzig. Und AIDS wütete weiter. Mehr als eine von fünf Frauen im Alter zwischen 25 und 34 Jahren war HIV-positiv. Viele Kinder wurden mit Missbildungen geboren, weil auch das Minimum an medizinischer Versorgung während der Schwangerschaft fehlte. Kinder in die Welt zu setzen, bedeutete für diese Frauen aber die einzige Möglichkeit, für die Zukunft zu leben, überhaupt weiter zu existieren. Die Kinder, die nach 1993 in einem Lager geboren wurden, wissen nicht, was ein *rugo* ist. Ihnen geht es so ähnlich wie den kleinen kambodschanischen Flüchtlingskindern aus den Lagern in Thailand, die glaubten, dass der Reis in den großen Säcken der Vereinten Nationen wächst. Wenn dann auch noch die Regenzeit beginnt, ist alles durchnässt, überall wird gehustet und gerotzt, und alles stinkt nach Fäulnis und Verwesung.

Wer sich in ein Lager wagte, wurde von allen Seiten von

Frauen und Kindern bestürmt, die sich an einen klammerten und um Hilfe, etwas Nahrung oder Geld, ein wenig Hoffnung bettelten. Natürlich weiß man, dass die Probleme im Gesamtzusammenhang betrachtet und Lösungen für alle gefunden werden müssen, aber wenn sich einem dann diese kleinen Hände entgegenstrecken, möchte man sie ergreifen und diese Kinder mitnehmen und in Sicherheit bringen. Doch solche Gefühle müssen unbedingt kanalisiert werden: Selbst wenn es möglich wäre, man darf einem Land nicht seine Jugend nehmen, sondern man muss versuchen, sie zu schützen. Wie sollte sich Burundi sonst von diesem Aderlass erholen?

Ende 1997 bekam die Armee die Kontrolle über mehrere Regionen zurück, und der internationale Druck nahm zu. Daraufhin wurden einige Lager aufgelöst, während andere, viel kleinere, neu errichtet wurden.

Ein Land am Ende seiner Kräfte

Die ohnehin katastrophale Lage des Landes verschärfte sich noch mit dem Embargo, das 1996 verhängt wurde, als Pierre Buyoya die Macht ergriffen hatte. Die Länder um die Großen Seen hatten diese Wirtschaftsblockade gegen Burundi verhängt, um die Regierung zur Wiedereinsetzung der Rechtsstaatlichkeit zu zwingen. Mit Sicherheit spitzte sich die prekäre Situation dadurch noch mehr zu, und die ersten Opfer waren bei den Schwächsten der Bevölkerung zu verzeichnen. Das Handelsdefizit wuchs, die Lebensmittelpreise zogen an, und die Familien konnten keinen Überschuss mehr erwirtschaften, womit sie die Kosten für Schule und Gesundheit hätten bezahlen können. Also mussten sie notgedrungen ihre Kinder von der Schule nehmen. Die Schulgebäude, die bei den Kämpfen zerstört wurden, sind noch immer Ruinen. Nicht einmal mehr Lehrmaterial kam ins Land. Viele Stellen wurden gestrichen. Die Impfrate sank, während gleichzeitig die Sterblichkeitsrate anstieg, weil man die Medikamente nicht mehr transportieren konnte. Wegen Treibstoffmangels waren die Stadtwerke nicht mehr in der Lage, den Müll abzutransportieren, und Epidemien bedrohten die Städte. Die Lebensmittellieferungen der UNO-Hilfsorganisationen erreichten nur mit Mühe die Lager. Überall herrschte Armut. Mangel an Düngemitteln führte zur Verringerung der Anbauflächen und damit auch der Ernteerträge. Der Gesundheitszustand des Nutzviehs wurde immer schlechter, weil die Veterinäre keine Medikamente bekamen. Auf den Druck der humanitären Hilfsorganisationen hin wurde das Embargo 1997 teilweise und im Januar 1999 schließlich ganz aufgehoben.

In all diesem Chaos haben die UNO-Hilfsorganisationen (vor allem UNICEF, FAO, UNDP und OMS*) und die Nicht-Regierungsorganisationen während dieser langen Jahre beachtliche Arbeit geleistet, sowohl im ganzen Land, als auch besonders in den Lagern: Sie schufen Gesundheitszentren, veranstalteten systematische Impfaktionen, führten Kampagnen zur Information über AIDS durch, verteilten Lebensmittel- und Wasserlieferungen, bauten Toiletten, schulten Lehrer und stellten provisorische Klassen zusammen; Schulfunksen-

* Besonders zu erwähnen sind hier der Kinderfonds der Vereinten Nationen, das Welternährungsprogramm, die Organisation für Ernährung und Landwirtschaft, das Entwicklungshilfe-Programm der Vereinten Nationen und die Weltgesundheitsorganisation. Im Text verwenden wir den Begriff Hilfsorganisationen, um die verschiedenen Verbände zu bezeichnen, die zur UNO gehören.

dungen wurden finanziert und realisiert. Aber wer kann das durchlöcherte Fass der Danaiden je flicken?

Großzügigkeit hat viele Gesichter

Die Burunder in Frankreich hatten nicht vor, alledem tatenlos zuzusehen. Wie hätten wir ungerührt bleiben sollen, wenn uns durch Presse und Fernsehen immer neue blutige Nachrichten über unser Heimatland erreichten? Unglücklichen Menschen zu helfen, das ist kein Privileg der Weißen, auch wenn sie meistens über mehr Mittel verfügen und wir Schwarzen uns bisher kaum formiert haben. Ich fuhr im November 1993 nach Burundi, nur wenige Wochen nach der Ermordung des Präsidenten, aber der Zustand, in dem ich Kinder und Frauen vorfand, duldete keine Verzögerung. Höchste Eile war angesagt.

Geld aufzutreiben ist eine komplizierte Angelegenheit, die bestimmte Strukturen und im Marketing geschultes Personal erfordert. Selbstverständlich arbeitete unsere Organisation nur mit Freiwilligen, und mein Mann und ich mussten die laufenden Kosten übernehmen. Da wir keine Geldkollekte im großen Stil starten konnten, konzentrierten wir uns auf das Sammeln von Schulmaterial und medizinischer Ausrüstung. In unserem Haus begann ich damit, an die Türen zu klopfen, dann machte ich bei den Nachbarhäusern weiter und arbeitete mich langsam durch unsere Straße, unser Viertel und schließlich durch ganz Boulogne-Billancourt. Die anderen machten es genauso, jeder sprach seine Nachbarn, Verwandten und Bekannten an, und dann trafen die Spenden ein: Kleidung, Medikamente, Bücher, Bettwäsche und Decken. Alles sammeln, verpacken und für den Transport vorbereiten, mit den Lieferanten und Transporteuren verhandeln. Das waren viele Aufgaben, in die ich mich mit Hilfe der Freiwilligen und meiner Familie hineingekniet habe. Meine Wohnung platzte fast aus den Nähten vor lauter Kartons … die uns zum Glück auf meine Bitten hin eine bretonische Umzugsfirma gespendet hatte!

Zwischen 1993 und 1995 ging es um Leben oder Tod. In dieser Zeit haben wir, beziehungsweise das Ministerium für Zusammenarbeit, mit dem ich Kontakt aufgenommen hatte, zehn Transportmaschinen mit humanitären Hilfslieferungen nach Burundi geschickt. Bernard Debrés Kabinettschef, Gérard Larôme, reagierte sofort und unkompliziert: »Wir haben kein Geld, aber wir können den Lufttransport übernehmen«, sagte er zu mir. Also transportierten französische Flugzeuge unsere gesamte Fracht. Diese unbezahlbare Unterstützung wurde auch von dem folgenden Minister, Jacques Godfrain, weitergeführt. Jacques Gérard, Leiter der französischen Kooperationsstation in Bujumbura, gewährte uns 1995 eine Subvention in Höhe von vierhunderttausend Francs. Die erste Hälfte davon konnten wir aufbrauchen, leider kamen wir wegen bürokratischer Probleme und politischem Druck nicht an den Rest des Geldes. Aber die Summe, die wir erhalten hatten, war ausreichend, um damit drei Jahre lang Waisenkinder zu unterstützen.

Das Embargo vom Juli 1996 machte dann allerdings unserer Luftbrücke ein Ende. Wir mussten nach anderen Wegen suchen, auf denen wir die Spenden an ihr Ziel bringen konnten. Während wir auf neue Lösungen warteten, entschieden wir uns dazu, einen Teil der gesammelten und noch nicht verteilten Spenden an andere afrikanische Länder zu verteilen, die sie ebenfalls dringend brauchten. Denn Burundi ist leider nicht das einzige Land Afrikas, in dem so viele unglückliche Kinder leben. Dank unserer Beziehungen zu anderen Hilfsorganisationen gelangte ein Teil der Spenden nach Kongo, Kamerun, Togo und Nigeria. Die Blockade führte zu einer unerwarteten Konsequenz: Mit unseren bescheidenen Mitteln wurden wir zu Fürsprechern aller Kinder Afrikas.

Das bisschen Geld, das wir in Frankreich sammeln konnten, indem wir Kundgebungen organisierten und auf die Großzügigkeit der Menschen zählten, gab ich für Medikamente, Kleidung, Decken und Lebensmittel aus, die ich eigenhändig zu den Mamas in den *rugo* brachte. Es musste unbedingt verhindert werden, dass die Familien verkaufen, was sie zum Leben brauchen – das wenige Gemüse, das sie für ihre Ernährung anbauen können –, um größere Ausgaben zu tätigen.

Verlassene Kinder

Bei meinen Besuchen in den Flüchtlingslagern habe ich sehr schnell erkannt, wie viele Waisenkinder es dort gab und wie elend es diesen Kindern ging. Manche waren in einem körperlichen Zustand, der einem die Tränen in die Augen trieb. Aufgrund der Unterernährung verloren ihre Haare die Farbpigmente und wurden so weiß, dass man sie – und sie sich selbst auch – »die Norweger« nannte! Ihre Haut war faltig und voller Schrunden, sie waren apathisch und träge. Andere dagegen machten schon auf harte Kerle, organisierten sich in Banden und lebten von Kleinkriminalität. Diese Kinder waren ein gefundenes Fressen für die Extremisten aus beiden Lagern. Auch hier haben die großen Hilfsorganisationen und die großen NGOs (Non-Governmental Organizations) hervorragende Arbeit geleistet, wobei mehrere ihrer Mitglieder ihr Leben lassen mussten. Doch das Ausmaß der Katastrophe war gewaltig. Nach einer Zählung, die zu Beginn der Krise durchgeführt wurde, waren mehr als fünfundzwanzigtausend Kinder allein oder »unbegleitet« (unbegleitete minderjährige Flüchtlinge – UMF), wie es der humanitäre Jargon nennt. Seither sind es immer mehr geworden. Nicht alle diese Kinder waren Waisen, einige waren während der Massaker, auf der Flucht oder im Zuge der Vertreibungen von ihren Familien getrennt worden, ein Phänomen, das nahezu im ganzen Land zu beobachten war. Nachdem die Kinder gezählt worden waren, versuchten Hilfsorganisationen und Regierung immer wieder mit aller Kraft, ihre Familien ausfindig zu machen; viele blieben trotzdem einsam und verlassen zurück.

Ich habe die Weisen von meinem Hügel gefragt: »Was hat man denn früher gemacht, wenn ein Kind zur Waise wurde?« Die entfernte Verwandtschaft oder die Nachbarn nahmen das Kind auf. Das galt aber nicht etwa nur für Waisenkinder. Es ist auch Brauch, dass jemand, der zu arm ist, um sein Kind großzuziehen, es einem anderen, der besser gestellt ist, anvertraut. Hierbei handelte es sich nicht um eine richtige Adoption. Das Kind kam regelmäßig zu seinen leiblichen Eltern zurück, aber seine neue Familie war für das Kleine verantwortlich und nahm seinen Eltern die Last der Erziehung ab. Warum sollte man nicht an diese Tradition anknüpfen, die in jedem *rugo* verwurzelt war? Mit diesem Wort »*rugo*« assoziiert man einen runden, in sich geschlossenen, intimen Raum – etwas wie den Bauch oder den Schoß der Mutter. Der *rugo* ist der Ort, an dem die Kinder leben lernen und alle Geheimnisse erfahren. Wenn die Mama mit ihren Kindern sprechen will, macht sie das nicht irgendwo auf der Straße, sondern sie ruft sie herein, und am Feuer im *rugo* findet das Gespräch dann statt. Der *rugo* ist der Ort für Tradition, Erziehung und Schutz.

Einige Waisenkinder hatte der Sozialdienst bei Kriegsausbruch bereits in Pflegefamilien gegeben, die dafür Geld bekamen. Doch wenn dieses Geld nicht eintraf, weil der Staat sich in Auflösung befand und die Kassen leer waren, wurden die meisten dieser Kinder weggeschickt. Die Familien hatten sie als Einnahmequelle betrachtet und damit jegliche Motivation verloren, sobald dieses Manna ausblieb.

Weil man nach anderen Lösungen suchen musste, habe ich das Projekt »Ein Kind pro *rugo*« gestartet. Ich erklärte den Frauen meine Idee: »Ich vertraue dir dieses Kind an, weil ich es nicht großziehen kann. Ich bitte dich um deine Hilfe und werde dir dafür auch helfen. Ich gebe dir Saatgut, Decken, einen Schurz, eine Hacke. Aber auf keinen Fall Geld – dieses Kind könnte dein eigenes sein, und dann wärst du auch froh, wenn sich jemand darum kümmert, so wie du dich jetzt darum kümmerst.« Das war der Anfang. Mit einem Appell, der mehrmals im Radio gesendet wurde, habe ich für die Verbreitung dieser Idee gesorgt. Die Resonanz ließ nicht lange auf sich warten und übertraf meine Hoffnungen bei weitem.

Eine der Frauen, Mama Angèle, brachte mir eines Tages einen kleinen Jungen, den sie im Busch aufgelesen hatte. Er hatte in einem *rugo* etwas zu essen gestohlen. Eine Frau, die kochen wollte, überraschte ihn dabei und verbrannte ihm zur Strafe mit einem Bügeleisen den Hintern, ehe sie ihn fortjagte. Wir haben den Jungen in das Krankenhaus der französischen Botschaft gebracht, wo seine Verletzungen behandelt wurden. Sobald er das Krankenhaus verlassen konnte, nahm ihn Mama Angèle unter ihre Fittiche, er lebt noch heute bei ihr. Was für eine Frau, diese Mama Angèle! Zusätzlich zu ihren eigenen Kindern hat sie sechs Waisen bei sich aufgenommen. Eine Zeit lang musste sie sich also um eine kleine Bande von elf Gören kümmern! Wir unterstützen sie mit Saatgut, Milch, Lebensmitteln für die Kinder, Kleidung und Schuhen – und schenken ihr unsere Aufmerksamkeit und unsere Zuneigung.

Ein Beamter brachte mir einen anderen Jungen, einen Jugendlichen, der mit angesehen hatte, wie seiner Mutter der Kopf abgeschlagen wurde. Er war bei einer Familie untergekommen, die ihn aber wieder wegschickte, als sie nach Kanada ging. Dieser Beamte zieht den Jungen jetzt zusammen mit seinen eigenen Kindern groß.

Der Verein »Ein Kind pro *rugo*« war geboren. Dieser nach burundischem Recht ordentlich zugelassene Verein arbeitet mit Freiwilligen und einem Psychologen in Teilzeit. Er hat sich zum Ziel gesetzt, dass die Pflegefamilien nach und nach immer autonomer werden und nicht mehr auf unsere Hilfe angewiesen sind. Dazu dient unsere Starthilfe, die bescheiden ist, weil wir glauben, dass eine interessierte Familie nicht viel mehr als sonst braucht, wenn sie ein oder zwei zusätzliche Mäuler zu stopfen hat. Wenn die Mutter Gemüse anbaut, kann sie den Überschuss der Ernte auf dem Markt verkaufen. Deshalb verteilen wir vor allem Hacken und Saatgut oder kleine Ausrüstungen, mit denen man etwas verdienen kann: So geben wir nur den Anstoß, damit zusätzliche Ressourcen für die ganze Familie ausgeschöpft werden können.

So fing das Abenteuer an, und durch Mund-zu-Mund-Propaganda ist es uns gelungen, fünfhundert Kinder in Pflegefamilien unterzubringen. Die französische Regierung genehmigte mir einen Zuschuss, der leider bald um die Hälfte gekürzt wurde, bis er schließlich ganz ausblieb. In Burundi wusste jeder, dass ich seit Kriegsbeginn zehn Transportflugzeuge mit Hilfsgütern für die Bevölkerung organisiert hatte. Wenn jemand in einem Lager ein Waisenkind fand, wurde es sofort zum Psychologen von »*rugo*« gebracht.

Helfen bedeutet leider auch, schreckliche Enttäuschungen hinnehmen zu müssen. Als wir 1997 ein Waisenhaus besuchten, das von ziemlich zweifelhaften Nonnen geführt wurde, die wahrscheinlich einer Sekte angehörten, mussten die Vertreter von Regierung, NGOs und ich selbst feststellen, dass die Leitung des Waisenhauses den Kindern die Hilfslieferungen vorenthielt und sich selbst daran schadlos hielt. Die Kinder waren in einem dramatischen Zustand, einige von ihnen waren sogar spurlos verschwunden. Eines der apathischsten Kinder, das nur noch aus Haut und Knochen bestand, hob ich auf den Arm und nahm es mit. Mir ist vollkommen klar, dass das eine Entführung war, aber anders konnte ich es nicht dem Tod entreißen. Ich habe den Jungen zwei Wochen lang bei mir behalten, zwei Wochen, in denen er ununterbrochen gegessen hat, Tag und Nacht, so unterernährt war er. Als ich ihn einigermaßen aufgepäppelt hatte, kam er in die Obhut von Mama Angèle.

Der Psychologe von »*rugo*« und ich besuchten die Lager und waren auf der Straße unterwegs, um die Kinder ausfindig zu machen, die besonders dringend Betreuung brauchten. Wir prüften die Familien, die sie aufnehmen konnten, und dann fand eine erste Begegnung mit dem Kind statt. Das war wie bei einer Hochzeit: So wie man Verlobte zusammenführen würde, begleitete man das Kind in die Familie, um sicherzugehen, das alles zusammenpasste. So brachten wir fünfhundert Kinder unter, eines nach dem anderen. Meine Nachbarn, meine Familie und meine Freunde in Afrika haben mich dabei tatkräftig unterstützt. Wir bauten ein System kollektiver Solidarität auf, damit wir uns davon überzeugen konnten, dass das Prinzip weiter funktionierte und die Kinder in geordneten Verhältnissen lebten und gut behandelt wurden. Wir wollen diese Kinder einem Leben entreißen, das sie zu kleinen Wilden machte, oft zu kriminellen Banden trieb, ein Leben ohne Liebe und ohne Erziehung, das über kurz oder lang ein tragisches Schicksal für sie vorsieht, denn die Gewaltbereitschaft am Rande der Gesellschaft ist groß. Außerdem wollen wir sie aus den öffentlichen Waisenhäusern holen, die zwar für ihr Überleben sorgen, sie aber nur sehr mangelhaft auf die Zukunft vorbereiten – das haben wir uns zum Ziel gesetzt. Wir haben uns einer Perspektive verschrieben, die Frieden schaffen soll: Ein Kind, das geliebt wird, erzogen wird und zur Schule geht, nimmt keine Machete als Waffe in die Hand und lässt sich auch nicht von schlechten Menschen verführen, weil es sich seine eigene Meinung bilden kann. Es hat aus der Quelle getrunken, die Frieden schafft.

Nun habe ich aber beschlossen, dass wir uns zunächst auf diese fünfhundert Kinder beschränken und keine weiteren in unsere Obhut nehmen wollen. Das würde die Möglichkeiten unseres Vereins überschreiten. Wir müssen die Familien finden und vorbereiten, sie mit Saatgut, Hacken, Schürzen, mit Decken, Seife und Moskitonetzen – der besten Vorbeugung gegen Malaria – ausstatten. Das alles kostet Geld und Zeit. Und wir müssen sicher sein, dass es unseren ersten Kindern gut geht, und uns nicht gleich auf eine größere Aktion stürzen, die wir dann vielleicht nicht mehr unter Kontrolle hätten. Außerdem muss die psychologische Betreuung für bestimmte Kinder gesichert sein. Den meisten gelingt es zwar nach einiger Zeit normalen Familienlebens, ihr Gleichgewicht wiederzufinden. Andere, die empfindlicher sind oder stärker traumatisiert von ihren schrecklichen Erlebnissen, brauchen besondere Aufmerksamkeit und eine richtige Therapie, die auf ihre Situation zugeschnitten ist. Es muss demontiert werden, was die Gewalt in den Köpfen der Kleinen angerichtet hat, damit sich dieser Horror nicht in ein paar Jahren wiederholt. Diese Kinder dürfen nicht zum Zündstoff für noch mehr Gewalt und neue Massaker werden. Das Prinzip von Hass ist heimtückisch, und seine Konsequenzen sind tragisch und langlebig: Wir sind aufgefordert, dieses System zu stoppen, damit die Kinder nicht mit einem verpfuschten Leben die Rechnung für den Krieg bezahlen und damit die nachfolgenden Generationen nicht ihre Schulden erben müssen.

Auf den Hügeln benutzte man die Macheten früher zum Bauen und Pflanzen. Kein Mensch fragte sich damals, ob ihn sein Nachbar freundlich empfangen oder aber töten würde.

Bei unserer Arbeit zum Wiederaufbau unterstützten uns die weisen Alten von den Hügeln, die örtlichen Verbände und die Kirchen. Natürlich arbeiten wir mit den großen Hilfsorganisationen und den NGOs zusammen. Dass wir so klein und flexibel sind, ist unser Vorteil. Wir gehören zu einem riesigen Puzzle der Hilfe, in dem jeder seinen Platz findet, die einen, weil sie analysieren und vorhersagen, beobachten und entwickeln können und über viel mehr Möglichkeiten verfügen; andere, wie zum Beispiel wir, zeigen guten Willen und immense Energie, vor allem aber sind wir tief in der Bevölkerung verankert und deshalb zu schneller und gezielter Mikro-Intervention in der Lage. Zur Zeit beschränkt sich unser Handlungsspielraum auf Bujumbura, weil wir keine Fahrzeuge haben. Deshalb konzentrieren wir unsere Arbeit auf die zentral gelegenen Stadtviertel und zum Teil auch noch auf die ländlichen Vororte von Bujumbura, die benachteiligten Viertel der armen Leute. Trotzdem gibt es in ganz Burundi keinen Fleck, an dem ich nicht schon mal persönlich interveniert oder punktuell geholfen hätte. Als ich einmal vom Besuch eines Lagers in den Bergen zurückkehrte, in dem die Menschen vor Kälte zitterten, habe ich den Leiter einer großen NGO um hundert Decken gebeten. »Ja, schon, aber ich muss erst einen Experten hinschicken«, gab er mir zur Antwort. Ich aber blieb stur und sagte ganz ruhig zu ihm: »Sehr gut. Dann setze ich mich jetzt hier in Ihr Büro und gehe erst wieder, wenn ich die Decken habe. Es sei denn, Sie wollen die Polizei rufen …« So bekam ich, auch ohne den Experten, die Decken und dazu einen Laster, der sie transportierte!

Ohne die Wirtschaftskrise hätten die Pflegefamilien autark werden können. Aber heute ist es so, dass ihre wirtschaftliche Stabilität ständig in Gefahr ist und man manchmal um die Gesundheit der Kinder fürchten muss. Alle Pflegefamilien benötigen Hilfe von außen. Hinzu kommen noch die katastrophalen klimatischen Verhältnisse der vergangenen Jahre: Der Mangel an Regen hatte furchtbare Folgen für die Ernteerträge. Diebstahl von Lebensmitteln und Saatgut ist an der Tagesordnung, AIDS und Malaria finden immer mehr Opfer.

Die NGOs leisten Hilfe in Form von Naturalien. Das WFP (World Food Programme) will uns für unsere fünfhundert Kinder Milch, Öl, proteinhaltige Kekse und Trockengemüse zur Verfügung stellen. Wir selbst kümmern uns um die Verteilung. Noch warten wir aber auf grünes Licht aus dem Ministerium … Wir haben errechnet, dass die Betreuung eines Waisenkindes und die Unterstützung seiner Pflegefamilie auf den Hügeln im Jahr 170 Euro kostet, oder 14 Euro im Monat. Verglichen mit den westlichen Wirtschaftsstandards eine lächerliche Summe, so viel wie ein Essen in einem ganz normalen Restaurant kostet, oder eine Wochenkarte für die Metro ...

Ich möchte noch einmal betonen, wie wichtig es für ein Land ist, das sich in einer Krise befindet, dass seine Waisenkinder im Land betreut werden und dass der Bevölkerung nicht die gesamte Jugend verloren geht. Unter gewissen Umständen muss man aber Ausnahmen machen, wie zum Beispiel im Fall der beiden sechs- und zwölfjährigen Brüder, die gesehen hatten, wie ihr Vater mit Machetenhieben getötet wurde, nachdem ihre Mutter bereits gestorben war. Sie haben in Frankreich eine neue Familie gefunden, ein Lehrerehepaar, das sich für Afrika interessiert und das von einem Artikel im *Pèlerin Magazine* sehr betroffen war. Auf unsere Vermittlung hin und dank der flexiblen und verständnisvollen Reaktion der DDASS (Direction Départementale d'Aide Sanitaire et Sociale, Gesundheits- und Sozialamt) konnte die Adoption schnell und problemlos abgewickelt werden. Die beiden Jungen wurden gerettet und leben heute glücklich und vergnügt in der Nähe von Paris. Aber niemand hat die Brücken zu ihrer Heimat abgebrochen, und eines Tages, wenn wieder Frieden herrscht, werden sie nach Burundi fahren und ihre Verwandtschaft besuchen. Schwierige Situationen erfordern variable Antworten.

Die Frauen sind der Schlüssel für neues Leben

Der Frauenverein, die logische Ergänzung des Vereins »Ein Kind pro *rugo*«, entstand ebenfalls aus einer spontanen Eingebung heraus. Ich hatte im Radio von unseren Waisenkindern gesprochen und Mama Angèle als Anerkennung für ihren außerordentlichen Einsatz eine Medaille verliehen, und zwar während einer schönen Feier, zu der die Presse, Vertreter der großen Hilfsorganisationen (darunter auch Luis Zuñiga von UNICEF, der später in einem Lager ermordet worden ist) und Publikum geladen war. Während der Veranstaltung wollte ein Journalist von mir wissen, warum die Medaille nur aus Silber war. Ich habe ihm erklärt, dass ich damit den obersten Instanzen des Landes die Möglichkeit offen halten wollte, ihr eine Goldmedaille zu verleihen. Mama Angèle trägt diese Medaille immer noch wie ein wertvolles Schmuckstück um den Hals. Mit unserer Hilfe und ermutigt durch diese Feier, gründete sie eine erste Gruppe von Frauen, die etwas von dem, was sie besaßen, abgeben wollten. Natürlich waren sie angesichts des Kriegs nicht reich. Es waren Frauen vom Land, die Bohnen, Süßkartoffeln und Mais anbauten und sich vielleicht gelegentlich mal einen neuen Schurz kaufen konnten, wenn sie ihr Gemüse auf dem Markt verkauft hatten. Aber sie bestimmten wieder selbst über ihr Leben. In den Lagern hatten sie dagegen jede Freude an der Arbeit verloren.

Anfangs waren es vierhundert Frauen aus allen Kulturen und Religionen, die sich um Angèle versammelten. Sich zu versammeln, das bedeutete für sie eine Möglichkeit, Frieden zu schaffen. Wir verteilten Hacken und Moskitonetze an alle, und auch Seife. Ich wurde bei den großen Hilfsorganisationen vorstellig. FAO, WFP, UNICEF und Rotes Kreuz schenkten uns ihr Vertrauen und ihre Unterstützung, weil unsere Arbeit in ihrem Sinne war und ihren Hilfsprogrammen für die Schwächsten der Schwachen entsprach – für die Frauen und die Kinder. Diese Frauen begannen zu arbeiten, indem sie sich gegenseitig beim Anbau von Gemüse unterstützten. In

Buyenzi, einem anderen Viertel, formierte sich auch eine Gruppe um eine Frau namens Thérèse: weitere vierhundert Frauen, die zusammen anbauen und Frieden säen wollten. Wir haben diese Frauengruppen mit dem Projekt »Ein Kind pro *rugo*« zusammengebracht. Dann dehnte sich die Bewegung auf eine andere Provinz aus, Karuzi, wo sich dreihundert Frauen mit dem gleichen Ziel zusammentaten. Ich erhielt eine offizielle Einladung vom Gouverneur dieser Provinz, die am schlimmsten von den Massakern betroffen war und Tausende von Flüchtlingen zu verzeichnen hatte. Wir haben versucht, ihnen zu helfen, indem wir Pakete in die Lager schickten, in denen ich die Frauen getroffen hatte, und jeder eine Hacke gaben. Alle spürten, dass sie gemeinsam etwas verändern konnten. Und sie wollten arbeiten, anstatt jammern.

Der Ruf meiner Familie – und ganz besonders die Erinnerung an meinen Vater und meine Mutter – eilte mir voraus: Wenn die Frauen erfuhren, dass »*rugo*« ein Verein der Prinzessin Kamatari war, kamen sie vertrauensvoll zu uns. Sie hatten nichts vergessen und wussten, dass sie bei mir, wie früher bei meinem Vater, Verständnis und Hilfe finden würden. Außerdem sahen sie, dass ich die Großzügigkeit und die hartnäckige Überzeugungskraft meines Vaters geerbt hatte: Wenn ich bei den Behörden oder Hilfsorganisationen etwas erreichen wollte, gab ich nicht eher auf, bis die Sache in meinem Sinne entschieden war.

Heute hat der Verein der *rugo*-Frauen etwa tausend Mitglieder. Wenn man dazu noch die Personen rechnet, die von ihnen betreut werden, kommt man auf eine imposante Zahl; eine Menge Menschen, die nur schwer zu leiten sind, besonders wenn man in Paris lebt. Deshalb müssen wir die Organisation umstrukturieren und den Frauen unter der Obhut meiner Schwägerin Carinie mehr Eigenverantwortung geben. Mama Angèle, die Gott und die Welt kennt und eine mutige Person ist, wird Carinie eine wertvolle Hilfe sein: Sie kann die Buchführung übernehmen und, ohne sich beeinflussen zu lassen, entscheiden, wer was bekommen hat und wer was bekommen soll. Die Frauen sollen auf den Feldern arbeiten, Saatgut wird an sie verteilt, aber der Verein behält immer genug zurück, um Engpässe oder Naturkatastrophen auszugleichen. Das Saatgut, das bisher von der FAO (Welternährungsorganisation) und Terre des Hommes zur Verfügung gestellt wurde, müssen die Frauen in Zukunft selbst produzieren. Der oberste *Muganwa* (der ranghöchste Prinz), Pascal Gashirahamwe, ein Cousin von mir, hat uns eine Halle überlassen, in der wir diese Vorräte lagern werden, damit sie einmal im Monat unter der Aufsicht dieser Damen verteilt werden können. Carinie bekommt den Schlüssel, die Frauen besorgen jemanden, der das Lager bewacht. Wenn wir einen Überschuss haben, können sie ihn verkaufen, selbstverständlich immer unter der Regie der Frauen, die ihre exzellenten Verwaltungsqualitäten bereits bewiesen haben.

Ich selbst muss mindestens zweimal im Jahr nach Burundi reisen, um alle Projekte begleiten zu können. Von 1994 bis 1996 bin ich viermal pro Jahr hingefahren. Als sich die Menschen an meinen Anblick gewöhnt hatten, rechneten sie mit mir. Das Embargo hat alles sehr kompliziert gemacht. Heute haben wir ein Stadium erreicht, in dem wir die Frauengruppen unbedingt strukturieren und bestärken müssen und neue Hacken brauchen, weil einige kaputt oder verloren gegangen sind. All das erfordert Zeit und Präsenz.

Außerdem sollte man uns freie Hand lassen. Bujumbura ist nicht stärker zerrissen von Rivalitäten und Streit als irgendeine andere Stadt, aber eben auch nicht weniger. Deshalb darf man nicht zu lange abwesend sein. Das Geld wächst jedenfalls auch dort nicht auf den Bäumen, und ich suche vor allem in Frankreich nach neuen mitreißenden Ideen, wie ich mehr davon auftreiben könnte. Außerdem muss ich über Burundi sprechen und sprechen lassen, die Entstehung einer neuen Idee von Humanität propagieren, von ganz Afrika sprechen, meine Ortskenntnis ausnützen und von der Flexibilität einer kleinen, unabhängigen Organisation profitieren, die anders als die internationalen Hilfsorganisationen nicht vom Vorratsdenken bestimmt wird. Die Leute sind des Gebens müde, sie haben das Gefühl, Afrika ist ein Fass ohne Boden. Sie müssen erst überzeugt werden, dass kleine, gut platzierte Projekte, die die Basis der Bevölkerung erreichen, funktionieren und Früchte tragen. Hoffen wir auch, dass uns die anderen afrikanischen Länder, mit denen wir oft die Spenden geteilt haben, nicht vergessen werden.

Das Unsagbare aussprechen

Auch wenn es große Anstrengungen kostet, ist es doch immens wichtig, sooft wie irgend möglich auf die Lebensumstände der Menschen in Burundi hinzuweisen und das Gewissen aller Länder dieser Erde dafür zu sensibilisieren – in meinem speziellen Fall gilt das vor allem für meine Wahlheimat Frankreich. 1995 reiste die Frau des französischen Militärattachés von Burundi mit mir ins Landesinnere nach Gitega. Wir waren etwa fünfzig Personen und wurden auf dieser Fahrt eskortiert. Ich wollte diese Frau und ihre Begleiter mit der Realität des Lageralltags konfrontieren, damit sie unsere Aktionen unterstützten. So bekamen die Teilnehmer dieser Reise mit eigenen Augen zu sehen, dass unsere Hilfe der gesamten Bevölkerung zuteil wurde, ohne Unterscheidung zwischen Hutu und Tutsi: Sie war für alle Burunder gedacht, die auf unsere Unterstützung angewiesen waren. Ich hatte damals Frédérique, meine älteste Tochter, mitgenommen, die sich eine schwere Knieverletzung zuzog. Dadurch wurden wir aufgehalten und konnten nicht mehr am selben Abend Bujumbura erreichen, da die Passierstellen nachts geschlossen waren. Wir mussten also im Freien übernachten. Meine Reisegruppe war alles andere als zuversichtlich, und ich gestehe, dass ich selbst unruhig und ziemlich ratlos war: Improvisiert fünfzig Personen zu versorgen, die essen und schlafen wollten, war keine Kleinigkeit, und noch dazu in einem Land, in dem Krieg herrschte. Die Soldaten der Eskorte übernahmen unsere Versorgung, sie schlachteten eine Ziege und brieten sie für uns über einem großen Feuer, das uns außerdem sehr gut gewärmt hat. Unsere offizielle französische Kommission hat dann den ganzen Abend mit den Soldaten Tischfußball gespielt – am Ende der Welt in Burundi! Falls das Personal der französischen Botschaft bis dahin irgendwelche Vorbehalte hatte, waren diese nach diesem Abend mit Sicherheit beseitigt. Ein Gendarm aus der Eskorte ist später sogar mehrfach mit mir in die Lager gekommen und dann ganz in Burundi geblieben, wo er heute seinen Ruhestand verbringt.

Bernard Debré, französischer Minister für internationale Zusammenarbeit, der eine wichtige Rolle bei den Friedensverhandlungen gespielt hat, besuchte mit mir im Dezember 1994 ein Lager. Die Verbindung zu Frankreich bestand schon lange, und jeder wusste, dass alles, was ich nach Burundi brachte, aus diesem großzügigen Land stammte und vom Ministerium für internationale Zusammenarbeit transportiert wurde. Bei dieser Reise hatte ich viele Geschenke im Gepäck und wollte zusammen mit Schwester Catherine, einer außergewöhnlichen Frau, einen Weihnachtsbaum für das Lager in Bukeye organisieren. Bukeye ist der Geburtsort meines Vaters, an dem viele *ibigabiro* wachsen, königliche Bäume, die zur Feier seiner Geburt gepflanzt worden waren. Papa Kamatari hatte dieses Land, dem ich mich immer sehr verbunden fühle, der Mission geschenkt. Ich machte mich also an die Arbeit, damit dieses große, aus allen Nähten platzende Lager einen Weihnachtsbaum bekam. Bernard Debré, der sich zu dieser Zeit in Bujumbura aufhielt, hatte seine Anwesenheit bei der Feier zugesagt. Die französische Stadt Boulogne-Billancourt hatte die Aktion großzügig unterstützt und einen Repräsentanten geschickt. Mit ein paar Kindern, die noch nie einen Weihnachtsbaum gesehen hatten, bin ich in den Wald gegangen und habe eine schöne Tanne ausgesucht, die wir auf dem Schulhof, anstelle der Fahne, aufgestellt haben. Dann machten wir uns daran, den Baum mit Girlanden zu schmücken (ein Geschenk vom Kaufhaus Monoprix in Boulogne), während die paar Kinder, die es noch in den Klassenzimmern hielt, uns vom Fenster aus zusahen oder ihren Lehrern entwischten und zu uns gerannt kamen, dass der Staub nur so aufwirbelte. Schließlich wurden sie alle »entlassen« und gesellten sich zu uns. Die großen Mädchen aus dem Gymnasium hatten zu unserem Empfang Tänze einstudiert.

Bernard Debré ist in erster Linie Mediziner und sah das Lager mit anderen Augen als die meisten offiziellen Besucher. Der baufällige Zustand der Sanitäranlagen, mit denen diese Familien zurechtkommen müssen, ist ihm nicht entgangen. Trotzdem war er kein Spielverderber und hat sogar die Rolle des Weihnachtsmanns übernommen. Der Lastwagen mit den

Büchern und Medikamenten, mit Kleidung und einem Teil der Geschenke war nicht durchgekommen, weil an dem Tag ein Angriff stattgefunden hatte. Wir mussten also improvisieren, aber trotzdem herrschte Freude. Freude darüber, dass diese Feier gelungen war, und bei mir darüber, meinen älteren Bruder Pascal an meiner Seite zu haben, der zu einem kurzen Besuch gekommen war. Freude über die guten Gespräche, Freude über die Menschen um uns herum, die sich von unserem Besuch eine Lösung ihrer Probleme und eine Erleichterung ihres Elends erhofften. Die Besuche bedeuteten für sie den Kontakt mit der »normalen« Welt, ein Zeichen dafür, dass man sie nicht völlig vergessen hatte. Bernard Debré arbeitet inzwischen wieder im Hospital von Kotschin, hat dieses Weihnachtsfest in besonderer Erinnerung behalten und unterstützt mich weiterhin.

Als Federico Mayor, der Generaldirektor der UNESCO, seinen Besuch in Burundi ankündigte, wollte ich ihm unbedingt etwas von dem Lagerleben zeigen und dafür sorgen, dass er nicht nur in die Salons der Ministerien gelangte. Es ist unerlässlich, in Clubsesseln über den Frieden zu diskutieren, aber noch besser ist es, sich an Ort und Stelle zu begeben und zu sehen, was sich nicht beschreiben lässt und worum es doch eigentlich bei den Gesprächen geht. In Paris, dem Hauptsitz der UNESCO, suchte ich den Kabinettschef von Federico Mayor auf, der mir erklärte: »Wenn es Ihnen gelingt, diesen Termin im Besuchsprogramm unterzubringen, wüsste ich nicht, was dagegen sprechen sollte.« Damit fühlte er sich zu nichts verpflichtet – angesichts des Terminplanes seines Chefs, der so voll war, dass er nicht die geringste Wahrscheinlichkeit sah, wie ich meinen Plan verwirklichen sollte! Aber ich habe ihn beim Wort genommen, und am nächsten Tag fuhr ich nach Bujumbura und habe dort Himmel und Erde in Bewegung gesetzt und hartnäckig mit den Behörden verhandelt, bis es mir schließlich gelungen ist, im Zeitplan von Herrn Mayor einen Besuch des Lagers von Buyenzi unterzubringen. An dieser Stelle muss ich erwähnen, dass Burundis ständiger Vertreter bei den Vereinten Nationen, Marc Nteturuye, mich dabei sehr unterstützt hat. Wie man sich leicht vorstellen kann, kamen noch bis zum letzten Augenblick zahlreiche Absagen aus Sicherheitsgründen dazwischen. Schließlich bin ich explodiert und habe erklärt, dass dieses Lager nicht auf einem anderen Kontinent, sondern nur fünf Minuten vom Hotel entfernt sei. Und siehe da, am frühen Vormittag traf Federico Mayor in Buyenzi ein. Beim Besuch von Bernard Debré hatte ich mich sehr über die Tatsache geärgert, dass die Verwaltung von Bukeye das Lager ihm zu Ehren hatte reinigen lassen. Was für ein Unsinn! Auf einmal sah es wie ein Vier-Sterne-Lager aus, »blitzblank«, kaum etwas war von dem Schmutz zu sehen, in dem diese Menschen in Wirklichkeit hausten. Zum Glück besaß der Minister so viel Erfahrung, dass er die Sache damals durchschaute. So etwas wollte ich in Buyenzi auf keinen Fall erleben. Es war im März 1996, und die ganze Nacht hatte es in Strömen geregnet. Einige Kinder schliefen noch in ihren Jutesäcken auf der kleinen Mauer vom Schuppen. Mayor hatte Tränen in den Augen, und ich bin mir sicher, dass ihn dieser Anblick tief beeindruckt hat. »Wir werden Ihnen helfen, das ist ein Werk der Nächstenliebe«, schrieb er mir später. Jedes Mal, wenn wir uns sehen, spricht er von diesem Erlebnis. Noch im gleichen Jahr hat er die Trommler aus Burundi in den Hauptsitz der UNESCO nach Paris eingeladen. Und er hat immer darauf geachtet, dass die regulären und außerordentlichen Hilfsprogramme seiner Organisation auch meine Heimat beliefern.

Ein dahinsiechendes Volk

Die Menschen in Burundi sind von Natur aus geduldig und friedlich. Angesichts ihres Elends fragt man sich, wie es möglich ist, dass sie in dieser Ergebenheit verharren, anstatt zu explodieren. Die Bevölkerung hat noch nie große Ansprüche gestellt. Früher lebte sie im Rhythmus der Jahreszeiten und Tage auf den Feldern und Hügeln, die Sonntagsmesse bestimmte den Wochenverlauf, die Leute boten auf dem Markt ihre Ernte an und kauften sich etwas vom Erlös, einen Schurz für die Frau oder ein Schulkleid für das Kind ... Heute fehlt es den Familien sogar am Nötigsten, und sie fangen an, ihre Tiere zu verkaufen, um den nächsten Tag zu erleben, und setzen damit ihre Zukunft aufs Spiel. Manche machen auch noch das Blech ihrer Dächer zu Geld, um Essen kaufen zu können. Die Trockenheit, die seit drei Jahren in ganz Burundi herrscht, verschlimmert die Hungersnot zusätzlich. Ohne Regen keine Bohnen. Die Bauern laufen zum Fluss, um Wasser zu holen, und sind den ganzen Tag damit beschäftigt, ihre Felder zu wässern. Die gesamte Region ist von dieser Klimaerwärmung betroffen. Wenn die Durchschnittstemperatur um einige Grade steigt, ist das an sich schon ein unheilvolles Phänomen. Für ein Land, das sich im Kriegszustand befindet, bedeutet es eine Katastrophe. Waldbrände breiten sich aus. Und es gibt tatsächlich Leute, die dann auch noch die wenigen Bäume fällen, die das Feuer verschont hat. Die Wälder verschwinden, geplündert von den Holzhändlern, die als Einzige ihre Kinder ins Ausland schicken können. Wenn das Leben so hart ist, gewinnt die Devise »jeder ist sich selbst der Nächste« die Oberhand, keiner traut mehr dem anderen, die Vaterlandsliebe unterliegt dem Überlebenswillen. Die Einheit, die unsere Vorfahren für den Kampf gegen die Araber geschaffen hatten, die uns zu Beginn des zwanzigsten Jahrhunderts versklaven wollten, lässt sich nicht wiederbeleben. Der Zusammenhalt unter den *rugo* wird von Jahr zu Jahr geringer. Angst und Armut heißt die neue Einigkeit; und jeder weiß, wozu das führt. Viele erstarren in Untätigkeit. Man predigt ihnen, dass sie an ihre Zukunft denken sollen, aber sie sind wie besessen von der Angst vor dem nächsten Tag, weil sie nicht wissen, wie sie das Überleben ihrer Familie heute, morgen und vielleicht noch übermorgen sichern sollen.

Und die Großmütter?

Weil ich es mir zur Aufgabe gemacht habe, vor allem Waisenkindern und Frauen zu helfen, arbeite ich zur Zeit an einem neuen, noch sehr unausgegorenen Projekt, das ich dem Vertreter des UNDP (United Nations Development Programme) bereits vorgestellt habe. Dabei geht es darum, einsame alte Menschen und Waisenkinder zusammenzuführen, denn beide haben große Sehnsucht nach menschlicher Wärme. In der Provinz Karuzi, die besonders stark von den Ereignissen betroffen ist, könnte man die alten Frauen aus ihrer Einsamkeit und Apathie befreien, indem man ihnen ein Kind anvertraut. »Du wirst seine Großmutter und sollst es erziehen, dafür holt dir das Kind zum Beispiel Wasser aus dem Fluss. Es geht dir bei der täglichen Arbeit zur Hand und kümmert sich um dich, wenn du krank bist. Du erzählst ihm abends Geschichten. Und du sorgst dafür, dass das Kind eine gute Erziehung bekommt und regelmäßig zur Schule geht.« Diese alten Menschen können nie mehr zu den Hügeln zurückkehren, auf denen sie geboren wurden, weil sie allein und schwach und voller Angst sind. Sie mussten mit ansehen, wie ihre Familien von Machetenhieben niedergemetzelt worden sind. Und wenn die Schlächter sie verschont haben, dann nur, weil sie berichten sollten, was sie gesehen hatten! Sie wurden als lebende Zeugen missbraucht. Die Regierung hat ihnen nun überall im Land kleine Wohncontainer aufgestellt, in Reihen, wie man sie aus Westafrika kennt, nicht aber bei uns, wo alle Siedlungen kreisförmig angeordnet sind. Sie bieten einen trostlosen Anblick und sind eine Art Getto für Arme und Alte – immer getrennt vom Rest der Bevölkerung, die bereits versucht, zu ihren Hügeln zurückzukehren. Die Gemeinschaft muss diesen alten Frauen traditionelle *rugo* bauen, dann kann man Kinder in ihre Obhut geben, wie ich es plane. Die Regierung scheint von der Idee von *rugo* für Omas und Kinder angetan zu sein, und auch der belgische Botschafter hat sehr positiv auf meinen Vorschlag reagiert. Ich glaube, wir sollten einen Versuch wagen und das Projekt, sollte es sich bewähren, später ausweiten. Großmütter haben so viel zu erzählen, so viel Zärtlichkeit zu geben. Liebevolle Zuwendung und die Vermittlung kultureller Werte gehören zu den Eckpfeilern einer Erziehung, die Persönlichkeit und Ausgeglichenheit eines Menschen formen; das könnte auf diesem Weg gelingen, während gleichzeitig das Leben für die alten Frauen wieder einen Sinn bekäme.

Wenn man Angst vor dem nächsten Tag hat, muss man aus dem Vertrauenskapital schöpfen, das in einem schlummert. Das ist einer meiner Trümpfe, der mir immer wieder die Kraft gibt, meine Arbeit fortzusetzen. Dank meiner Verbundenheit mit der Vergangenheit kann ich den Menschen helfen, sich vorzustellen, was morgen sein wird, und vor allem dazu beitragen, dass eine Zukunft existiert, dass es wirklich ein Morgen gibt. Bei einem meiner letzten Besuche in Burundi wollte ich mich im Hintergrund halten, keine Interviews geben, anonym bleiben und abwarten, was passiert. Aber ich bin in Bujumbura bekannt wie ein bunter Hund. Nach drei oder vier Tagen tauchten die armen Leute in dem Viertel auf, in dem ich bei meiner Schwägerin Carinie wohnte, und fragten die Wächter aus: »Wo ist die Prinzessin, wir haben gehört, sie ist da, in welchem *rugo* wohnt sie?« Zwei unserer alten Wächter suchten mich auf, die früher für meine Organisation gearbeitet hatten und damals in einem Vertriebenenlager auf den Hügeln von Bujumbura untergebracht waren. Sie hatten mich bald ausfindig gemacht. Michel tauchte eines Tages im Morgengrauen auf und machte sich einfach an die Gartenarbeit, als wäre nichts geschehen, als wäre er schon immer dagewesen. Venant traf zwei Tage später ein. Venant war früher für meine weißen Kleider zuständig gewesen und tadelte nun meine Leute: »Wisst ihr denn nicht, wo man die richtige Stärke für die Kleider meiner Prinzessin bekommt?« Er besorgte die Stärke und übernahm umgehend wieder die Verantwortung für meine Kleider. Michel und Venant blieben zwei Wochen bei mir. Bei meiner Abreise sind sie in ihr Lager zurückgekehrt. Sie waren traurig, weil sie wussten, dass dieses Lager aufgelöst wurde und sie an einen anderen Ort mussten. Aber wohin? Vielleicht zurück auf die Hügel? »Sei unbesorgt, wir erfahren es, wenn du wiederkommst. Nachrichten gibt es immer, und wir hören sie, egal, wo wir sind«, sagten sie zu mir. Sie konnten sich an gestern erinnern und deshalb an morgen glauben.

Auf dem Vulkan

Bei diesem Besuch musste ich auch entsetzt feststellen, wie tief der Graben war, der sich in der Bevölkerung aufgetan hatte: so enormer Reichtum und so große Armut auf dreihundert mal dreihundert Kilometern, in einem derart kleinen Land – das fällt auf, schreit zum Himmel, es bedeutet ein Pulverfass. Das Embargo und der Krieg haben einigen zu unverhofftem Reichtum verholfen, andere kamen durch die Friedensverhandlungen zu einträglichen Jobs. Noch nie hat man so viele schöne Autos auf Bujumburas Straßen gesehen. Bars schießen wie Pilze aus dem Boden, sie sind überall, in allen Vierteln, an jeder Straßenecke. In vielen Privathäusern wird ein Zimmer zu einem Bistro umfunktioniert. Alles ist gut, womit man ein wenig Geld verdienen kann. Spießchen, Cola, Bier, ein paar kleine Geschäfte, damit kann man ein bisschen Geld machen. Manche besorgen sich Container und bauen sie in Kneipen um. Die ganze Stadt ist eine einzige große Bar.

Kaum jemand kümmert sich um die nächtliche Ausgangssperre. Man geht einfach nicht über die Straße, sondern bewegt sich durch die Häuser und Gärten vorwärts. Jeder will nachts ausgehen und trotz allem feiern, um die Angst zu bekämpfen. Seit das Embargo aufgehoben wurde, gilt die Ausgangssperre ab Mitternacht, vorher ab neunzehn Uhr, dann ab einundzwanzig Uhr. Man lernt, mit der Unsicherheit zurechtzukommen und sich mit ihr zu arrangieren. Die Menschen meiden die Brücken. Wenn ein ausländischer Besucher nach Bujumbura kommt, sieht er nur eine ruhige Stadt mit schönen Villen hinter hohen Mauern, statt wie früher Bougainvilleen, und Gärten, in denen Flammenbäume und Mandelbäume blühen. Die internationalen Konferenzen finden in den großen Hotels statt, die von den Kongressteilnehmern eigentlich nicht verlassen werden sollen. Wer aber doch in die Stadt geht, wundert sich über die Ruhe, die dort herrscht, und fragt sich, woher Bujumburas schlechter Ruf kommen mag. Der ist tatsächlich übertrieben, denn wenn man gültige Papiere hat, kann man einigermaßen unbesorgt durch die Stadt spazieren. Im Handelshafen herrscht reges Treiben, ständig laufen Schiffe ein und aus, alles scheint zu funktionieren, nichts deutet darauf hin, dass sich dieses Land im Kriegszustand befindet. Die Straßen sind in Ordnung, der Flughafen ist geöffnet, die Märkte sind gut besucht und man kann zusehen, wie die Hochhäuser aus dem Boden schießen. Manche Familien werden reich, dagegen habe ich auch nichts, aber was die soziale Gerechtigkeit betrifft …

Die Behörden wissen genau, wer wer ist. Eines Abends wurde ich an einer Kontrollstelle von einer Einheit der städtischen Polizei angehalten. Ich habe meine Papiere nie bei mir. Der Chef der Patrouille ließ mich aussteigen und forderte meine Begleitung auf, meinen Ausweis zu holen, während ich warten sollte. »Erlauben Sie mir bitte, dass ich Ihnen sage, wer ich bin«, entgegnete ich. »Ich bin Prinzessin Esther Kamatari.« Der Mann war noch sehr jung und riss erschrocken die Augen auf. »Ach, Sie sind es! Bitte fahren Sie weiter.« Auch wenn nicht jeder mein Gesicht kennt, vor allem die jungen Leute nicht, sind mein Name und meine Stimme, die oft in den Medien zu hören ist, bekannt; sogar am Telefon werde ich meistens erkannt.

Aufgrund eines peinlichen Missverständnisses wurde ich bei dieser Reise nicht wie gewohnt von den Behörden empfangen. Im Dezember 1999 hatte ich an der WOCSOC (World Civil Society Conference) in Montreal teilgenommen und war bei dieser Gelegenheit von einer Journalistin für eine Frauenzeitschrift interviewt worden. Ich erzählte ihr von den Kindern und meinen Aktivitäten zum Wohl aller Kinder, auch über Burundis Grenzen hinaus, denn sie leiden überall in Afrika, und niemand darf sich damit abfinden, dass sie immer die Ersten sind, die an den Folgen der Kriege zu leiden haben. Ich erwähnte damals auch das Beispiel der Kinder aus Sierra Leone, die von bewaffneten Banden gefangen gehalten wurden, und erzählte die Geschichte von dem kleinen Jungen, den man gezwungen hatte, seine Mutter zu töten und zu essen. Der Artikel war dann so formuliert, dass der Leser meinen konnte, diese Grausamkeiten wären nicht in Sierra Leone, sondern in meiner Heimat passiert. Natürlich erschien der Artikel auch in Burundi, und ich musste mich erklären. Der Fehler lag zwar ganz offensichtlich bei der Zeitschrift, warum hätte ich mein Heimatland schlecht machen sollen? Aber bei derart heiklen Themen kann man nicht vorsichtig genug sein. Eigentlich hätte ich verlangen müssen, dass ich den Artikel vor seinem Erscheinen lesen darf. Nun geht es darum, die Gemüter zu besänftigen, damit dieser Zwischenfall nicht unserer Arbeit schadet. Die Machthaber können mich nicht an der Arbeit für meine Organisation hindern, aber sie können sie mir leicht oder schwer machen.

Galas, Defilees und *good will*

Meine Aktivitäten in Frankreich konzentrieren sich, wie ich bereits erklärt habe, auf das Sammeln von Geldern und Sachspenden. Im November 1994 gelang es mir, in den Prunksälen im Rathaus von Boulogne-Billancourt die erste Haute-Couture-Gala zugunsten einer humanitären Sache zu organisieren. Der Präsident des französischen Haute-Couture-Verbandes setzte sich dafür ein und forderte alle Couturiers schriftlich dazu auf, an dieser Aktion teilzunehmen. Etwa zwanzig Mädchen, eines hübscher als das andere, zeigten glanzvolle Abendroben von Cardin, Dior, Yves Saint-Laurent, Scherrer, Givenchy, Ungaro oder Paco Rabanne, um nur einige zu nennen. Die Choreographie stammte von Bernard Trux und Norbert Schmit, die ich sehr verehre, die beiden, die mir meinen Beruf beigebracht haben, schonungslos aber äußerst professionell, und von deren Talenten ich jetzt noch einmal profitieren durfte. Sie waren die künstlerischen Regisseure und sorgten für den Erfolg der Veranstaltung, und sie kümmerten sich um alles – Musik, Choreographie und Licht. Die Ouvertüre bildeten Kleider von Paco Rabanne, begleitet vom Klang burundischer Trommeln. Dieses Ereignis war von immenser Bedeutung, wenn man sich vorstellt, wie diese Couturiers sonst miteinander wetteifern – und nun auf einmal friedlich vereint waren, damit die Kinder aus den *rugo* gesund aufwachsen und zur Schule gehen können. Das Defilee wirkte grandios in diesen schwarz-goldenen Sälen, die Ende des neunzehnten Jahrhunderts von Charles Garnier geschaffen worden waren, dem Architekten der Pariser Oper. Die fünfhundert Gäste übertrafen sich gegenseitig an Großzügigkeit und spendeten über hunderttausend Francs. Bei dem Konzert der Brüder Touré Kounda am Tag darauf war die Solidarität noch immer groß. Leider konnten nicht die gesamten Spenden weitergeleitet werden, weil verschiedene Veranstaltungskosten abgezogen werden mussten. Aber wir kauften von dem Geld Schulmaterialien und Medikamente, und ich reiste das nächste Mal mit vierzig Tonnen Fracht nach Burundi – und mit einem wunderbaren Rettungswagen, den Renault aus Boulogne gespendet hatte. Diese Ambulanz übergab ich dem Roten Kreuz in Burundi und begegne ihr immer wieder, wenn sie auf den Straßen durch die Hügel unterwegs ist und ihren Dienst tut.

1994 kam es außerdem zu einer Vereinbarung mit dem Kaufhaus Monoprix in Boulogne. Zusammen mit den jungen Leuten aus unserem Verein postierte ich mich am Ausgang des Kaufhauses, wo wir den Kunden beim Ausräumen ihrer Einkaufswagen halfen. Dafür bekamen wir die Zehn-Francs-Pfand-Münze. Wir fragten sie auch, ob sie noch mehr tun wollten. Sie könnten Hefte und Schulsachen spenden und den Kindern aus den Lagern ein paar Zeilen schreiben. Ein Verlag hatte uns nämlich eine Menge Postkarten zur Verfügung gestellt. Wir erklärten den Damen – 99 Prozent der Kunden waren Frauen – die Lebensumstände der Kinder in den Lagern, die alles verloren haben. Ihnen zeigt ein kleiner Brief, dass es irgendwo jemanden gibt, der an sie denkt. Sie waren alle sehr freundlich und schrieben ein paar Worte, was gar nicht so einfach ist. An jemanden zu schreiben, den man nicht kennt, der in einem fremden Land und unter erbärmlichen Umständen lebt, die man sich kaum vorstellen kann, erfordert viel Fantasie und guten Willen.

Die jungen Leute aus dem Verein der Burunder in Frankreich engagierten sich auf unterschiedlichste Weise für diese Aktion, sie sprachen neue Leute an und brachten Freunde mit. Normalerweise bin ich allein, wenn es um repräsentative Aufgaben oder Verwaltungsangelegenheiten geht, aber sobald eine Veranstaltung organisiert und die Ärmel hochgekrempelt werden müssen, sind alle da und einsatzbereit. Wir haben nicht genug Geld, um uns professionell zu strukturieren, aber wir können mit der großzügigen Hilfe unserer Jugendlichen rechnen: Sie verpacken, was uns gespendet wird, sie schleppen die Pakete, sie bedienen bei Veranstaltungen und stehen zur Verfügung, sobald wir ihre Hilfe benötigen. Es sind Studenten und Arbeiter, Schwarze, aber nicht alle aus Burundi, sie kommen von überall her, auch aus Amerika und von den Antillen. Sie sind ziemlich stolz auf mich und beeindruckt von meiner Hartnäckigkeit. Es gibt immer Höhen und Tiefen, aber ich lasse mich nicht unterkriegen. Mit ihrer Unterstützung komme ich immer wieder auf die Beine. Für sie bin ich so etwas wie eine Tante. Sie nennen mich meistens Prinzessin, nur selten Esther, weil sie noch sehr jung sind. Wenn sie Probleme haben, kommen sie zu mir, auch wenn sie Rat oder Hilfe suchen. Für die Burunder bin ich eine historische und verwandtschaftliche Bezugsperson, aber nicht ausschließlich; sie wissen auch, wie wichtig in allen afrikanischen Ländern die Großfamilien sind, die Hilfe und Schutz gewähren. Und die Jugend ist sich der Bedeutung bewusst, die afrikanische Geschichte und Tradition haben.

1995 habe ich eine Modenschau in den Thermen von Vichy organisiert, eine Vorpremiere der Kollektion von Léonard – die sogar noch vor der Presseschau präsentiert wurde. Zu diesem Zweck versammelten wir örtliche Vereine und viele Paten um uns. Wir hatten ranghohe Gäste, darunter Pélagie Nduwayo, die Frau des burundischen Ministerpräsidenten, die sich zu einem offiziellen Besuch in Frankreich aufhielt. Der Staatssekretär für Humanitäre Hilfe, Xavier Emmanuelli, hatte die Schirmherrschaft für die Veranstaltung übernommen. Die Mannequins unterstützten uns graziös. Die Einnahmen aus der Modenschau und Sammlungen in der Stadt wurden augenblicklich in Schulmaterial umgesetzt. Wir kauften in Frankreich Hefte ein, weil die Produktion in Burundi durch den Krieg lahm gelegt war. Natürlich wäre es ideal gewesen, wenn wir das ganze Material in Burundi hätten kaufen können, dann hätten wir zwei Fliegen mit einer Klappe geschlagen: Wir könnten den Kindern und ihren Familien die Sachen anbieten und gleichzeitig die örtliche Wirtschaft ankurbeln und neue Stellen für die Arbeitslosen schaffen. Aber das war noch nicht möglich. Doch ich erhielt durch das Ministerium für internationale Zusammenarbeit die Möglichkeit, die Waren nach Burundi transportieren zu lassen.

1996 habe ich für die Trommler aus Burundi eine große Tournee durch Frankreich organisiert, was ein sehr kompliziertes Unterfangen war. Es bedurfte umfassender Vorbereitung und Begleitung und unterlag strenger Aufsicht, war aber in Zusammenarbeit mit der UNESCO und dem Haus für Weltkultur überaus erfolgreich. Meine Tochter Frédérique war mir bei der Vorbereitung und während der Tournee selbst, auf der sie mich begleitet hat, eine große Hilfe. Die Hälfte der sechsundzwanzig Trommler waren Profis, Berufsmusiker, die für das Kultusministerium arbeiteten. Die andere Hälfte kam aus dem Lager in Buyenzi. Sie waren in den Farben unserer Nationalflagge gekleidet, standen im Halbkreis und trommelten den Rhythmus. Der Reihe nach kamen sie tanzend nach vorne zur großen Trommel. Das Publikum war sehr beeindruckt von ihrem Können, besonders wenn sie ihre Trommeln schlugen, während sie sie auf dem Kopf balancierten. Die Zuschauer zahlten so etwas wie Eintrittsgeld, siebzig Francs in Form von Schulsachen, Heften, Bleistiften usw. In allen Städten, durch die wir kamen, wurden Container für Sachspenden aufgestellt. Manche Stadtverwaltungen gaben uns auch Geld. Bei jedem Konzert hielt ich eine Rede über Burundi und seine Kinder. Wir brachten dem französischen Publikum das Beste und Kostbarste, was wir hatten:

unsere Musik und unsere Kultur, und baten sie im Gegenzug um Hilfe für unsere Kinder, einen bedrohten Reichtum. Wir waren in über dreißig Städten in ganz Frankreich unterwegs und haben dabei siebzig Tonnen Spendenmaterial gesammelt. Nur ein einziger Zwischenfall überschattete die Tournee – in einer Stadt im Süden wurden wir mit Steinwürfen empfangen. In das Théâtre de Fourvière in Lyon kamen dreitausend Menschen, um unsere Trommler zu hören und zu sehen, in Brest war die Besuchermenge riesig. Wir gaben mehrere Konzerte in Boulogne und eines in Paris, auf der Place du Trocadéro, vor dem Denkmal für die Menschenrechte. Beim Hauptsitz der UNESCO standen die Trommler vor den Fahnen der Welt, einem Symbol des Friedens.

Was die Besucherzahlen und die Vermittlung unserer Botschaft betrifft, war die Tournee ein voller Erfolg. Rein finanziell gesehen, gab es weder Gewinn noch Verlust. Das Unternehmen erforderte erheblichen logistischen Aufwand, und die Versorgung der Trommler war schwierig. Außerdem wurden wir mit unerwarteten Schwierigkeiten konfrontiert, was umso ärgerlicher war, weil uns einer der Schirmherren im Stich gelassen hatte. Der Staatsstreich, mit dem Pierre Buyoya wieder an die Macht gelangte, fand im Juli 1996 statt, während unserer Tournee. Die Nachbarländer verhängten daraufhin sofort ein Embargo. Um die Trommler Anfang September zurückzubringen, mussten wir zusätzliche Kosten aufbringen, die zu übernehmen sich das burundische Kultusministerium geweigert hatte. Gott sei Dank ist die Truppe komplett nach Burundi zurückgereist, niemand hat mir die Schande gemacht, in Frankreich um politisches Asyl zu bitten. Ich selbst habe die Trommler nach Hause begleitet, wo sie gebührend gefeiert wurden. Die ehemaligen Bewohner aus dem Lager von Buyenzi mussten nicht dorthin zurückkehren.

Bei diesem Abenteuer hatten sie alle weit mehr verdient als bei offiziellen Tourneen. Ein Kulturbeauftragter der Stadt Bujumbura hatte uns auf unserer gesamten Reise begleitet.

Als ich mich auf den Rückweg nach Paris machen wollte, also den komplizierten Weg, der uns mit dem Flugzeug von Paris nach Kigali in Ruanda und von Kigali mit dem Laster nach Bujumbura gebracht hatte, in umgekehrter Richtung nehmen wollte, gestaltete sich diese Reise noch spannender. Die Strecke Bujumbura–Ngozi legte ich in einem kleinen Flieger zurück, den anscheinend nur noch der starke Wille seines Piloten in der Luft hielt. Tatsächlich mussten wir mit ansehen, wie das Flugzeug, als es sich mit neuen Passagieren an Bord auf den Rückweg nach Bujumbura machte, gegen einen Hügel flog und zerschellte. Wir rannten hin, um die zum Teil Schwerverletzten aus den Trümmern zu holen. Mit dem Auto ging es dann von Ngozi nach Kigali, wo wir gerade noch rechtzeitig ankamen, um das Flugzeug zu erreichen. Dort wollte uns aber der Chef des Flughafens trotz der Genehmigung des Flugkapitäns nicht an Bord lassen, weil wir uns verspätet hatten. Irgendwie bin ich dann doch wieder in Paris gelandet, war aber vollkommen erschöpft und brauchte zwei Monate, um mich von den Strapazen der Reise zu erholen.

So wie alle anderen menschlichen Aktivitäten auch ist humanitäres Engagement kein ruhiger Job. Man eckt ständig und überall an, muss Enttäuschungen hinnehmen und Ärger wegstecken, und darf dabei trotzdem sein Ziel nicht aus den Augen verlieren. Jede Geduld hat ihre Grenzen, und es gibt keinen wirklich engagierten Menschen, der nicht wenigstens einmal seine Ideale in Frage stellt. 1996, noch vor dem Embargo, haben zum Beispiel schwerwiegende Probleme mein Verhältnis zum französischen Ministerium für internationale Zusammenarbeit vergiftet, das nach wie vor den Transport meiner Spenden übernommen hatte. Deogracias, der Chauffeur des ehemaligen Botschafters von Burundi, den dessen Nachfolger nicht übernehmen wollte, musste in seine Heimat zurückkehren und bat mich, ein paar seiner persönlichen Habseligkeiten in einem meiner Container zu verladen. Es handelte sich um Küchengeschirr und verschiedene Kleinigkeiten. Während ein Container in Dar es-Salaam hängen blieb, erreichte nur der Transportbehälter mit den Sachen von Deogracias Bujumbura. Als ihn die Behörden öffnen ließen, wurden sie nicht enttäuscht: Die Koffer waren voll gestopft mit hundertachtzig Flaschen Champagner, Schuhen und Shampoo! Waren wir eine humanitäre Vereinigung oder eine Bande von Champagner-Schmugglern? Andere, zum Teil noch abwegigere Geschichten kursierten, um uns zu schaden; so sollen meine Mutter und ich (da war sie bereits seit fünf Jahren tot) zusammen einen Laden in Bujumbura gekauft haben, in dem wir mit Hehlerware handelten. Ich weiß nicht, ob der Minister, Xavier Emmanuelli, diese üblen Gerüchte über mich geglaubt hat oder nicht, Tatsache ist, dass das Ministerium meine Transporte nicht mehr übernimmt und das gute Verhältnis zwischen uns beendet ist. Wer konnte schon glauben, dass ein einfacher Chauffeur so viel Geld hatte, dass er sich hundertachtzig Flaschen Champagner kaufen konnte? Wir brauchten nun länger, um zu sammeln und natürlich auch um zu verteilen. Das Verteilen von Kleidung und Hilfsmaterial ist eine aufwendige Angelegenheit, und man muss immer wieder enttäuscht und machtlos mit ansehen, dass Kisten auf dem Weg in die Lager verschwinden. Ich habe die Konvois immer persönlich begleitet, aber auch ich konnte das nicht hundertprozentig verhindern. Inzwischen konzentrieren wir uns vor allem darauf, bei großen Medienereignissen Geld zu sammeln. So können wir das Geld gezielt dort einsetzen, wo es am meisten gebraucht wird, nämlich bei den Waisenkindern und Frauen.

Das Wunder Gilbert

Zum Glück gibt es nicht nur Enttäuschungen und Misserfolge. Im November 1997 hat mich zum Beispiel die unglaubliche Geschichte des siebenjährigen Jungen Gilbert dazu ermuntert, meine Arbeit fortzusetzen. Ich war damals mit einem Team von TV 5 (J.-F. Probst und G. Kamanayo) zu Besuch in den Lagern, wo wir dem ganzen Elend dieser Welt begegneten. Zu Beginn der Tour musste ich in ein Lager im Landesinneren, nach Mbuye, um dort Spenden abzuliefern. Aber der Regen hatte die Straßen unpassierbar gemacht, und Mbuye war nicht zu erreichen. Also machte ich mich mit einer Abordnung der FAO, die zu unseren wichtigsten Geldgebern gehört, auf den Weg zu einem kleineren Waisenhaus nach Gitega. Dort habe ich auch den kleinen Gilbert kennen gelernt. Seine schwangere Mutter war bei den Massakern von Bugendana, bei denen vierhundert Menschen starben, von einer Granate getötet worden. Weil er sich hinter ihr versteckt hatte, wurde er von einem Splitter am Kopf getroffen. Im erstbesten Waisenhaus, das ihn aufnehmen konnte, wurde er in aller Eile zusammengeflickt und war immer noch dort, zum Sterben verurteilt. Der zertrümmerte Schädel bot seinem Gehirn keinen Schutz mehr, das durch die kleinste Erschütterung verletzt werden konnte. Ich beschloss, ihn mitzunehmen und in Frankreich operieren zu lassen. Und ich gab den anderen Kindern mein Wort: Gilbert würde gesund zu ihnen zurückkommen.

Trotz des Embargos ein Flugticket aufzutreiben, in Paris eine Pflegefamilie, ein Chirurgenteam und Geld für die Operation zu bekommen, war alles andere als einfach. Mehr schlecht als recht war es mir gelungen, das Embargo zu umgehen und weiterhin Spenden nach Burundi zu transportieren, zweimal drei Tonnen. Zuerst ging es mit dem Zug von Paris nach Charleroi, dort nahmen wir eine Chartermaschine der Air Tanganjika. Diese Fluggesellschaft gehört einem Burunder und einem Belgier, die uns in dieser schwierigen Zeit eine unschätzbare Hilfe gewesen sind. Von Charleroi flogen wir nach Kairo, weil sich nur Ägypten nicht am Embargo beteiligte, und schließlich von Kairo via Bujumbura, wobei wir den Bordfunk abschalteten, damit man uns nicht orten konnte. Die Air Tanganjika, die sich freiwillig angeboten hatte, Gilbert einen Platz für den Flug nach Paris zu schenken, gibt es inzwischen nicht mehr, aber schließlich hat Air France das Ticket für meinen kleinen Schützling übernommen.

In Paris eine Pflegefamilie zu finden, war nicht schwierig. Ein Arzt erklärte sich bereit, Gilbert zu operieren. Aber Gilbert kam erst vier Monate später nach Paris. Ich erkundigte mich laufend nach seinem Gesundheitszustand, weil ich Angst hatte, er könnte sich dramatisch verschlechtern. Doch dann entwickelte sich alles zum Guten. Ich war inzwischen zur Vorbereitung eines internationalen Modefestivals in der Ténéré in Nigeria eingetroffen und von Präsident Baré und seiner Frau empfangen worden. Bei dieser Gelegenheit habe ich ihnen von meiner Hilfsorganisation und von Gilbert erzählt. Als ich wieder abreisen wollte und schon auf dem Flughafen war, hielt mich ein Mann aus dem Stab des Präsidenten auf. Er war gekommen, um mir einen Umschlag mit Geld für Gilberts Operation zu übergeben. »Bitte nehmen Sie meinen bescheidenen Beitrag als Hilfe für Ihre rühmliche Initiative zur Rettung Gilberts. Unsere Bewunderung und unsere Unterstützung sind Ihnen sicher«, hatten der Präsident und seine Frau dazu geschrieben. Es ist mir wichtig, diese noble Geste bekannt zu machen, die umso nobler ist, als sie eigentlich diskret behandelt werden sollte. Präsident Baré wurde ein Jahr später ermordet. Ich sammle weiterhin Geld, wo immer ich kann. Zum Beispiel war ich Schirmherrin, als die neue Clio in Boulogne lanciert wurde, und habe dazu mit Hilfe des treuen Paco Rabanne ein Defilee organisiert. All die kleinen Bäche haben sich zu einem richtigen Fluss vereint, der zwar nicht besonders viel Wasser führt, aber schiffbar ist!

Gilbert kam in Begleitung unseres Psychologen nach Paris und wurde operiert. Die neurologische und reparative Operation (sein Schädel musste wiederhergestellt werden) dauerte über acht Stunden. Gilbert blieb danach drei Wochen im Krankenhaus, dann lebte er bei seiner Pflegefamilie in Boulogne, wo er bis zum August blieb. Als er genesen war, habe ich ihn nach Burundi zurückbegleitet. Die Air France hatte für uns beide die Flüge übernommen. Ich hatte das feierliche und sehr gewagte Versprechen eingehalten, das ich den Kindern gegeben hatte. Gilbert war zurückgekommen, und er war wieder gesund.

Diese Aktion war durch die Großzügigkeit vieler Menschen möglich geworden, sowohl von offizieller Seite von der Stadtverwaltung von Boulogne, der Schule, die meine Kinder besuchen, des örtlichen Krankenhauses und der Fluggesellschaft Air France, als auch von privater Seite. Besonders gerührt haben mich die Spenden der Leser von *Pèlerin Magazine*, von einem Mannequin und von Paco Rabanne. Viele Glieder dieser Kette der Solidarität haben aber darauf bestanden, anonym zu bleiben. Am schwierigsten war es, die Visa für Gilbert zu bekommen. Die französische Botschaft in Bujumbura wollte dieses Kind zunächst auf keinen Fall nach Frankreich einreisen lassen. Wir wurden sogar aufgefordert, seinen Krankenhausaufenthalt vor der Ankunft in Frankreich zu bezahlen. Ich musste schwören, dass ich ihn nicht in Frankreich behalten wollte. Gilberts Rettung war sehr kostspielig, aber die französische Öffentlichkeit, die über die Presse von seiner Geschichte erfahren hatte, war so großzügig, alles zu bezahlen. Unser kleiner Kerl lebt heute bei einer Pflegemutter, bei Mama Bricot. Als sie mich damals im Radio hörte, kam sie zu mir und sagte: »Gott hat mir gesagt, dass ich mich um dieses Kind kümmern soll.« Sie ist eine warmherzige Frau, die selbst einen kleinen Jungen hat und sehr bescheiden lebt. Gilbert hat zum Glück keine Spätfolgen seiner Verletzung zurückbehalten. Er, der bis zu seiner Abreise aus Bujumbura kein Wort gesprochen hatte und traumatisiert und verängstigt war, ist heute ein fröhlicher und herzlicher Junge und ein guter Schüler. In Burundi kennt jeder seine Geschichte; ich habe mehrmals in Radio und Fernsehen von ihm erzählt und sogar einmal folgende Hypothese formuliert: »Vielleicht wird Gilbert eines Tages Präsident der Republik …«

Bei dieser dramatischen Geschichte mit Gilbert lief es mir von Anfang bis Ende immer wieder kalt den Rücken hinunter: Nach Burundi zu fahren und dort ein Kind zu holen, das einem nicht gehört, und Himmel und Erde in Bewegung zu setzen, damit es operiert wird, ist beileibe keine Kleinigkeit. Seine französische Pflegemutter und ich haben Gilbert bis zum Operationssaal begleitet, wir haben ihn zum Lachen gebracht und ihm lustige Geschichten erzählt. Während der Operation saßen wir wie auf heißen Kohlen und konnten erst wieder aufatmen, als uns der Chirurg sagte: »Es ist alles gut gegangen.« Was hätte ich in Burundi sagen sollen, wenn die Operation schief gegangen wäre? Gott hat ihn beschützt. Gilbert hatte geglaubt, er würde uns gleich nach der Operation wiedersehen. Stattdessen musste er drei Tage auf der Intensivstation bleiben und kam dann noch für längere Zeit auf die Wachstation. Nach der Operation hatte er oft Fieber, ohne dass man die Ursache erkennen konnte. Wir besuchten ihn täglich, auch weil wir Angst hatten, dass er den Kampf aufgeben könnte, wenn er sich verloren fühlte. Dann habe ich ihn gefragt: »Was würde dir am meisten Freude machen?« Er wünschte sich ein rotes Fahrrad. Ein Freund aus unserem Verein besorgte sofort so ein Rad, und der Arzt gestattete uns, es in Gilberts Zimmer zu schieben, und drei Tage später war das Fieber weg. Das Fahrrad mit nach Burundi zu nehmen, war auch nicht gerade unproblematisch. Gilbert war so stolz auf sein rotes Fahrrad!

Am Tag vor seiner Abreise haben wir mit seiner Pflegefamilie zu Abend gegessen. Ich unterhielt mich gerade mit meiner Freundin, als wir plötzlich eine kleine Stimme hörten: »Könnt ihr bitte das Fenster zumachen.« Wir haben erst so getan, als hätten wir nichts gehört, damit er den Satz wiederholen musste. Wir trauten unseren Ohren kaum: Als er nach Frankreich kam, sprach er nicht einmal in seiner eigenen Sprache und konnte natürlich kein Wort Französisch. Wir schlossen das Fenster und unterhielten uns mit ihm auf Französisch. In den vier Monaten seines Schweigens hatte er durch Zuhören viel gelernt.

Die Heimreise war endlos. Wir mussten einen Transitaufenthalt in Nairobi in Kenia einlegen, wo uns Air France ein Hotelzimmer besorgt hatte. Am nächsten Morgen verpassten wir das Flugzeug der FAO. Durch das Embargo waren die Informationen unklar, und wir gingen zum falschen Terminal. Außerdem mussten wir noch das rote Fahrrad mit uns herumschleppen. Schließlich fanden wir einen Flug nach Kigali, aber dafür mussten wir neue Tickets kaufen, und da die kenianischen Banken streikten, nützte uns meine Kreditkarte nichts. Also veranstalteten wir auf dem Flughafen eine Sammlung (um nicht zu sagen einen Bettelzug), aber dann verlangte die Fluggesellschaft wegen der Gewichtsüberschreitung beim Gepäck eine zusätzliche Gebühr für das Fahrrad, während ich nur noch einen einzigen Dollar in der Tasche hatte. Ich gab mir alle Mühe, die Frau am Schalter zu überreden, und erzählte ihr Gilberts Geschichte, doch nichts konnte sie von ihrer Haltung abbringen. Die Spannung stieg, und ich war so am Ende mit meinen Nerven, dass ich sie schließlich anschrie: »Hoffentlich passiert Ihnen einmal so etwas wie uns, und dann wünsche ich Ihnen, dass Sie auch vor jemandem stehen, der Sie genauso behandelt, wie Sie uns gerade eben!« Irgendwie schien sie daraufhin die Sache aus einem anderen Blickwinkel zu betrachten, denn sie ließ uns endlich passieren – mit dem Rad.

Im Flugzeug habe ich dann Monsieur Midende wiedergetroffen, den ehemaligen Minister für Geologie und Bergbau in Burundi, mit dem mich eine enge Freundschaft verbindet. Er hat mir schon bei meiner Reise mit dem Maxim's Business Club geholfen, als er mir damals Zelte für meine hochrangigen Gäste besorgte. Ich fühlte mich endlich wieder auf der sicheren Seite. Wir landeten ohne Schwierigkeiten in Kigali, von wo aus unser Anschlussflug nach Bujumbura ging. Aber auch hier gab es wieder Geldprobleme. Wir saßen ohne einen Pfennig Geld mitten im Embargo-Gebiet fest. Das bedeutete, wir mussten unsere Reise auf dem Landweg fortsetzen. Durch eine glückliche Fügung war an diesem Tag der burundische Verteidigungsminister zu Besuch in Ruanda und kam auf uns zu, als er uns im Schlepptau von Monsieur Midende entdeckt hatte, dem wir nicht von der Seite gewichen waren. Ich erklärte ihm die ganze Geschichte, und er nahm uns unter seine Fittiche, und Monsieur Midende besorgte für uns Tickets für den Flug Kigali–Bujumbura. Wir hatten es geschafft. Aber als wir endlich in Bujumbura landeten, war niemand mehr da. Die Leute hatten nicht länger warten wollen und waren in ihre *rugo* zurückgegangen. Was war dieser menschenleere Flughafen für ein trister Anblick! Gilbert und ich nahmen ein Taxi, nach wie vor begleitete uns das berühmte Rad – diesmal mussten wir es mit Kälberstricken auf einem Dach ohne Gepäckträger befestigen. So trafen wir beim Sitz des Vereins »Ein Kind pro *rugo*« ein, aber auch dort war niemand mehr. Die Leute waren irgendwann entmutigt nach Hause gegangen. Der Psychologe und die Boys, die ein rauschendes Fest vorbereitet und das ganze Haus geschmückt hatten, waren den Tränen nahe. Als sie uns kommen sahen, platzten sie aber fast vor Freude. Gilbert folgte mir auf Schritt und Tritt. Eine Hand umklammerte sein geliebtes Fahrrad, mit der anderen hielt er sich an meinem Rock fest. Dann kam Mama Bricot und nahm ihn in Empfang.

Am nächsten Tag durften wir dann ein Fest feiern, das sich gewaschen hatte, kein Gast fehlte, die Trommler waren außer Rand und Band, und das Fernsehen zeigte dieses Kind, das inzwischen eine nationale Berühmtheit ist. Jeder Mensch in Burundi kennt ihn, und irgendwie steht er unter dem Schutz von allen, so als hätte er eine Lebensversicherung.

Das Waisenhaus, aus dem er kam, wollte ihn wieder aufnehmen. Aber welches Leben konnten sie ihm dort bieten? War er gegangen, um dorthin zurückzukehren? Sollte er jetzt nicht in einer Familie aufwachsen und andere Dinge kennen lernen? Unter der Leitung des Gouverneurs traf ich mich zu einem unangenehmen Gespräch mit den Frauen aus dem Waisenhaus und sagte zu ihnen: »Man verlässt die Hölle nicht, um wieder dorthin zurückzukehren. Dieses Kind hat eine Chance bekommen, jetzt hat es eine Mama.« Aber sie wollten nicht, dass Mama Bricot seine Pflegemutter wurde. »Man kennt sie nicht, und sie hat keine sehr empfehlenswerten Manieren.« – »Kann man wirklich die Manieren der einen und der anderen auf eine Waagschale legen und abwägen? Welche sollen denn dann die besseren sein, ihre oder eure?«, fragte ich sie ernst und fuhr entschlossen fort: »Dieses Kind wird weder Bujumbura noch Mama Bricot verlassen, weil es sich noch einer wichtigen medizinischen Behandlung unterziehen muss.« Sie gaben zu bedenken, dass sie in Gitega einen Arzt und eine Krankenschwester hatten. »Wenn die Gattin des Gouverneurs von Gitega nach Bujumbura reist, um sich behandeln zu lassen«, entgegnete ich, »liegt das wohl daran, dass ihr nicht über die notwendige Ausrüstung verfügt.« Gilberts Fall ist sehr prekär, seine Operation war lebenswichtig, und auch die Nachbehandlung erforderte spezialisierte Mediziner. Tatsache war, dass ihre plötzliche Zuneigung für Gilbert nur egoistische Beweggründe hatte. Das Kind war zu einer bekannten Persönlichkeit geworden, woraus sie Vorteile zu ziehen hofften: Subventionen, Spenden oder was weiß ich. Später hat sich ihr opportunistischer Charakter gezeigt: In den drei Jahren, die Gilbert wieder zurück ist, haben sie ihn nicht ein einziges Mal besucht.

Gilberts Geschichte ermutigte uns, unsere Arbeit fortzuführen. Die Sachen, die wir für gewöhnlich nach Burundi bringen – Hefte, Kleidung, Medikamente – sind vergängliche Werte, auch wenn sie unauslöschliche Spuren hinterlassen. Diese Dinge verschwinden irgendwo, aber ein Kind sieht man heranwachsen. Er nennt mich Tante Esther. Auf jeder

Reise nach Burundi besuche ich ihn. Mama Bricot hat ihr Letztes gegeben, um ein kleines Haus im Zentrum von Bujumbura zu bekommen, so wohnt er mitten in der Stadt und besucht eine Privatschule. Mama Bricot kommt einigermaßen zurecht, sie handelt mit allerlei Kram, und auch wenn es überhaupt keine Arbeit gibt, zieht sie ihre beiden Kinder gleich an, immer mit schönen, sauberen Sachen. Wenn Gilbert nächstes Jahr Klassenbester wird, habe ich ihm etwas versprochen: Dann darf er mit Mama Bricot in den Ferien nach Frankreich kommen, damit er sich einer medizinischen Kontrolluntersuchung unterziehen kann. Aber auch damit ihn all diejenigen wiedersehen können, die an seiner Geschichte Anteil genommen und ihn lieb gewonnen haben.

Afrikanische Wegbereiterinnen

1999 wurde ich von der Vereinigung »La Maison du supporter« für die UNESCO als »African Lady« bestimmt. Damals wurde diese Zeremonie, die dann alle zwei Jahre stattfinden sollte, zu Ehren von verschiedenen Afrikanerinnen zum ersten Mal abgehalten und von Kamerun organisiert.* Das war

* Ich stand an der Seite von so bedeutenden Frauen wie Aicha Bah Diallo, der Präsidentin der UNESCO für Basic Education, der Schriftstellerin Calixthe Beyala aus Kamerun mit ihrer Landsmännin Marie-Roger Biloa, wunderbaren Sängerinnen wie Cesaria Evora von den Kapverden und der großartigen Südafrikanerin Myriam Makeba, der nigerianischen Biochemikerin Grace Oladunni L.Taylor, der Modeschöpferin Ly Dumas aus Kamerun oder der Schriftstellerin Marietou Bileoma Mbaye, und neben Journalistinnen wie Assiatou Bah Diallo aus Guinea, Denise Epoté Durand aus Kamerun und Marie-Laure Croisiers de Lacvivier aus Senegal.

wieder eine Möglichkeit, von Afrika und seinen Reichtümern zu sprechen, die es der Welt zur Verfügung stellen kann, und zu zeigen, wie viel die Frauen vorwärts bringen. Im gleichen Jahr wurde ich zum WOCSOC in Montreal eingeladen, auf dem ich einen Vortrag über Afrika und die Friedensarbeit halten durfte. Im Mai 2000 habe ich an einer Gala zugunsten der Stiftung SUKA teilgenommen, die sich für benachteiligte Frauen und Kinder in Burkina Faso einsetzt und Kampagnen gegen Beschneidung und Zwangsehen, die zunehmende Ausbreitung von AIDS und Vorurteile über Kinder, die an Enzephalopathie leiden, organisiert. Und da sich für eine Sache einzusetzen bedeutet, dass man reden, reden und wieder reden muss, wiederholen, beharren und immer wieder denselben Spruch aufsagen, bis man sich schließlich durchsetzt, habe ich Ende Dezember 2000 auf einer Konferenz über Afrika im einundzwanzigsten Jahrhundert, die von der Weltbank organisiert war, auch noch eine Rede über die Rolle der Frau in der aktiven Entwicklung Afrikas gehalten. Darauf beharren, nicht nachlassen: Die Frauen werden Afrika retten!

Nichts ist überflüssig, wenn es eine Sache weiterbringt. Weder eine Rede vor einem Publikum von Fachleuten aus aller Welt, noch irgendwelche undankbaren Verwaltungsaufgaben, weder eine bescheidene Hilfslieferung ... noch ein Buch. Burundi ist eines der letzten französischsprachigen Länder Ostafrikas, weshalb Frankreich dort eine wichtige Rolle spielen kann. Das Englische erobert Ruanda nach und nach durch die massive Rückkehr von Flüchtlingen, die seit den sechziger Jahren in Uganda und Kenia, englischsprachigen Ländern, untergebracht waren, und auch die französischsprachige Volksrepublik Kongo hat große Probleme ... Wenn es Burundi nicht mehr gibt, geht es in der gesamten Region mit

Französisch zu Ende. Deshalb ist es für mich auch eine Ehrensache, heute dieses erste Buch einer Autorin aus Burundi auf Französisch zu publizieren. Soweit ich weiß, hat sich bisher keine andere Frau aus Burundi auf dieses Terrain gewagt. Sind wir so von den Tagespflichten gefangen und von der Härte des Alltags erstickt, dass keine von uns je die Feder in die Hand genommen und geschrieben hat? Ist es möglich, dass es für die afrikanischen Frauen noch immer Neuland zu erschließen, Siege davonzutragen und »erste Male« zu feiern gibt?

Kommunikation im eigentlichen Sinn, nicht in der abgedroschenen Bedeutung, ist hier das Schlüsselwort. Kommunikation zwischen dem Norden und dem Süden, deren Schicksale untrennbar verbunden sind, Kommunikation zwischen den einzelnen ethnischen Gruppierungen, die künstlich gegeneinander aufgehetzt worden sind, Kommunikation zwischen den rivalisierenden politischen Parteien in Burundi, Kommunikation zwischen den Machthabern und dem Volk – und daran fehlt es ganz besonders. Wie wäre es zum Beispiel, wenn ein paar Leute eine Sauce zubereiten, eine Würzmischung, aus der dann ihr Chef unter Hinzufügung verschiedener Zutaten eine Speise macht, die die anderen essen sollen. Keiner will von einem Gericht essen, wenn er nicht weiß, woraus es besteht. Jemand muss das Rezept erklären.

Der Wettlauf gegen die Zeit

Als ich im Juni 2000 in Burundi war, nahm der Kardiologe von Bujumbura Kontakt zu mir auf. Er wusste, was ich für Gilbert erreicht hatte, und machte mich auf die Problematik von Missbildungen des Herzens aufmerksam, die viele burundische Kinder in Lebensgefahr brachte. Waren diese Missbildungen eine Folge des Krieges, der schlechten Ernährung der Mütter oder der ungünstigen hygienischen Zustände während der Schwangerschaften? Man weiß es nicht. Tatsache war jedenfalls, dass diese Kinder in einem Burundi, das medizinisch unterversorgt ist, nicht entsprechend behandelt werden konnten. Der Kardiologe beobachtete seit einiger Zeit mehrere schwere Fälle, unter anderem den von Arcade, der in Bujumbura lebte und für den eine Operation in Paris innerhalb kürzester Zeit die einzige Hoffnung auf Überleben darstellte. Ich suchte im Necker-Krankenhaus Frau Professor Leca auf, eine außergewöhnliche Frau und Präsidentin der Vereinigung »Mécénat chirurgie cardiaque enfants du monde«(Herzchirurgisches Mäzenatentum für alle Kinder dieser Erde), die sich für diese kranken Kinder aus Burundi einsetzen wollte. Ich hatte die ärztlichen Dossiers von drei Kindern mitgebracht, von Arcade, Émelyne und Pavel. Arcades Fall war am dringendsten, darüber waren sich der Kardiologe aus Bujumbura und Frau Professor Leca einig. Also benötigte ich eine Pflegefamilie für den kleinen Jungen und Geld, um ihn holen zu können. Ein Mitarbeiter aus Barcelona stellte mir Flugtickets für Arcade und mich zur Verfügung. Ich nahm Kontakt zu einem befreundeten Journalisten von *Radio bleue* auf, der mir drei Minuten Sendezeit schenkte. In drei Minuten kann man viel sagen. Daraufhin bekamen wir viele Anrufe, aber die meisten wollten Kinder adoptieren und nicht unseren Arcade vorübergehend bei sich aufnehmen. Doch noch am gleichen Tag erklärte sich der Produzent der Sendung persönlich bereit, Arcade bei sich aufzunehmen. Also konnte ich mich im Oktober 2000 auf den Weg nach Burundi machen. In Paris war alles für Arcade vorbereitet, Pflegefamilie und Krankenhaus warteten auf ihn.

Aber das Herz des Kindes hatte nicht länger warten können, und bei meiner Ankunft in Bujumbura erfuhr ich, dass Arcade gestorben war. Natürlich hat uns diese Nachricht schockiert, aber wir beschlossen, keine Zeit zu verlieren und sofort ein anderes Kind mitzunehmen, da ja alles vorbereitet war. Wir entschieden uns für Émelyne, deren Herzkrankheit besonders kompliziert war, weil sich ihre Lungenarterien in einem miserablen Zustand befanden. Sie wurde von demselben Kardiologen aus Bujumbura betreut, lebte aber mit ihren Geschwistern im Landesinneren. Ihrer Familie waren die schlimmen Ereignisse der Vergangenheit erspart geblieben, sie hatten das Leben in den Lagern nicht kennen lernen müssen und lebten in aller Bescheidenheit mit ihren drei Kühen auf den Hügeln. Der Kardiologe ließ Émelyne für die Voruntersuchungen nach Bujumbura bringen, während wir, so schnell es ging, die erforderlichen Behördengänge erledigten. Anders als in Gilberts Fall erteilte mir die französische Botschaft die Visa ohne Probleme und zeigte sich sehr kooperativ. Das ging sogar so weit, dass die Botschaftssekretärin Émelyne in der Woche vor ihrer Abreise bei sich zu Hause in Bujumbura aufnahm.

Natürlich war das die erste Reise für dieses siebenjährige Mädchen. Sie wog nur vierzehn Kilo, so viel wie normalerweise ein kleines Mädchen von drei Jahren! Und ihr Herz schlug so heftig, dass es einem Angst einjagte. Sie konnte nur mit Mühe atmen und bog den Kopf nach hinten, wenn sie sich setzte, um mehr Luft zu bekommen. Trotzdem war sie fröhlich und übermütig und sehr niedlich, riss ständig die Augen auf und löcherte uns mit Fragen: »Warum lassen die Flugzeuge ihre Flügel ausgebreitet, wenn sie auf dem Boden stehen, und machen es nicht wie die Vögel?« – »Wenn man über den Wolken ist, wo ist dann das Meer?« Ich habe ihr ein paar Wörter Französisch beigebracht. Wie vertrauensvoll sie war! Sie wusste zwar, dass sie operiert werden musste, war sich aber wohl über den Ernst ihrer Lage nicht bewusst.

Mit diesem sehr kranken Mädchen haben wir dann eine echte Irrfahrt unternommen: erst von Bujumbura nach Nairobi, dann von Nairobi nach Amsterdam und von Amsterdam schließlich nach Paris. In Nairobi verbrachten wir einen Abend mit meinen jüngeren Geschwistern, Godefroid und Baudouine, und meinen Nichten Ketty und Rachel. Hier lernte Émelyne alle Fleischsorten Afrikas kennen, die in dem Restaurant auf der Speisekarte standen, in dem wir zu Abend aßen, dem *Carnivore*. Sie war ausgelassen und lebhaft und brachte uns zum Lachen, und Godefroid, der selbst kein Kind von Traurigkeit ist, führte uns durch einen Fantasie-Tierpark. Er neckte sie, indem er die verschiedenen Tierarten, von denen das Fleisch stammte, detailliert beschrieb, vor ihren Käfigen stehen blieb und sich viel Zeit nahm, um ihre Aufmerksamkeit zu fesseln: »Das sind Warzenschweine, weißt du, Émelyne«, sagte er und drückte sich sehr gelehrt aus, »diese Säugetiere mit den Krallen an den Pfoten. Es gibt aber auch noch eine andere Rasse, die sehr selten und sehr kostbar ist, die Auf-jeden-Fall-meine-Liebe-Rasse!«

Als Émelyne in Paris eintraf, schlief sie wie ein Murmeltier. So haben sie Lilian und Jocelyne zum ersten Mal gesehen und liebevoll in Empfang genommen. Von Anfang an hat sich Émelyne wie ein Musterkind benommen, immer höflich gegrüßt und jeden Morgen ihr Bett gemacht. Lilian und Jocelyne haben sich dann auch bald um ihre ärztliche Grundversorgung, wie die Behandlung der Karies, gekümmert. Ich brachte Lilian bei, was »mach den Mund auf« auf Kirundi heißt, aber er sprach es nicht richtig aus. Émelyne erzählte mir dann am Telefon zufrieden: »Ich habe den Mund nicht gleich aufgemacht, weil er es nicht richtig gesagt hat.«

Zehn Tage nach ihrer Ankunft in Paris hatte Émelyne ihren Termin im Necker-Krankenhaus. Wir brachten sie am vierzehnten November um sechs Uhr morgens hin, zwei Stunden später begann ein Eingriff, der über zehn Stunden dauern sollte und von zehn Spezialisten mit Hilfe von ausgeklügelter Operationstechnik durchgeführt wurde. Sie hatten den Wunsch, ein braves kleines Mädchen zu retten, das aus der hintersten Ecke eines kleinen Landes gekommen war, das wie sie selbst litt. Aber vergeblich. Trotz all ihrer Fröhlichkeit und Zuversicht, ihrer erstaunlichen Anpassungsfähigkeit und der glücklichen Umstände, die zu ihrer Rettung führen sollten, ist Émelyne für immer in diesem Land eingeschlafen, in dem sie auch tief schlafend angekommen war. Sie sollte ihre Hügel nicht wiedersehen, für sie gab es keine triumphale und fröhliche Rückkehr mit einem Fahrrad an der Hand. Was sich wohl unsere Émelyne als Genesungsgeschenk gewünscht hätte? Es war nicht zu ändern. Sie sollte nicht wie Gilbert zum kleinen Liebling des Volkes von Burundi werden.

Frau Professor Leca hatte mich gewarnt. Der Fall war sehr ernst, und wir wussten, wie groß das Risiko war. Aber diese Operation war ihre letzte Chance. Der Kardiologe aus Bujumbura, der selbstverständlich ausführlich mit Madame Leca die Einzelheiten des chirurgischen Eingriffs diskutiert hatte, hat Émelynes Vater die schreckliche Nachricht persönlich überbracht. »Gott hat nicht gewollt, dass ihr kleines Herz weiterschlägt«, sagte er zu ihrem Vater. Ich habe auch lange mit ihm gesprochen. Wir übersetzten für ihn den ganzen Arztbericht auf Kirundi, damit er genau verstehen konnte, was geschehen war. Er dankte mir und versuchte, mich zu überzeugen, mich nicht schuldig zu fühlen. Doch wie hätte es anders sein sollen? Wer hätte dieses Scheitern nicht in seiner ganzen Tragweite gespürt? Ich selbst hatte Émelyne mitgenommen, und ich war für den Ausgang dieser Entscheidung verantwortlich. Ich stellte alles in Frage, suchte nach anderen Antworten. War es eine kluge Entscheidung gewesen? Hatte Émelyne wirklich operiert werden müssen, hatte man sie nach Paris bringen und ihrer Familie falsche Hoffnungen machen müssen? Wäre der Sinn ihres Lebens, das ohnehin verloren war, nicht eher gewesen, bei ihrer Familie zu sterben? Wie hätte man sich andererseits damit abfinden sollen, nicht alles zu ihrer Rettung versucht zu haben, da es eine, wenn auch sehr geringe Chance zu geben schien? In Burundi wäre sie unter großen Leiden gestorben, sie wäre allmählich erstickt. Man darf sich keine Illusionen über den Todeskampf machen, den sie hätte ausstehen müssen. Vor ihrem Tod genoss Émelyne einige kleine Vergnügen, machte verschiedene Entdeckungen, erlebte kurz aber intensiv die Zuneigung anderer Menschen. Und verlieh den bescheidenen Wundern, die ich ihr bieten konnte – den Lichtern, dem Flugzeug, dem Vergnügen der Reise und dem Staunen über die große Stadt – mit ihrer strahlenden Zuversicht ganz andere Dimensionen.

Für Lilian und Jocelyne bedeutete es richtige Trauer, einen Schock und eine Woge von Traurigkeit. Doch obwohl ich zweimal zu spät gekommen bin, erst bei Arcade und dann bei Émelyne, bin ich nach wie vor überzeugt, dass man alles versuchen muss, um dem Leben eine Chance zu geben. Man darf keine Angst vor dem Scheitern und vor dem Leiden haben. Der Arzt aus Bujumbura hatte Recht, als er die Aufmerksamkeit auf diese Kinder lenkte. Doch vor allem hätten sie vielleicht gerettet werden können, wenn Burundi in das Gesundheitssystem und nicht in Waffen investiert hätte. Das will ich jedem in diesem Land ins Gesicht schreien: Fordert die medizinische Ausrüstung, mit der diese Krankheiten und Missbildungen diagnostiziert werden können, damit sie behandelt werden, ehe es zu spät ist. Wir müssen an die anderen Kinder denken, ihre Eltern informieren und das dafür notwendige medizinische Personal ausbilden. Und ich werde nicht aufhören, das zu propagieren, weil ich damit Recht habe, was im Grunde genommen auch jeder weiß.

Die Überführung des Leichnams musste auch noch organisiert werden: Das bedeutete eine erneute Irrfahrt, aber diesmal ohne Hoffnung. Stattdessen hatten wir das Gefühl, es unbedingt schaffen zu müssen, was uns die nötige Energie zur Überwindung der Hindernisse gab. Eine Familie wartete auf die Heimkehr ihres geliebten Kindes. Dank Professor Lecas Verein übernahm die Mondiale Assistance die Rückführung, und ich habe den kleinen Sarg auf seiner Reise begleitet. Bis zu meiner Abreise waren Lilian und Jo immer in meiner, ich möchte fast sagen: in unserer Nähe. Als unser Airbus Bujumbura anflog, wurden wir von Raketen beschossen. Bei diesem offensichtlich rein zivilen Linienflug der Sabena entdeckten die Experten dreizehn Einschüsse an der Maschine. Ein Passagier und ein Mannschaftsmitglied wurden verletzt. Das Ganze ereignete sich am Vorabend der Internationalen Konferenz der Geldgeber Burundis, auf der unter der Leitung von Nelson Mandela versucht werden sollte, das Land in Richtung Frieden zu bringen. Die Spannung war förmlich an allen Ecken und Enden zu spüren, so wichtig war dieses Treffen. Wie haben viel Glück gehabt, dass wir bei diesem Terrorangriff glimpflich davonkamen – vielleicht dank Émelynes Hilfe. Auf dem Flughafen herrschten Panik und Sicherheitsstufe eins. Als ich am nächsten Tag den Sarg bekam, habe ich ihn geöffnet und gesehen, dass Émelyne immer noch aussah, als schlafe sie friedlich. Ich ermöglichte ihren nächsten Verwandten, die sich auf dem Asphalt versammelt hatten, einen letzten Blick auf sie, wobei ihre Geschwister in Tränen ausbrachen. Das gesamte Flughafen-Personal schwieg respektvoll und wahrte die Distanz, die dieser Augenblick erforderte. Diese Geschichte mit ihrem tragischen Ende machte im ganzen Land die Runde, aber die Burunder behielten davon nur das Engagement in Erinnerung, mit dem die Geschichte zu Ende gebracht wurde, koste es was es wolle, und den Willen, auch für den letzten Hoffnungsschimmer alles zu riskieren.

Jo und Lilian haben mir Geschenke für Émelynes Familie mitgegeben, vor allem ein sehr schönes Opinel-Messer für ihren Vater. Ich habe ihm erklärt, dass man in Frankreich, wenn man ein stechendes oder schneidendes Geschenk bekommt, ein entsprechendes kleines Stück zurückschenkt, um zu zeigen, dass die Freundschaft nicht zerschnitten ist. Aber es war unmöglich, diesem trauernden Vater, diesem Mann von den Hügeln, einen abendländischen Brauch verständlich zu machen. Er schämte sich dafür, dass er nur ein kleines Geschenk hatte, und wollte es mir auf keinen Fall direkt übergeben. Nach schwieriger Überzeugungsarbeit holte er schließlich einen kleinen Korb, den er selbst gemacht hatte, und legte das Geschenk hinein. Bei der Beerdigung forderte er mich auf, gemeinsam mit seiner Familie die Blumen auf das kleine Grab zu legen, hat sich bei uns bedankt und uns angefleht, weiterzumachen und auch anderen Kindern eine Chance zu geben. Das dritte kranke Kind, Pavel, wird bald kommen. Während ich diese Zeilen schreibe, sind wir wieder so weit, wir warten auf Pavel und hoffen für ihn, weil wir weitermachen müssen. Gilbert erinnert uns immer daran. Und Arcade und Émelyne unterstützen uns durch ihr Schicksal bei unserem ständigen Druck auf die Behörden: Wir wollen Leben retten.

In aller Stille massenweise Tote

Bei diesem letzten Besuch in Burundi kam mir das Land seltsam vor. Man hörte häufig den Lärm von schweren Waffen und Kalaschnikows. Selten begegnete man jemandem, der an das Friedensabkommen von Arusha glaubte, das im August 2000 unterzeichnet wurde und wirkungslos zu sein scheint. Die Lager leerten sich zwar allmählich, aber nicht alle Menschen kehrten auf ihre Hügel zurück. Noch immer beherrschte sie die Angst vor bewaffneten Banden, die die Bauern überfallen. Diese Bauern schreckten außerdem auch vor dem Schmerz zurück, dem sie sich stellen müssten, wenn sie an die Orte zurückkehrten, an denen sie so viel gelitten hatten. Das Land bestellten jetzt diejenigen, die geblieben waren.

Als man damit begann, die Lager für Vertriebene und Verdrängte aufzulösen, ließen die Behörden so etwas wie Beton-Dörfer bauen, oder, besser gesagt, feste Lager, und zwar an Straßen oder in der Nähe von Missionsstationen, irgendwo, wo sich die Familien dann wieder niederlassen mussten. Das alles hatte absolut nichts mit der traditionellen burundischen Lebensform zu tun, bei der sich die Menschen auf dem Land und auf den Hügeln in kleinen Gruppen verteilen. Einige dieser neuen »Dorf«-Bewohner werden wohl von dort aus Felder bewirtschaften und abends in die neuen Behausungen zurückkommen, aber mit der Zeit müssen alle zu ihrem eigenen Land und ihrem Beruf als Bauern zurückkehren.

Krankheiten raffen mühelos die arme und geschwächte Bevölkerung dahin. Ich habe gehört, dass in einer einzigen Provinz über vierhundert Menschen an Malaria gestorben sind. Welche Ausbeute! Dabei ist Malaria nicht mehr das, was es einmal war, es ist heute eine Krankheit, die man in einem Land wie meinem vermeiden und behandeln könnte.

Die Tätigkeit der Verwaltung und die politische Situation erschweren die Arbeit der großen Hilfsorganisationen. Weil die Menschen vor Ort spüren, dass alles nur provisorisch und vorübergehender Natur ist, wollen sie keine Entscheidungen treffen. Es fehlt ihnen an Motivation und sie denken eigentlich nur daran, was sie »danach« machen werden, wie sie sich geschickt aus der Affäre ziehen könnten.

Große Flüchtlingskontingente bereiten sich auf ihre Rückkehr aus Tansania vor. Man wird ihnen verlassenes Land geben. Am meisten Sorgen machen mir aber die Flüchtlinge im Landesinneren. Ich bin einmal per Zufall in so einer Art *no man's land* gelandet, unfruchtbarem Land, zu dem man zweihundertdreißig Familien gebracht und dann dort im Stich gelassen hatte. Eine NGO hatte zwei Latrinen gebaut und war dann wieder verschwunden. Diese Familien können sich nicht selbst mit Nahrung versorgen, nichts wächst auf dem kargen Boden und in dieser ganzen Region, die so unsicher ist, dass sich niemand dorthin wagt. Als ich wieder in Bujumbura war, habe ich bei der FAO vorgesprochen und gefragt, was man für diese verlassenen Menschen tun könne, aber der Fall musste erst behördlich registriert werden. Der Verwalter der Kommune muss an den Gouverneur schreiben, der sich dann seinerseits an den Minister wenden soll. Erst wenn die Familien sozusagen auf dem Papier existieren, können sie auf Hilfe hoffen. Natürlich braucht man keine behördliche Registrierung, um während dieses Papierkriegs einfach zu sterben.

Ein offizielles Mahnmal, das für viel Geld errichtet wurde, trägt auf der Vorderseite die Inschrift »Nie wieder«. Es wurde zur Erinnerung an die Schüler von Kibimba aufgestellt, die 1993 von ihrem Direktor geschlagen, in einem Raum zusammengepfercht, mit Benzin übergossen und bei lebendigem Leib angezündet wurden. In den Ansprachen, die damals gehalten wurden, war viel von Versöhnung die Rede, Blumensträuße wurden an das Mahnmal gelegt, es wurde gebetet ... und man hat die Überlebenden vergessen. Sie sind inzwischen erwachsen, ihre Verbrennungen und anderen Verletzungen wurden damals nur unzulänglich behandelt. Diese unglücklichen Überlebenden haben mir einen Brief geschickt, in dem sie ihr tragisches Schicksal beschreiben: »Die Verletzungen und Verbrennungen wurden schlecht behandelt und brechen immer wieder auf. (...) Manche Körperteile sind dabei, zu verfaulen. Einige Opfer (...) leiden an schweren seelischen Störungen. Wieder andere sind seit sieben Jahren behindert.« Sie haben sich zu einem Verein zusammengetan und mich gebeten, mich für sie einzusetzen. Ich habe den Gesundheitsminister von Bujumbura um Hilfe gebeten und erreicht, dass einer von ihnen die Erlaubnis erhielt, sich im Ausland »auf eigene Kosten« (sic!) behandeln zu lassen. Niemand ist bereit, etwas für sie zu tun, was für eine Schande!

Auch die *batwa* (Pygmäen) leben inzwischen in völliger Armut. Diese Menschen, die immer Nomaden waren, wurden so wie die meisten Nomaden auf dieser Erde einfach sesshaft gemacht. Sie verdienten sich früher ihren Lebensunterhalt mit Töpfereien, die mittlerweile durch Plastik- und

Emailschüsseln ersetzt wurden. Jetzt stehlen sie auf den Feldern, um überleben zu können.

Und immer wieder die Frauen

Mit meinen Frauengruppen habe ich sehr schöne Momente erlebt, wenn ich die Verwaltungsarbeit hinter mich gebracht hatte, die unerlässlich ist, damit die Finanzierungsberichte den richtigen Weg nehmen, nämlich *via* Ministerium für Soziales bis hin zu den Verkaufsstellen, die für Saatgut und landwirtschaftliche Geräte sorgen. Wir haben gemeinsam gepflanzt und dabei die alten Lieder gesungen. Sie sind optimistisch, meine Schwägerin Carinie kümmert sich um sie und gibt ihnen etwas von ihrer Dynamik ab. Auf einem Gelände, das die Stadt den Frauen zur Verfügung gestellt hat, haben wir Bohnen und Hirse angepflanzt. Genau an dieser Stelle war früher das inzwischen aufgelöste Lager Buyenzi, das Federico Mayor besucht hat. Das war irgendwie seltsam und verheißungsvoll – sie planen wieder für die Zukunft, man sieht wieder ein Stückchen blauen Himmel.

Immer wieder finden sich Gründe, weshalb man weiter hoffen darf. So habe ich zum Beispiel einen anderen wunderbaren Verein kennen gelernt, Terre des Hommes, der sich ebenfalls um die soziale Unterstützung von Frauen bemüht. Sie helfen ihnen, hören ihnen zu, reagieren angemessen auf ihre Sorgen und werden sie weiterhin unterstützend begleiten.

In Fota habe ich eine andere Frauengruppe kennen gelernt, die Rinder züchtet. Baudouine hat beim UNDP Geld für sie aufgetrieben. Sie hatten sich dafür schön gemacht, ihre bunten *invutano* angezogen und einen Krug Hirsewein mit Bambushalmen mitgebracht. Weil sie Rat suchten, habe ich ihnen den Vorschlag gemacht, Töpferwaren von den *batwa* zu kaufen, zu verzieren und dann in Bujumbura an Fremde oder vielleicht sogar ins Ausland zu verkaufen. So würden sie etwas Geld verdienen und könnten gleichzeitig den *batwa* helfen. Eine behinderte Frau aus Fota kam zu mir und bat mich, eine Prothese für sie zu organisieren. Da sie nicht mehr auf dem Feld arbeiten kann, werde ich versuchen, eine Nähmaschine bezahlt zu bekommen, dann könnte sie ihren Lebensunterhalt mit dem Nähen von Lendenschurzen für die ganze Umgebung verdienen. Das ist alles, was wir im Moment tun können: denjenigen die Hand reichen, die sich wieder eine Zukunft vorstellen können. Die afrikanische Frau ist der Mut selbst, sie bringt die Dinge in Bewegung, sie nimmt ihr Leben in die Hand, lässt sich durch nichts von ihrer Arbeit abbringen und führt diese zu Ende. Aber in den Sphären der Macht setzt man kaum auf sie. Es gibt zwar bei uns ein paar weibliche Minister, aber nur selten in Schlüsselpositionen – eigentlich nicht anders als auch in Frankreich.

In Bujumbura gibt es mehr und mehr Straßenkinder, sie werden immer jünger und dienen oft als Nachwuchs für die Guerilla. Ich bin sehr traurig, wenn ich einige meiner Waisenkinder besuche. Die Armut tut ihr Werk, und es fällt den Familien jeden Tag schwerer, den Kampf ums Überleben zu bestehen. Mama Angèles Kinder waren krank. Der Bereitschaftsdienst für traumatisierte Kinder funktioniert noch nicht richtig, weil das nötige Geld fehlt. Dabei gibt es viele Kinder, die diese Hilfe dringend bräuchten ... Es ist ein Elend, und man kann nur an der Oberfläche kratzen. Die Menschen leben zwar, aber ohne jede Hoffnung. Sie wünschen sich eine Veränderung, jemanden, der in der Lage ist, die bestehenden Verhältnisse zu verändern. Korruption, Resignation, Fatalismus ... Die Vertrautheit mit dem Tod nimmt zu, die Vertrautheit mit etwas noch Schlimmerem – der Unsicherheit – durchdringt die Seelen. Wir Afrikaner waren eigentlich immer fatalistisch. Aber der Samstag ist heute nicht mehr der Feiertag, der er einmal war, die Feierlaune, die sich sogar in den schlimmen Jahren halten konnte, gibt es nicht mehr. Wenn eine Trauerzeit nach der anderen aufgehoben wird, nennt man das jetzt das Leben.

Undeutliche Bilder

Präsident Buyoya ist nach Fota gekommen, und Fabiola und ich haben beim Mittagessen an seinem Tisch gesessen. Er war sehr freundlich und sprach mich sogar als »Prinzessin« an – allerdings mit einem ironischen Lächeln. Er war da, um uns zu sagen, dass die Provinz Mwaro beispielhaft sei, was auch die Tatsache belegt, dass es hier nur sehr wenige Massaker gegeben hat. Aber er war nicht bereit, die Arbeit meines Vaters zu würdigen, der dieses friedliche Zusammenleben möglich gemacht hat. Trotz dieser Enttäuschung fanden wir es sehr positiv, dass der beispielhafte Charakter einer Provinz hervorgehoben wurde, die sich gegen die Massaker gewehrt hatte. Das sind Adelsbriefe für die Bevölkerung, und es ist richtig, dass sie gelobt und dem ganzen Land präsentiert werden, damit man sieht, dass eine Entente möglich ist. Was Mwaro gelungen ist, können alle anderen Provinzen auch erreichen.

Zur Zeit wird eine Übergangsregierung gebildet, dann gibt es Wahlen. Der Friedensvertrag von Arusha sieht vor, dass seine Durchführung während der erforderlichen dreijährigen

Übergangszeit von einem Komitee überwacht wird, das ein Vertreter der UNO leitet. Mir kommt es vor, als wären wir wieder in die Kolonialzeit zurückversetzt, Burundi kann nichts ohne die Zustimmung einer Kommission entscheiden, die die Einhaltung des Friedensvertrages überwacht. Und wie soll man Wahlen durchführen, bevor die Menschen wieder normal leben, bevor es Frieden gibt und man eine Volkszählung durchführen und Wahllisten erstellen kann? Es gibt so viel zu tun ... Der Vertrag von Arusha war für manche ein unerwarteter Glücksfall, ein Schlupfloch für den neuen Beruf des Unterhändlers, verbunden mit Abfindungen und Steuernachlass. Aber mir scheint, dass es allen Menschen am nötigen Realismus fehlt. Die Festlegung absoluter Gleichheit zwischen Hutu und Tutsi in der Armee, die Nelson Mandela angepriesen hat, ist zwar im Prinzip lobenswert, aber Besorgnis erregend. Diese Buchführung ist doch nur eine andere Art, Hutu und Tutsi noch etwas mehr zu trennen. Und wie soll man sie unterscheiden? Es werden Kader für eine große Armee gebraucht. Woher soll man sie nehmen? Vielleicht aus den Reihen der bewaffneten Guerillabanden, die für den entsetzlichen Schrecken verantwortlich sind? Und was ist mit den Mannschaften, werden die auch aus den bewaffneten Banden rekrutiert, damit die Quote stimmt? Werden die Menschen, die die Massaker erlebt haben, das akzeptieren? Diese Vereinbarungen haben sich aus Grundlagen herauskristallisiert, die nicht stimmen. Es wird weiterhin von Hutu und Tutsi gesprochen, nicht von Burundern oder von der Nation. Diese Besessenheit und den Wahnsinn der letzten Generation dürfen wir nicht an die Jugend weiterreichen. Ein derartiger Diskurs kann keine Wunden heilen. Auch wenn er eher auf Ungeschicklichkeit als auf schlechten Absichten beruht, er ist jedenfalls unproduktiv. Unsere Vorfahren haben gemeinsam die Araber geschlagen und zu Beginn des zwanzigsten Jahrhunderts gegen die Deutschen Widerstand geleistet. Heute jedoch sind wir von einer Ideologie vergiftet, die von den Kolonialherren eingeführt wurde. Daher kommt auch diese Unfähigkeit, einfach von »Burundern« zu sprechen. Mandela hat die Verhandlungen geleitet und schließlich auch die Unterschriften bekommen. Ich hoffe sehr, dass er nicht in die gleiche Falle tappt und alte Klischees hervorholt, die vielleicht zu ihrer Zeit ein notwendiges Übel waren, um einem Land wie seinem Fortschritt zu bringen, das aber ganz andere Probleme hatte. Andere Krankheiten, andere Medikamente. Doch irgendwie sind es immer die ewig gleichen Ideologien, die sich hartnäckig halten, die Quoten und anderes, was vielleicht einmal in viel größeren Ländern wie den Vereinigten Staaten oder in Südafrika sinnvoll war, aber nicht für uns ... Burundi ist nicht Südafrika, und die Probleme zwischen Hutu und Tutsi sind nicht die Gleichen wie die zwischen Schwarzen und Weißen, als es die Apartheid noch gab.

Der Anteil der Kinder, die eine Schule besuchen, ist sehr gering. Dabei könnte die Ausbreitung von Hass gebremst und das Leben wieder normalisiert werden, wenn die Kinder zur Schule gingen. In der Schule lernt ein Kind nicht, wie man Krieg macht, es bereitet seine Zukunft vor. Aber wie soll man mit leerem Magen und in ständiger Angst und Unsicherheit zur Schule gehen? Außerdem sehen wir uns auch noch mit einem ernsten Lehrermangel konfrontiert. Der Krieg hat die Lehrer mit in den Wahnsinn gerissen. Entweder haben sie sich als Soldaten verpflichtet oder sie sind tot oder aber ins Ausland geflohen. Hinzu kommt noch, dass viele führende Köpfe glauben, man solle die Bevölkerung – und damit meinen sie vor allem die armen Hutu-Bauern – in ihrer Unwissenheit vermodern lassen. Die Menschen in Unwissenheit zu lassen, hat noch nie ein Problem gelöst.

Unvergängliches Afrika

Das Abendland hat Afrika seit jeher geplündert, aber diese Ausbeutung hat jetzt einen anderen Charakter. Heute ist Afrika in Mode, und alles, was afrikanisch ist, ist »ethno«. Das ist eine indirekte, hinterhältige und haarsträubende Methode, unsere Kultur herabzusetzen. Bezeichnen Afrikaner die westliche Kunst als »ethno«? Würde man einen Sessel aus der Ära Louis' XV. als »ethno« beschreiben? Unsere Kunst ist zu einer Kuriosität verkommen, und es gehört zum guten Ton, einige Exemplare davon auszuwählen und zu sammeln. Damit nimmt man uns einen Teil unseres Erbes, der dann sinnentleert in den Vitrinen irgendwelcher vermögender Kunstliebhaber endet. Für den Rest der Welt war Afrika immer ein Reservoir, aus dem es schöpfen konnte. Afrika wurde Millionen seiner Menschen beraubt und unermesslicher Reichtümer, Mineralstoffe, Diamanten, Gold, Erdöl ... Wir, die wir ein bisschen bekannter sind als die Übrigen und die Möglichkeit haben, die Medien zu nützen, müssen die kommende Generation alarmieren. Auch wenn uns der Hof gemacht wird und wir mit positiven Äußerungen überschüttet werden – die destruktive Macht, die dahinter steckt, hat nichts von ihrer Kraft verloren. Die viel versprechenden jungen Frauen und Männer, die im Ausland aufgewachsen sind, müssen in ihre Heimat zurückkehren und daran arbeiten, dass sich etwas ändert. Die afrikanische Intelligenz ist weit weg von zu Hause. Das ist zwar verständlich, aber dieser

Aderlass bedeutet ein Drama. Jedes Land braucht seine Jugend, es braucht alle, die eine Elite bilden und sich in den Dienst der Erde stellen können, die sie hervorgebracht hat und dafür erwarten kann, dass diese Jugend ihren Fortbestand garantiert.

Auch die Afrikaner in Frankreich könnten viel tun, ohne sich dabei selbst aufgeben zu müssen. Stellen Sie sich nur einmal vor, jeder von ihnen würde einen Postscheck über zehn Francs losschicken. Ich war entsetzt über die Verspätung, mit der die internationale Gemeinschaft auf die Überschwemmungen reagiert hat, die Mozambique in der ersten Hälfte des Jahres 2000 heimgesucht haben. Wenn es uns gelungen wäre, dieses Geld zu sammeln, hätten wir es direkt an die Frauen in Mozambique weitergeben können, die genug Verwendungszwecke dafür gehabt hätten. Ich denke auch an das »Dorf der Hoffnung«, das für Kinder-Soldaten in Kamerun errichtet werden soll. Kamerun liegt in der Nähe von Sierra Leone und Liberia, hat aber in der eigenen Bevölkerung keine Kinder-Soldaten, weil es ein ruhiges Land ist. Aber die Menschen in Kamerun reagieren empfindsam auf dieses Problem und sind bereit zu helfen, wenn auch in bescheidenem Maße. Falls die Erfahrungen zeigen sollten, dass diese Hilfe erfolgreich ist, würde das ihr Selbstvertrauen stärken und sie zu weiteren Maßnahmen ermutigen.

Lösungen von außen beinhalten immer auch Fehler; so gibt man den Menschen zum Beispiel Lebensmittel, an die sie nicht gewöhnt sind, wie das Rapsöl, das man in unsere Lager geschickt hat: Die Burunder verwenden kein Rapsöl, sie können es nicht verdauen, sie benützen Palmöl. Wir vermischen auch nicht Erbsen und Mais oder Erbsen und Bananen. In den Lagern tauschen die Menschen manche Produkte untereinander aus und verkaufen sie weiter, weil sie nichts damit anfangen können. Man kann nicht helfen, wenn man die betroffenen Menschen nicht kennt. Die Spender sind oft empört, wenn sie feststellen müssen, dass die Pakete nicht von den Personen verwendet werden, für die sie bestimmt waren. Aber den stereotypen Flüchtling, der überall auf der Welt gleich ist, gibt es eben nur in der Fantasie irrender oder unwissender Humanität. Die Burunder sind Bergbewohner und in der Mehrzahl Vegetarier, um das zu berücksichtigen, muss man es erst einmal wissen ... Eine ideologische Vorstellung wird nicht viel einfacher absorbiert als eine bestimmte Ernährungsgewohnheit und auch nicht besser verdaut.

Meine größte Angst ist, dass meine Heimat eines Tages von einem ihrer größeren Nachbarn geschluckt wird und wir dann nur noch eine Provinz sind. Ja, ich habe wirklich Angst, dass die burundische Nation einfach aufhören könnte zu existieren, diese Nation, die eine gemeinsame Sprache spricht, nämlich Kirundi. Ja, ich fürchte mich davor, dass sie verschwinden könnte. Auf internationalen Druck hin haben die Behörden aus Sicherheitsgründen alle Vertriebenenlager – die vor allem von Hutus bevölkert waren – aufgelöst, nicht aber die Lager für Verdrängte, in der Mehrheit Tutsi, die aus anderen Regionen stammen. Ihre *rugo* sind verbrannt worden, sie selbst wurden von zu Hause verdrängt. In manchen Gegenden gibt es nicht mehr einen Einzigen von den Tutsi, die dort früher gelebt haben, sie wurden ausgerottet, in wieder anderen Gegenden hat es nie welche gegeben.

Verdrängte Tutsi und Hutu-Flüchtlinge und noch mehr Tutsi-Flüchtlinge und versprengte Hutu, die nicht mit den verdrängten Tutsi zusammenleben können und sich deshalb in den Sümpfen aufhalten ... Zu all diesen Menschen kommen auch noch die Repatriierten, andere armselige Kreaturen, die 1993 vor dem Völkermord in Ruanda, Zaire und

Tansania in die Nachbarländer geflohen sind und nach der Unterzeichnung der Friedensverträge wieder dorthin zurückkehren werden. Seit Ende 1996 gehen sie nach und nach zurück. Nicht zu vergessen sind auch diejenigen, die vor den Ereignissen von 1972 vor allem nach Tansania geflüchtet sind. Diese Menschen »ohne Adresse/ohne Land« sind sehr schwer wieder einzugliedern. Natürlich will jeder wieder nach Hause, aber wie? Diejenigen, die getötet haben, werden nicht auf ihre Hügel zurück wollen, wo man sie kennt und weiß, was sie getan haben. Das HCR ist zur Stelle und wartet auf die Vertragsunterzeichnung, die notwendig ist, damit die Vereinbarungen zur Wiedereingliederung der Bevölkerung in Kraft treten können. Wie soll das alles funktionieren? Ich habe den Vertreter des HCR getroffen und ihn gefragt, wie er vorgehen will, wenn die Regierung und die internationale Gemeinschaft die Ochsen vor den Karren spannen. Anstatt erst einmal für Recht und Ordnung zu sorgen, damit Grenzen gesetzt werden, wollten Regierung und internationale Gemeinschaft Verträge unterzeichnen. Welcher annehmbare Vertrag kann sich auf Ungerechtigkeit stützen? Sie versuchen, sich zu überzeugen, dass die Zeit für die Sache arbeitet, mit anderen Worten, dass das Vergessen die Wunden heilt. Wer wird denjenigen vergessen, der seine Familie getötet hat? Auch wenn man nicht wie in Ruanda einen internationalen Gerichtshof anrufen will, wäre es doch vernünftig, sich zunächst um die Justiz zu kümmern. Auch wenn sich die Lager leeren, fehlen fast eine Million Menschen beim Appell: tot oder versprengt? Und auch diejenigen, die inzwischen die Lager verlassen haben, sind trotzdem noch daran gewöhnt, dass man ihnen zu essen gibt, obwohl die Burunder eigentlich fleißige Arbeiter sind. Sie haben die Lust am Leben verloren, die so eng mit der Freude an der Arbeit verbunden ist.

Da ich eine gute Erziehung genießen durfte, reisen und wertvolle Bekanntschaften machen konnte, vergleichen und meinen Horizont zu erweitern lernte, wäre es für mich unerträglich, nicht zu protestieren. Dann hätte ich es verdient, zu Fuß ins Internat zurückgehen zu müssen, wie damals, als ich noch klein war und mein Vater mich bestraft hatte – wenn ich in meiner Wohnung in Paris bleiben würde, ohne etwas zu sagen. Ich habe eine Verpflichtung gegenüber meiner Familie, meinen Eltern und meinen Vorfahren. Wir, die Familie des Prinzen Kamatari, hat den Auftrag, ein Identitätsproblem zu lösen. Die Verfassung kennt die Hutu, die Tutsi und die Twa, aber uns, die Ganwa, kennt sie nicht. Wenn es nach dieser Verfassung geht, existieren wir nicht, laufen wir unter dem Oberbegriff Tutsi. Wenn man von Bevölkerungsgruppen und Ethnien spricht, darf man nicht vergessen, dass die königliche Familie zu einer anderen Ethnie gehört, dass wir eben nicht dazugehören und dass es vielleicht diesem Umstand zu verdanken ist, dass so lange Frieden geherrscht hat. Bestimmt war das ein wesentlicher Bestandteil zum Erhalt des sozialen Gleichgewichts. Natürlich gab es verschiedene Allianzen zwischen Ganwa und Hutu oder Tutsi. Zum Beispiel war mein Vater Ganwa, aber meine Mutter war Tutsi-Mwenengwe; wir Kinder sind Ganwa wie unser Vater. Ich bin eine geborene Ganwa und bleibe es auch, trotz Verfassung. Vielleicht hat dieser Wunsch, die Existenz der Ganwa zu negieren, etwas mit dem Versuch zu tun, das numerische Ungleichgewicht abzuschwächen: Wenn wir der Tutsi-Gruppe zugerechnet würden, verliehe das ihrer Zahl ein wenig mehr Nachdruck im Vergleich zu den fünfundachtzig Prozent Hutu, die im Land registriert sind. Man hat uns erklärt, dass die Ganwa keine Ethnie sind, sondern einer Funktion entsprechen, und dass wir eigentlich Tutsi seien, deren Funktion es ist, zu herrschen.

Aber die burundische Monarchie war nun einmal kein Königtum, das aus Beamten bestand. Und welcher Tutsi-Clan würde die Ganwa aufnehmen oder adoptieren? Nicht ein Einziger. Wenn sie also weder Hutu noch Tutsi sind, existieren die Ganwa vor dem Gesetz nicht mehr ... Uns hinausdrängen oder zwangsweise in anderen Gruppen aufgehen lassen, das ist die Alternative, die man uns vorschlägt. So wird versucht, die Geschichte Burundis zu verleugnen; aber Burundis Geschichte fängt nicht erst mit der Republik an, sie reicht viel weiter zurück.

Mit meinen bescheidenen Mitteln, die nichts mit diesen Fragen zu tun haben, setze ich mich inzwischen auch immer mehr für die jungen afrikanischen Frauen in Frankreich ein. Viele lassen sich von den europäischen Schönheitsidealen beeinflussen und bleichen ihre Haut. Damit ruinieren sie ihren Körper und ihre Schönheit. Meine Erfahrungen können ihnen Mut machen und helfen. Zum Glück leben viele Frauen bewusst ihr Afrikanisch-Sein und wollen sich, zum Beispiel, die Haare nicht mehr glätten lassen. Auch ich habe die Zeiten mit falschen Zöpfen und Perücken hinter mir, aber ich habe mir nie etwas vorgemacht: Das sind alles nur Verkleidungen. Mein Leben ist eine Synthese, deshalb kann ich diese jungen Frauen sehr genau beurteilen. Ich bin vom Scheitel bis zur Sohle Pariserin und zugleich erz-burundisch, ich bebe für mein Land, ich gerate beim Klang seiner Nationalhymne in Begeisterung, und ich trage am Nationalfeiertag die traditionelle Kleidung. Ich gehöre zwei Kulturen an und profitiere von dem Guten, das sie mir jeweils zu bieten haben.

Meine beiden jüngsten Kinder kennen Afrika nur noch durch mich, aber sie fordern mich immer wieder auf, ihnen die Heldentaten ihres Großvaters zu erzählen. Ich soll ihnen von seiner Größe und seiner Kraft berichten, von seinem

Hofstaat und der Jagd; sie finden es wunderbar, dass ihr Großvater eine Legende ist und doch wirklich existiert hat. Sie wissen nicht, was Afrika bedeutet, und sind auch noch nicht über die Klischees wie Affenbrotbäume und Löwen hinausgekommen. Wenn ich sie irgendwann mit nach Burundi nehmen kann, werden sie Stoff für ihre Träume finden und sich selbst besser verstehen können.

Was mich anbelangt – was wäre ich ohne Fota, was wäre ich ohne Paris? Das hatte ich einige Jahre lang vergessen. Denn auch wenn jeder eines Tages erfahren muss, dass er aus dem Paradies vertrieben wird, hat man meine Familie und mich doch brutaler hinausgejagt als die meisten anderen. Dafür haben sich mir im Laufe meines Lebens immer hilfreiche Hände entgegengestreckt und so verhindert, dass ich in Verbitterung versunken bin, in deren Tiefen einen kein Ton mehr erreicht und wo man keinen Lichtschein mehr sieht. In meinem Beruf als Top-Model habe ich mich nicht von dem Applaus und den Schweinwerfern blenden lassen, sondern ich habe Menschen kennen gelernt, die großzügig mit ihren Talenten und Gefühlen umgegangen sind, und denen es gefiel, dass ich das Schönste zeigte, was sie hatten: ihre Kreationen. So haben sie die Straßen, die meine Heimat durchziehen, zu einem Laufsteg verlängert und haben der Tochter des ermordeten Prinzen auf dem Laufsteg die Lebensfreude zurückgegeben, die sie früher barfuß mit den anderen Kinder über die Hügel laufen ließ. Trotz des unübersehbaren Bruchs in meinem Leben besitze ich diese Kontinuität, in der ich schwelgen konnte. Und ich weiß auch, dass sie einmal wie Balsam die Wunden Burundis heilen wird. Darum werde ich mich in Zukunft kümmern. Alles, was Burundi helfen kann, wird auch den anderen Ländern Afrikas nützen, deren Menschen alle leidgebeugt sind. Burundi ist sich im Klaren, dass es sich nicht allein wieder aufrichten kann, mitten in einem Kontinent, der von Ausbeutern in Stücke gerissen, von Bürgerkriegen ausgesaugt, von Krankheiten aufgezehrt und von der erbarmungslosen Klimaerwärmung bedroht wird. Ich bin eine glückliche Afrikanerin. Das ist mein größter Reichtum, meine ganze Kompetenz. Alles andere ist *savoir-faire*. Mein »Abschied ohne Blick zurück« war nur vorübergehend, denn als ich mich stark genug fühlte, auf das zurückzublicken, was ich hinter mir gelassen hatte, musste ich erkennen, dass meine Heimat im Schmerz versank. Daraufhin besann ich mich auf meine Liebe zu ihr und auf das, was ich ihr schuldig war. Dieses Glück gebe ich Burundi heute zurück, denn ich verdanke es ihm auch. So wie Kenzo 1999 zum Abschied seine schönsten Kreationen von den Frauen vorführen ließ, mit denen er früher Triumphe gefeiert hat, wünsche ich Afrika, dass es nichts aus seiner Vergangenheit streicht. Wir hatten Kenzos Modelle vor zehn oder zwanzig Jahren gezeigt und konnten uns heute vielleicht nicht mehr so bewegen wie damals, hatten vermutlich auch nicht mehr die gleiche Figur, aber nach wenigen Schritten funktionierten die Reflexe wieder, und die Wiedersehensfreude erledigte den Rest. Auch die Menschen in Burundi müssen wieder lernen, aufrecht zu gehen. Und auch sie werden erleben, wie nach den ersten zögernden Schritten und der Angst, zu stolpern, die Reflexe zurückkehren, die aus verschiedenen Völkern eine dynamische Nation geschaffen haben – und die Wiedersehensfreude erledigt den Rest. Ein burundisches Sprichwort sagt: »Man kann sich kein Bein brechen, wenn man auf dem Boden sitzt.« Ich habe mein Land aufrecht gesehen, ich habe gesehen, wie es sich das Bein gebrochen hat, meine Kinder werden erleben, dass es wieder aufsteht.

Burundi: Daten, Fakten, Zahlen

Geografische Lage

Zentralafrika

Burundi grenzt im Westen an die Volksrepublik Kongo, im Norden an Ruanda und im Osten an Tansania.

Hauptstadt: Bujumbura

Gesamtfläche: 27 834 qkm (Deutschland: 375 021 qkm)

Binnenland ohne Zugang zu einem Meer, grenzt aber im Westen an ein »Binnenmeer«, den Tanganjikasee.

Unterschiedliche Höhenlagen zwischen 772 m (Tanganjikasee) und 2670 m (Berg Heha), hügelige Landschaft

Äquatorialklima mit aufgrund der Höhenlage gemäßigten Temperaturen zwischen 17 und 23 °C. Niederschlag: etwa 150 cm im Jahr. Zwei Regenzeiten: eine von Februar bis Mai und eine von September bis November. Zwei Trockenperioden: von Juni bis August und im Dezember und Januar.

Die Einwohner Burundis

Bevölkerung: 5 736 000 Einwohner (nach einer Schätzung aus dem Jahr 1999. Seitdem wurde aufgrund der nahezu ständigen Krisensituation keine neue Zählung durchgeführt).

Sprache: Kirundi

Religionen: Christentum 67% (davon 62% Katholiken, 5% Protestanten), Animismus 32%, Islam 1%

Anteil an Analphabeten: 50%

Durchschnittliche Lebenserwartung: 45,44 Jahre (Männer: 43,54, Frauen: 47,41; nach einer Schätzung von 1999)

Sterblichkeitsrate der Kinder unter fünf Jahren: 176 per tausend (die Kindersterblichkeit in Deutschland beträgt 0,5%)

Bevölkerungswachstumsrate: 3,54%.

Wirtschaft

Es wird überwiegend Landwirtschaft betrieben, und etwa 90% der Bevölkerung lebt davon. Landwirtschaftliche Produkte: Kaffee, Baumwolle, Tee, Weizen, Hirse, Süßkartoffeln, Bananen, Maniok, Rinder und Schafe, Milch, Leder

Kaffee-Export: 80% der Exporteinnahmen

Bodenschätze (werden kaum ausgebeutet): Nickel, Uran, Gold, Kobalt, Kupfer

Industrie: Herstellung von Gebrauchsgütern (Decken, Seife, Schuhe, Getränke, Baumwollwaren)

Keine Eisenbahn

Internationaler Hafen: Bujumbura (am Ufer des Tanganjika-Sees).

Geschichte

• 15. bis 16. Jahrhundert: Die Bevölkerung des Landes formiert sich in einer Zusammensetzung, die der heutigen entspricht, und das Königreich Burundi wird gegründet.

König Ntare Ruhatsi (17. Jahrhundert) gliedert das Land um eine zentralisierte theokratische Erbmonarchie.

Das vorkoloniale Burundi präsentierte sich als geeinte Nation, die über eine eigene Kultur, Religion und Sprache verfügte und von einem König geführt wurde, der Gesetz und Sitten verkörperte.

Ein soziales System aus Sippen und Stämmen, Eliten, von Baganwa, Bahutu, Batutsi und Batwa (Pygmäen) stützt sich auf persönliche und gegenseitige Beziehungen. Es gibt keine ethnischen Konfrontationen. Dieses System degenerierte unter dem Einfluss des Westens.

• Auf der Konferenz von Berlin (1884–1885), bei der es um die Aufteilung Afrikas ging, wurde Burundi Deutschland zugeteilt, weil es mitten in »Deutsch-Ostafrika« lag. 1890 wurde es offiziell zum »deutschen Protektorat im östlichen Afrika« erklärt. Burundi wehrte sich sechs Jahre lang gegen die deutsche Besetzung, musste aber schließlich aufgeben. König Mwezi Gisabo unterzeichnete am 6. Juni 1903 den Vertrag von Kiganda, in dem festgelegt wurde, dass die Deutschen den König anerkannten und die überlieferten Autoritäten respektierten.

König Mwambutsa IV. gelangte an die Macht, ehe er zehn Jahre alt war, als sein Vater, Mutaga IV., 1915 starb. Er saß mehr als ein halbes Jahrhundert auf diesem Thron.

• Nach dem Ersten Weltkrieg verlor Deutschland seine Kolonien und Protektorate. Burundi wurde zu einem Völkerbund-Mandat und unter belgische Verwaltung gestellt.

Belgien nahm 1924 das Mandat für Burundi an, das nach dem Zweiten Weltkrieg in ein Protektorat umgewandelt wurde. Die belgische Verwaltung betonte die ethnischen Differenzen des Landes, indem sie ein elitäres Bildungswesen einführte, die Vize-Häuptlinge der Hutu von Verwaltungsposten ausschloss und die Tutsi als überlegene Rasse präsentierte, die nach Meinung der Belgier als Einzige zur Politik zugelassen war. Die Verbitterung der Hutu-Mehrheit wurde im Laufe der Jahre immer größer.

Ende der fünfziger Jahre des vergangenen Jahrhunderts, gründete Prinz Louis Rwagasore, der älteste Sohn von König Mwambutsa IV., die Partei UPRONA (Union pour le progrès national – Union für nationalen Fortschritt) und verlangte die sofortige Unabhängigkeit. Seine Partei gewann im September 1961 die Wahlen. Am 13. Oktober desselben Jahres wurde Prinz Louis Rwagasore ermordet. Wenige Monate später wurde das Land unabhängig.

• Die Republik Burundi

Nach zahlreichen Debatten vor den Vereinten Nationen wurde am 27. Juni 1962 eine Resolution verabschiedet, in der zum 1. Juli 1962 das Ende der belgischen Schutzmacht und der Beginn eines unabhängigen Burundi unter der Führung von König Mwambutsa IV. beschlossen wurden.

1964: Prinz Kamatari wird ermordet.

1965: Ermordung von Pierre Ngendandumwe, dem damaligen Premierminister vom Stamm der Hutu. Massaker durch die Tutsi, Unterdrückung der Hutu

1966: Mwambutsa IV. dankt ab. Sein Sohn Charles Ndizeye, der erst neunzehn Jahre alt und in Europa aufgewachsen ist, tritt kurze Zeit später seine Nachfolge unter dem Namen Ntare V. an. Ein Staatsstreich setzt der Monarchie in Burundi ein Ende. Präsident der Ersten Republik wird Michel Micombero, Tutsi-Offizier und ehemaliger Premierminister des Königs.

1972: Angriffe der Hutu und als Konsequenz Massaker der Tutsi. Den Quellen zufolge beläuft sich die Zahl der Opfer auf 100 000 bis 300 000 Tote und ebenso viele Flüchtlinge (viele von ihnen in Tansania). Ntare V., der aus seinem Exil in Uganda zurückgekehrt war, wird verhaftet und kommt auf mysteriöse Weise zu Tode.

1976: Ein Staatsstreich führt zur Gründung der Zweiten Republik mit Oberst Jean-Baptiste Bagaza als Präsident. Viele Flüchtlinge kehren aus Tansania und Ruanda in ihre Heimat zurück.

1977: *Mwami* (König) Mwambutsa IV. stirbt in der Schweiz.

1987: Staatsstreich und Errichtung der Dritten Republik mit dem Tutsi, Pierre Buyoya, als Präsident.

1988: Im Norden des Landes veranstaltet die ländliche Hutu-Bevölkerung Massaker an Tutsi-Bauern. Es folgen Repressionen durch die Armee, die sich vorwiegend aus Tutsi zusammensetzt. Im Gegensatz zu 1972 bekommt man die Situation ziemlich schnell wieder in den Griff. Bilanz: offiziellen Quellen zufolge zwischen 5000 und 20 000 Tote. Bemühungen um eine Politik der nationalen Einheit, Aufstellung einer gemeinsamen Regierung von Hutu und Tutsi

1990: Besuch von Papst Johannes Paul II.

1993: Präsidentschaftswahlen (im Juni). Der Hutu, Melchior Ndadaye, wird gewählt. Er wird am 21. Oktober ermordet. Chaos bricht aus, das zu Hunderttausenden von Toten und Tausenden von Flüchtlingen in die Nachbarländer führt. Erhebliche Bevölkerungsverschiebungen.

1994: Präsident Cyprien Ntaryamira, ebenfalls Hutu, tritt im Februar die Nachfolge von Präsident Ndadaye an und kommt im April bei einem Flugzeugabsturz (Attentat) ums Leben – zusammen mit Juvénal Habyarimana, dem Präsidenten der Republik Ruanda. Sylvestre Ntibantunganya, der ehemalige Präsident der Nationalversammlung, wird sein Nachfolger.

Die Eskalation des Konflikts verursacht zahlreiche Bevölkerungsbewegungen, sowohl innerhalb von Burundi als auch in die Nachbarländer (Zaire, Tansania).

Unterzeichnung eines Regierungsabkommens durch dreizehn Parteien, mit dem die Macht unter den verschiedenen politischen Formationen aufgeteilt werden soll. Das Land verfällt nach und nach in einen Zustand der Lähmung; erneut kommt es zu Massakern (vor allem in Teza und Bugendana) und Massenflucht.

1996: Pierre Buyoya übernimmt wieder die Macht (im Juli), während die Verwaltung lahm gelegt ist und das Chaos weiter zunimmt. Die Nachbarstaaten beschließen ein Embargo (31. Juli).

Nach Zaire geflüchtete Teile der Bevölkerung kehren zurück, auf der Flucht vor dem Krieg, der nun in diesem Land wütet. Zwangsvertreibungen

1997: Erneute Bevölkerungsbewegungen

1998: Auflösung bestimmter Lager, erneute Vertreibungen

1999: Am 13. Januar wird das Embargo aufgehoben.

Die Friedensproblematik

Je nach politischer und/oder ethnischer Zugehörigkeit werden die Ereignisse aus vollkommen unterschiedlichem Blickwinkel betrachtet. Angehörige beider Seiten bezeichnen sich vehement als die Opfer des Völkermordes.

1998 hat die internationale Gemeinschaft in Arusha (Tansania) Friedensverhandlungen aufgenommen, und zwar zunächst unter Vermittlung von Julius Nyerere, dem ehemaligen Präsidenten von Tansania, und nach dessen Tod mit Nelson Mandela als Vermittler. Zum Gipfel von Arusha versammelten sich die Repräsentanten von Uganda, Tansania, Kenia, Ruanda, Burundi, Äthiopien, der Demokratischen Republik Kongo, Südafrika, Sambia und von Simbabwe. Die neunzehn, an den Verhandlungen beteiligten Delegationen der Parteien Burundis wurden zur Verabschiedung eines Friedensabkommens aufgefordert.

Die wichtigsten Punkte des Friedensplanes sahen eine Aufteilung der Macht zwischen Hutu und Tutsi vor: ein Präsident und zwei Vizepräsidenten, die aus unterschiedlichen ethnischen Gruppen und politischen Parteien kommen sollten. Für die Nationalversammlung waren hundert Abgeordnete vorgesehen, und aus je zwei Repräsentanten aller Provinzen sollte ein Senat gebildet werden.

Der Plan sieht vor, dass in Zukunft keine ethnische Gruppe über mehr als fünfzig Prozent der Verteidigungskräfte verfügen kann, »damit sie weder mono-ethnisch, noch zu Instrumenten ethnischer Dominanz werden können«. Der Übergang soll drei bis sechs Monate nach Unterzeichnung des Friedensvertrags in Kraft treten und in einem Zeitraum von maximal dreißig Monaten mit der Wahl eines neuen Präsidenten abgeschlossen werden. Der Friedensplan sieht ebenfalls die Einrichtung einer Kommission zur Wahrung von »Aufrichtigkeit und Versöhnung« vor.

28. August 2000: Auf internationalen Druck hin unterzeichnen dreizehn der anwesenden neunzehn Parteien den Friedensvertrag von Arusha. Das Abkommen beinhaltet jedoch keine Verpflichtung zum Waffenstillstand, und die Kämpfe gehen weiter.

16. September: Drei Parteien, angebliche Tutsi-Anhänger, die den Vertrag bisher nicht unterzeichnet hatten, unterschreiben ihn schließlich.

12. Dezember: Internationale Konferenz zum Thema Burundi in Paris. Die Verhandlungsführer unter Vorsitz von Nelson Mandela wollen das Land zwingen, den Krieg zu beenden, und diskutieren die mögliche Wiederaufnahme intensiver internationaler Zusammenarbeit, um Burundi wieder aufzubauen.

9. Januar 2001: Treffen zwischen Pierre Buyoya, dem Präsidenten der Republik, und Jean-Bosco Ndayikengurukiye, dem Chef der Streitkräfte zur Verteidigung der Demokratie (Forces pour la défense de la démocratie – FDD), der wichtigsten Gruppierung der Hutu-Rebellen, die bei der Unterzeichnung des Friedensvertrags nicht anwesend war. Sie beschließen die Aufnahme eines direkten Dialogs zwischen Regierung und Rebellen. In Burundi nehmen die Gewalthandlungen seit Weihnachten verstärkt zu.

Danksagung

Nichts von dem, was ich erreicht habe, wäre ohne Hilfe möglich gewesen. Mein besonderer Dank gilt den Wohltätern des Vereins der Burunder in Frankreich und des Vereins »Ein Kind pro *rugo*«.

Dank auch an Venant Bamboneyeho, den ehemaligen Generalsekretär der Regierung, dem Ersten, der mich ermutigt hat; und an Pascal Gashirahamwe, den »obersten« Muganwa, und an die vielen offiziellen und privaten Persönlichkeiten aus Burundi, die meine humanitären Aktionen in Burundi unterstützt haben.

Mein Dank gilt auch Paco Rabanne, Jacques Mouclier, Anne-Marie Beretta, Norbert Schmit und Bernard Trux, Pino Lancetti, Lanvin, Frédéric Castet, Daniel Tribouillard für Léonard, Kenzo, Frau Professor Francine Leca und ihrem Team, Professor Bernard Debré, Doktor Bennaceur und Doktor Boissonet und ihren Teams, Federico Mayor, Jacques Godefrain, Gérard Larome, Jacques, Olivia und Sarah Balutin, Jocelyne, Jean und Lilian Alleaume, Henri Morin, Jean-Louis Buzelin, Jean Demachy, Mactar Silla, Francine Vormese, Violaine Gelly, Emmanuelle Pontié, Marie-Jeanne Serbin, Evy Dally, Jeanne Ntakabanyura, Générose Ndaye, Théogène Karabayenga, Zéphirin Kouadio, Bruno Fannuchi, Jean-François Probst, Cherif Khaznadar und Martine Westphal, Catherine Carpentier, den Brüdern Touré Kunda, Philippe Ngamou, Gérard Wilson, George Kamanayo, Augustin

Nsengimana, Rémi Nsengiyunva, Claude Welcken, Michael Kra, Pape, Robert Rojas, Warren Colman, S. E. Yan Mutton, dem belgischen Botschafter in Burundi, S. E. Marcel Causse, dem ehemaligen französischen Botschafter in Burundi, Ehrwürden Maura Camoirano, und S. E. Pietro Sambi, dem päpstlichen Nuntius, der meinen Sohn Arthur in Bujumbura getauft hat.

Ich danke meinen Mitarbeitern, die mir ihr Wissen, ihre Zeit und ihre Freundlichkeit geschenkt haben, und der Presse, die unsere Botschaft der Hoffnung verbreitet hat, der Stadtverwaltung von Boulogne-Billancourt für ihre unschätzbare Hilfe, den Thermen von Vichy, dem Haus der Weltkulturen, der UNESCO, der Cellule d'Urgence, dem Maison des supporteur für »African Lady«, Sanofi, Black Sugar, der UNICEF, OMS, FAO, UNDP, Terre des Hommes, Mondial Assistance und dem Roten Kreuz von Burundi.

Besonders am Herzen liegt mir die Erinnerung an alle, die nicht mehr am Leben sind: an Jules-François Crahay, Christian Aujard, André-Pierre Tarbès, Topor, Norman Parkinson, Jean Castel und S. E. Ibrahim Maïnassara Baré, den Präsidenten von Nigeria.

Dank schließlich auch an alle, die ich hier nicht erwähnen kann, die mir aber die Hand gereicht und geholfen haben, die Frau zu werden, die ich heute bin.